国家自然科学基金面上项目资助（项目编号：71672180、72072165）

国家自然科学基金青年项目资助（项目编号：72001079）

河北省省级科技计划软科学研究专项资助（项目编号：19456107D）

邻避型基础设施项目
社会风险应对：
—— 公众感知视角 ——

崔彩云　刘　勇　著

中国建筑工业出版社

图书在版编目（CIP）数据

邻避型基础设施项目社会风险应对：公众感知视角 /
崔彩云，刘勇著 . —北京：中国建筑工业出版社，
2021.8

ISBN 978-7-112-26278-6

Ⅰ.①邻… Ⅱ.①崔… ②刘… Ⅲ.①基础设施建设
—社会管理—研究 Ⅳ.① F294

中国版本图书馆 CIP 数据核字（2021）第 131372 号

为实现"十四五"期间生态环境持续改善的生态文明建设新进步，有效提高城市生活垃圾的无害化处理和资源化利用绩效，本书在全面识别与系统评估了我国垃圾焚烧发电项目关键风险因素的基础上，基于理论基础和典型案例分析了社会风险发生机理，并深入研究了公众参与、经济补偿、环境影响评价、利益感知等因素对公众接受的影响机理，最终根据实证研究结论提出垃圾焚烧发电项目社会风险应对政策机制和建议，为邻避型基础设施项目社会可持续性发展提供理论参考与借鉴。

策划编辑：徐仲莉
责任编辑：王砾瑶
责任校对：党 蕾

邻避型基础设施项目社会风险应对：公众感知视角

崔彩云 刘 勇 著

*

中国建筑工业出版社出版、发行（北京海淀三里河路9号）

各地新华书店、建筑书店经销

北京点击世代文化传媒有限公司制版

北京建筑工业印刷厂印刷

*

开本：787毫米×1092毫米 1/16 印张：14 字数：295千字

2021年7月第一版 2021年7月第一次印刷

定价：49.00元

ISBN 978-7-112-26278-6

（37890）

序

党的十九届五中全会明确提出要持续改善环境质量，提升生态系统质量和稳定性，全面提高资源利用效率，要实现"十四五"期间"主要污染物排放总量持续减少，生态环境持续改善"的生态文明建设新进步和二〇三五年"生态环境根本好转，美丽中国建设目标基本实现"的远景目标。

随着城镇化进程的快速推进，城市生活垃圾急剧增加，生活垃圾无害化处理和资源化利用已成为城市绿色和可持续发展的关键问题之一。然而，由于生活垃圾无害化处理不可避免的一些问题，许多垃圾焚烧发电项目遭到当地公众的反对和抵制，造成项目推进的艰难或导致项目的失败。邻避型基础设施项目的发展深度依赖其社会接受程度，其决策绝不仅是一个技术问题，而是社会、经济、环境与技术问题的复杂组合。能否妥善预防和有效管理邻避型基础设施项目所面临的社会风险，日益成为考验各级政府公共管理能力的一个重要课题。

为深入研究邻避型基础设施项目的社会风险和应对策略，刘勇教授和崔彩云副教授在国家自然科学基金项目和河北省软科学项目等的支持下，数年潜心研究，形成一系列相关成果，并据此形成《邻避型基础设施项目社会风险应对：公众感知视角》一书。这本著作的出版，既在理论层面丰富了邻避型基础设施项目社会风险应对相关研究成果，为邻避型基础设施项目社会可持续性发展提供理论参考与借鉴；又提供了一种新的观察、理解邻避型基础设施项目的方式与视角，对推进我国邻避型基础设施行业可持续健康发展，打造共建共治共享的社会治理格局具有重要的理论意义。

本书基于深入研究的学术成果，文风朴实严谨。本书的一大特点是基于多理论视角分析公众接受。本书在系统分析邻避型基础设施项目相关特征的基础上，利用归因理论、环境心理学理论、邻避设施选址理论、公众接受分析框架、社会许可经营理论框架等探索邻避型基础设施项目的"项目—公众"关系，分析邻避型基础设施项目的公众接受问题并进行实证研究，为邻避型基础设施项目公众接受相关研究提供理论参考。本书的另一特点是不仅有理论层面的探索，还有针对性实践研究。

书中深入研究了垃圾焚烧发电项目社会风险形成机理，公众参与、经济补偿、环境影响评价、利益感知等因素对公众接受的影响机理，并提出了社会风险应对政策机制和实践建议，为邻避型基础设施项目可持续发展提供了实践指导依据。

邻避型基础设施项目中公众关注的问题和角度是随着经济社会的发展而不断变化的，其社会风险应对需要长期持续的研究。希望本书的出版能够带动更多的相关研究及成果的涌现，为我国邻避型基础设施项目的健康发展提供理论依据，为我国城市可持续发展目标的实现作出贡献。

作为刘勇和崔彩云的博士生导师，很高兴能够在第一时间读到这本书。是为序，一则读后有感而发，二则期待他们在学术上不断有新的成就。

王建平

2021 年 6 月 25 日

前　言

随着城镇化进程的日益推进，城市生活垃圾处理成为我国面临的一个紧迫而突出的环境问题。垃圾焚烧发电技术作为处理城市固体废物最常使用的方法之一，是解决城市固体废物急剧增长和应对全球能源短缺问题的有效解决办法。尽管城市生活垃圾的回收和无害化处理对城市实现绿色和可持续发展目标至关重要，但大多数垃圾焚烧发电设施仍然遭到当地公众的强烈反对。鉴于垃圾焚烧发电项目公众接受的紧迫性和重要性，浙江理工大学和华北科技学院"邻避型基础设施项目管理研究课题组"开展了相关研究。

本书作者本着宏观和微观相结合、定性与定量相结合、理论分析与案例研究相结合的原则，在全面识别与系统评估了我国垃圾焚烧发电项目关键风险因素的基础上，通过理论基础梳理和典型案例分析了社会风险发生机理，并深入研究了公众参与、经济补偿、环境影响评价、利益感知等因素对公众接受的影响机理，最终根据实证研究结论提出垃圾焚烧发电项目社会风险应对政策机制和建议。研究内容在保证学术价值的同时，兼具应用与实践价值，为邻避型基础设施项目的可持续发展提供了政策指导和操作指南。

浙江理工大学硕士研究生葛宇佳、周根、张凌键、胡鹏、徐敏、严伟鑫，华北科技学院硕士研究生柳萌、韩小威在本书的相关研究和出版过程中做了大量的工作，在此表示衷心的感谢。

本书相关的研究和出版得到了国家自然科学基金项目（项目编号：71672180、72072165、72001079）、河北省省级科技计划软科学研究专项（项目编号：19456107D）的资助，在此也表示特别感谢。

由于作者学术水平有限，书中难免有疏漏和不妥之处，恳请读者批评指正。

2021 年 6 月

目 录

第1章 绪 论

第2章 理论基础与分析框架

第3章 我国垃圾焚烧发电行业现状及关键风险分析

第4章 垃圾焚烧发电项目社会风险发生机理：基于案例分析

第5章　垃圾焚烧发电项目社会风险影响机理：公众参与与公众接受

第6章　垃圾焚烧发电项目社会风险影响机理：EIA 与公众接受

第7章　垃圾焚烧发电项目社会风险影响机理：经济补偿、利益感知与公众接受

第8章　垃圾焚烧发电项目社会风险应对：政策机制

第9章　结论与展望

1.1 研究背景

为贯彻落实党的十九届五中全会精神，持续改善环境质量，提升生态系统质量和稳定性，全面提高资源利用效率，为实现"十四五"期间"主要污染物排放总量持续减少，生态环境持续改善"的生态文明建设新进步，实现"生态环境根本好转，美丽中国建设目标基本实现"的远景目标，城市生活垃圾的无害化处理和资源化利用逐渐被广泛关注。随着城镇化进程的日益推进，城市生活垃圾处理成为我国乃至全世界共同面临的一个紧迫而突出的环境问题。在填埋、焚烧发电、堆肥等城市生活垃圾处理方式中，焚烧发电处理具有占地少、选址容易、处理时间短、减量化显著（能够减重80%，减容90%以上）、二次污染少、可回收垃圾焚烧余热和电力等优点，是理想的城市生活垃圾处理方式（Song 等，2013），在美国、德国、日本、瑞典等发达国家被广泛使用（王亦楠，2010）。

垃圾焚烧发电技术（Waste to energy，WTE）作为处理城市固体废物（Municipal solid waste，MSW）最常使用的方法之一，是解决城市固体废物急剧增长和应对全球能源短缺问题的有效解决办法。利用城市固体废弃物作为可再生能源，结合垃圾焚烧发电技术为应对城市固体废弃物浪费和全球能源、环境问题提供有效的解决方案，因此可以把城市固体废弃物中存储的可用能源替代化石燃料，克服 MSW 存量的快速增长，以及通过将甲烷转化为二氧化碳来减少垃圾处理过程中造成的大量温室气体排放（Wang 等，2017）。根据世界银行的统计，2012 年日本、丹麦、瑞典城市固体废物采用焚烧发电的方式进行无害化处理的比例分别达到 74%、54% 和 50%。根据中国统计年鉴的数据，我国垃圾焚烧量已从 2003 年的 370 万吨增加到 2019 年的 12174.2 万吨，占生活垃圾清运量的 50.3%。垃圾焚烧发电厂数量从 2013 年的 47 个增加到 2019 年的 389 个，日垃圾焚烧量达到 45.6 万吨。

尽管城市生活垃圾的回收和无害化处理对城市实现绿色和可持续发展目标至关

重要，但垃圾焚烧发电设施仍然遭到当地公众的强烈反对（Ren 等，2016；Baxter 等，2016），因为这些设施对当地居民的环境和健康有着潜在的负面影响（如释放气味和二噁英）。垃圾焚烧发电设施可以看作是一种当地不需要的土地使用方式（Locally unwanted land use，LULU），因其潜在利益（收益）由全社会共享，但成本（经济损失、健康 / 环境风险等）却由当地社区承担（Schively，2007）。居民反对在当地开发"潜在有害设施（Potentially Hazardous Facilities）"的社会现象称为"邻避（Not In My Backyard，NIMBY）现象"，具体表现为居民容忍或者支持在较远区域进行这类设施的开发，但却对在本地社区附近开发表现出强烈的反对倾向。

近年来，"邻避运动"在我国垃圾焚烧发电行业中很常见，导致许多垃圾焚烧发电项目在建设阶段、刚开始运营阶段或者原计划经营期限之前被取消、暂停或关闭（Song 等，2017），详见表 1-1。例如 2014 年 4 月 22 日，因反对杭州九峰垃圾焚烧发电项目建设的群众聚集而发生了群体性事件，造成该项目停止施工；2015 年 7 月 12 日，因居民反对、对环境污染大等问题，2001 年底建成投产、距离特许经营期满还有 14 年的宁波枫林垃圾焚烧发电厂关停。因此，邻避型基础设施项目的发展深度依赖其社会接受程度，其决策绝不仅是技术问题，而是社会、经济、环境与技术问题的复杂组合（Mah 等，2014；Song 等，2017）。能否妥善预防和有效管理邻避型基础设施项目所面临的社会风险，已经成为考验各级政府公共管理能力的一个重要课题。

近年来垃圾焚烧发电项目"邻避运动"典型事件列表　　　　　　　表 1-1

时间	地点	事件
2007 年 6 月	北京市	反对修建北京六里屯垃圾发电厂
2008 年 6 月	武汉市	阻止陈家冲垃圾处理厂运行
2009 年 2 月	南京市	反对建设天井洼垃圾焚烧厂
2009 年 4 月	上海市	阻止江桥垃圾焚烧厂运行
2009 年 10 月	吴江市	阻止吴江垃圾焚烧厂投产
2010 年 3 月	东莞市	反对在虎门、清溪、麻涌、常平新建垃圾焚烧厂
2012 年 6 月	广州市	反对清远垃圾焚烧厂选址
2014 年 3 月	广州市	反对萝岗垃圾焚烧厂选址
2014 年 5 月	杭州市	反对九峰中泰垃圾焚烧厂选址
2016 年 10 月	西安市	反对高陵区垃圾焚烧厂选址

邻避主义在全球的兴起使得研究邻避型基础设施项目社会接受问题的热度居高不下，其研究主题主要包括邻避冲突发生机理（赵树迪等，2017）、项目公众接受机理（丁

进锋等，2018；Liu 等，2019）、工程项目社会责任（Lin 等，2017；谢琳琳等，2018）等，项目范围涵盖垃圾处理设施（Baxter 等，2016）、核电设施（杜鹃和朱旭峰，2019）、污水处理设施（Ross 等，2014）、高压变电站（Sun 等，2016）、重大基础设施项目（曾赛星等，2019）等。目前有关邻避型基础设施项目社会接受的相关研究依然存在不足，难以指导中国相关行业实践，主要表现在以下几个方面。首先，现有研究对垃圾焚烧发电项目社会风险尚缺少系统性梳理，现有风险因素相关研究成果中，多数成果基于实际发生的案例识别风险因素，忽略了潜在风险因素的识别和风险因素损失程度的评估；其次，现有研究聚焦于公众参与、经济补偿、环境影响评价等因素对社会接受"是否"存在影响，忽略了"如何"影响的内在机理研究；此外，现有研究关注公众对垃圾焚烧发电项目支持或者反对观点的形成与发展过程，但对于实践过程中如何制定相应政策和机制以提高公众接受度尚存在不足。

因此，在全面识别与系统评估我国垃圾焚烧发电项目关键风险因素的基础上，通过理论基础梳理和典型案例分析，深入研究公众参与、经济补偿、环境影响评价、利益感知等因素对公众接受的影响机理，据此提出垃圾焚烧发电项目社会风险应对政策机制和建议，对提高垃圾焚烧发电项目的公众接受度，大力推进我国邻避型基础设施行业可持续发展具有重要的战略意义。

1.2 研究目标与意义

1.2.1 研究目标

本书基于文献分析、多案例分析、专家调查法等方法，全面识别垃圾焚烧发电项目决策、建设与运营期间的风险因素，并分析影响垃圾焚烧发电项目实施绩效的关键风险因素；利用案例分析法分析垃圾焚烧项目成功案例的公众反对过程和风险应对效果，从而发现社会风险发生机理和应对框架；利用理论分析、问卷调查法、结构方程模型等方法分析公众参与、经济补偿、环境影响评价等社会风险发生关键因素对公众接受的影响机理；在此基础上建立系统的、适合我国垃圾焚烧发电项目实际情况的风险应对政策机制，从而提高垃圾焚烧发电项目实施绩效，促进生活垃圾焚烧发电行业的可持续发展。

本书研究的具体目标为：

（1）识别影响城市生活垃圾焚烧发电项目成功实施的关键风险因素。

（2）以社会风险应对为突破点，利用杭州九峰垃圾焚烧发电厂项目案例，总结与归纳典型成功案例在社会风险应对方面的经验与教训，发现垃圾焚烧发电项目社会风险发生过程和应对框架。

（3）根据社会风险发生过程，系统性梳理公众参与、环境影响评价、经济补偿、利益感知等因素与垃圾焚烧发电项目公众接受度的影响机理。

（4）建立系统的、适合我国城市生活垃圾焚烧发电项目实际情况的风险应对政策机制。

1.2.2　研究意义

本书秉承可持续发展理念，积极响应我国邻避型基础设施项目绩效改善与可持续发展需求，以管理学、社会学、心理学相关理论为基础，从拓展研究范式与创新研究方法出发，研究邻避型基础设施项目关键风险、社会风险发生机理、关键因素对公众接受的影响机理、系统性政策机制等问题，为我国邻避型基础设施项目社会风险应对与社会可持续发展提供理论参考与实践借鉴。课题研究对推进我国邻避型基础设施项目健康发展，提升我国经济与社会发展水平，达成我国城市可持续发展目标具有重要的理论意义与实践应用价值。

理论意义：本书在系统地分析邻避型基础设施项目相关特征的基础上，利用归因理论、环境心理学理论、邻避设施选址理论、公众接受分析框架、社会许可经营（Social licence to operate，SLO）理论框架探索邻避型基础设施项目的项目——社区关系，分析邻避型基础设施项目的社会接受问题。研究结果能够弥补现有邻避型基础设施项目社会风险应对相关研究的不足，丰富邻避型基础设施项目社会风险应对相关研究成果库，为邻避型基础设施项目社会可持续性发展提供理论参考与借鉴。

实践意义：在我国经济发展进入"新常态"、经济改革"提质增效"的背景条件下，能否妥善预防和有效管理邻避型基础设施项目决策与建设运营过程中面临的社会风险，已经成为考验各级政府公共管理能力的一个重要课题。本书系统地研究垃圾焚烧发电项目关键风险、社会风险发生机理、关键因素对公众接受的影响机理、系统性政策机制等问题，研究成果有利于政府与企业出台相关政策与措施，合理应对邻避型基础设施项目建设与运营过程中的社会风险，同时能够为社区与公众提供一种新的观察、理解邻避型基础设施项目开发的方式与视角，这对推进我国邻避型基础设施行业可持续健康发展、践行可持续发展理念、打造共建共治共享的社会治理格局具有重要的战略意义。

1.3　研究内容

（1）我国垃圾焚烧发电行业现状及关键风险分析。首先阐述并分析目前我国垃圾焚烧发电行业的发展历程、分布情况、政策分析、运营模式和未来发展情况，在此行业背景下，回顾、归纳风险管理研究，分析常用的风险识别方法，阅读大量文献并建立垃圾焚烧发电项目风险因素核查表，通过多案例分析法、德尔菲法对我国 35 个垃圾焚烧发电项目案例进行风险分析，最终识别出导致我国此类项目出现问题的风险因素，并根据频次统计分为高频、中频和低频三类风险。其次，对识别出的风险因素进行评估，确定影响我国垃圾焚烧发电项目实施绩效的关键风险。先基于问卷调查得到相关数据，后采用 SPSS 软件对问卷进行信度、效度分析，最后根据风险重要性指标识别出关键风险，为后续的风险应对奠定基础。

（2）垃圾焚烧发电项目社会风险发生机理：本部分研究内容首先从文献综述入手，通过查阅相关文献材料，搜集国内外关于邻避效应相关领域内容的资料以及城市垃圾清理规划、垃圾焚烧处置设计规划、垃圾焚烧处理环境政策和衡量标准等成果，并结合国内外生活垃圾焚烧处置的开展运营情况，从理论上分析垃圾焚烧发电项目社会风险应对策略。其次，选择杭州九峰 WTE 焚烧项目作为典型案例，详细深入地剖析杭州九峰垃圾焚烧厂邻避事件的内在起因；分析杭州九峰垃圾焚烧厂邻避冲突的发展过程，了解相关部门在冲突发生后采用的具体解决措施并进行系统性分析，回顾整体事件的全局性要素，从而分析相关部门在应对类似垃圾焚烧处置过程中行政作为的优缺点；根据案例分析，总结得出居民利益诉求点，揭示提高公众接受度的实用决策方法和措施。最后，分析垃圾焚烧发电项目社会风险形成机理和应对框架。

（3）垃圾焚烧发电项目社会风险影响机理：公众参与与公众接受。本部分研究内容首先根据理论分析和文献分析提出公众参与、风险感知、公众信任和公众对 WTE 焚烧项目接受度相互影响关系的研究假设；其次基于前期研究成果设计调查问卷，并以特定项目周边居民为调查对象发放调查问卷；最后，在对回收的数据进行信度效度分析的基础上，验证研究假设，发现垃圾焚烧发电项目中公众参与、风险感知、公众信任和公众接受之间相互影响机理。

（4）垃圾焚烧发电项目社会风险影响机理：环境影响评价（Environmental impact assessment，EIA）与公众接受。本部分研究内容首先通过文献分析识别影响 EIA 质量高低的因素，研究 EIA 对垃圾焚烧发电项目公众接受的影响机理，通过研究假设构建垃圾焚烧发电项目社会风险发生的理论模型。然后基于构建的理论模型，进行大规模问卷调查，用结构方程模型分析 EIA 的不同要素 [实施程序规范性、环境影响评价（以下简称环评）机构可靠度、信息透明度、公众参与程度等] 是否以及如何通过影响风险感知、信任感知和公平感知，并最终影响当地居民公众接受度的影响机理。

（5）垃圾焚烧发电项目社会风险影响机理：经济补偿、利益感知与公众接受。本部分研究内容首先通过查阅国内外相关文献对邻避效应影响因素进行梳理，深入分析经济补偿、利益感知、风险感知、信任感知与垃圾焚烧发电项目公众接受之间的作用路径与影响机理，构建经济补偿影响垃圾焚烧发电项目公众接受的假设模型；其次利用文献借鉴、理论分析等设计调查问卷并进行信度效度分析；接着利用实地项目作为调查案例，进行大规模问卷调查；最后基于问卷数据，利用实证研究方法（结构方程模型）验证经济补偿、利益感知对公众接受的影响机理。

（6）垃圾焚烧发电项目社会风险应对政策机制。本部分研究内容基于上述研究成果，分别从公众参与、经济补偿、环境影响评价、信息公开与程序正义、竞争五个层面，深入分析社会风险成因，并综合设计"公众接受"解决方案政策机制，以期提供更加全面的、可操作性更强的垃圾焚烧发电项目"公众接受"解决方案和社会风险应对政策机制。

1.4 研究方案

1.4.1 研究方法

本书主要通过以下方法进行研究：

（1）文献分析、案例研究——本书对中国期刊网、建设工程管理领域国际权威期刊、行业报告（ADB、EU）、咨询公司报告进行检索、归纳和总结，初步确定城市生活垃圾焚烧发电项目的风险清单；同时利用多案例研究（案例报道＋典型案例调研）识别影响城市生活垃圾焚烧发电项目的（关键）风险。

（2）问卷调查（专家访谈）——通过大规模调查问卷（专家调查），分析与评价不同风险因素发生的概率以及风险后果，利用风险重要性指标（Risk significance index, RSI）识别与确定关键风险因素，并将其与案例分析结果进行对比分析。

（3）案例分析——本书以杭州九峰垃圾焚烧发电厂项目（以下简称九峰项目）作为案例，利用案例分析的方法归纳与总结垃圾焚烧发电项目社会风险（公众反对）的发生机理和应对策略。

（4）理论分析——本书基于归因理论、环境心理学理论、邻避设施选址理论、公众接受分析框架、社会许可经营等理论框架，提出公众参与、经济补偿、环境影响评价、利益感知等对垃圾焚烧发电项目公众接受影响关系的假设。

（5）问卷调查（公众调查）＋结构方程分析——为实证验证公众参与、经济补偿、环境影响评价、利益感知等在改善垃圾焚烧发电项目社会风险应对方面的作用，本书利用问卷调查、描述性分析、结构方程分析、假设检验等实证研究方法，阐述各因素如何影响垃圾焚烧发电项目公众接受度的影响机理。

1.4.2 研究技术路线

本书研究遵循"背景分析—机理分析—机制设计"的思路，重点分析垃圾焚烧发电项目社会风险发生机理和关键因素对公众接受的影响机理，并据此提出"公众接受"解决方案的政策机制，技术路线如图1-1所示。

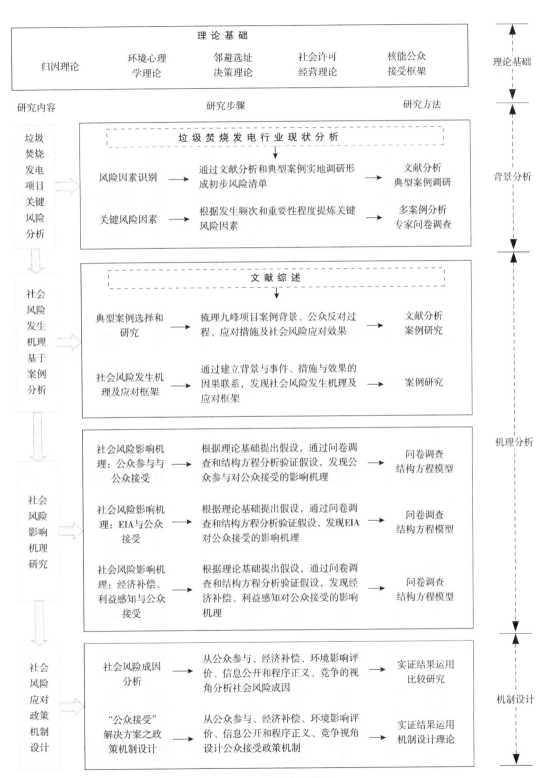

图1-1　技术路线图

1.5　创新点

本书旨在全面识别垃圾焚烧发电项目风险因素和系统分析社会风险发生机理的基础上，通过研究公众参与、经济补偿、环境影响评价等关键因素对公众接受的影响机理，在此基础上建立系统的、适合我国垃圾焚烧发电项目实际情况的风险应对政策机制，以期为提高垃圾焚烧发电项目实施绩效和促进生活垃圾焚烧发电行业的可持续发展提供理论借鉴和实践参考。本书以社会学、管理学、心理学相关理论为指导，结合垃圾焚烧发电行业的政策背景和实践现状，按照理论指导实践的思路，分别从理论框架构建、模型分析、实证探索及政策机制设计等层面深入开展垃圾焚烧发电项目社会风险应对研究，力争实现理论创新和政策创新。具体而言，本书的创新之处为：

（1）从我国垃圾焚烧发电行业实际出发，应用文献分析、多案例分析与问卷调查（专家调查）相结合的方法，识别与分析了垃圾焚烧发电项目关键风险因素，具有行业背景针对性，使研究结果更加契合行业实践。

（2）以杭州九峰垃圾焚烧发电厂项目为典型案例，鉴于其在垃圾焚烧发电项目社会风险应对方面的成功经验，归纳与总结了垃圾焚烧发电项目社会风险形成机理和应对框架，具有研究方法的创新性。

（3）以公众参与、经济补偿、环境影响评价、利益感知作为关键影响因素探索对改善垃圾焚烧发电项目公众接受的影响机理具有视角创新性。本书在系统梳理文献的基础上，基于归因理论、环境心理学理论、邻避设施选址理论、公众接受分析框架、社会许可经营等理论框架，利用问卷调查（公众调查）+结构方程模型（SEM）实证验证了公众参与、经济补偿、环境影响评价、利益感知等对垃圾焚烧发电项目社会风险的作用，在切入点上具有一定的创新性。

（4）更加全面、可操作性更强的社会风险应对政策机制。相对于已有的零散垃圾焚烧发电项目社会风险应对研究，本书在系统研究垃圾焚烧发电项目关键风险、社会风险发生机理、关键因素对公众接受的影响机理的基础上，分别从公众参与、经济补偿、环境影响评价、信息公开与程序正义、竞争五个层面，综合设计"公众接受"解决方案政策机制。研究结论更加全面，研究成果更具可操作性。

1.6　本章小结

本章首先介绍了研究背景，并根据相关研究和实践中存在的问题提出本研究的目标和研究意义；其次，梳理了本书的研究内容，对本书各章的主要内容进行概括；再次阐述了相应的研究方法和技术路线，说明本书采用的研究方法及主要研究过程；最后提出本书研究的创新点。

2.1 理论基础

2.1.1 归因理论

在不确定的环境下，影响个体决策的因素一直是各科研领域的研究对象，近几十年来产生了各种理论分析框架，典型的理论包括前景理论和归因理论。归因理论是关于知觉者推断和解释他人与自己行为原因的社会心理学理论（陈玉梅等，2005）。奥地利社会心理学家海德（F. Heider）在其 1958 年出版的《人际关系心理学》中首次提出归因理论，认为个体行为产生必有其原因，在寻求行为的原因时把它归于个人或者把它归于环境（F. Heider，1958）。只有先了解行为的根本原因是属于内在还是外在，才能有效地控制个体的行为。

1. 海德（F. Heider）的早期归因研究

海德（F. Heider）首次将归因问题理论化。他对人们如何认识日常生活中事物的因果关系非常感兴趣。他假定所有行为人都具备两个很强的动机因素：动机一是对周围世界建立一致性理解的需要；动机二是对控制环境的需要。

海德初步将行为原因归为内部、外部两大类。他提出假设，当人们寻找他人行为的原因时，会依据归因于行为者的内部因素、归因于行为者的外部因素来探求答案。内部因素包括个人特质、情感、态度、动机、情绪、努力程度、能力及其他个人具备的因素；外部因素即个体行为者外在的任何其他因素，包括自然环境、人文环境、运气等因素（Healey 等，2015）。

海德指出个人的责任程度会受到环境条件对行为结果作用变化的影响，环境等外在因素对行为结果影响程度越大，则会认为个人应承担的责任程度越小。因此，海德提出了责任归因的五个级别的判断标准（F. Heider，1958），具体为：

第一级：关联（Association），只要行为后果与某个人有关联，那么该个体就应该对此行为后果负责。由此可见，这是一种简单机械的关联水平。

第二级：因果（Causality），个人是事件发生的必要条件，不管该个体的动机如何，只要是由其引发了后果，那么责任就被归因于该个体，这是只根据个体行为的实际后果进行判定的。

第三级：预知能力（Foresee ability），如果个体已经预知到任何行为后果的可能性，即使某些后果并不出自个体的目的，但此时个体都被认为应当为此行为负间接或直接的责任。

第四级：动机（Intention），只有当个体出于主观动机去做某种行为时，该个体才被认为应当为此行为承担责任。

第五级：辩护（Justification），尽管个体出于自我内在动机，但也不完全将责任归因于该个体，还应考虑环境因素等，至少应和环境因素分摊责任。

2. 凯利（H. Kelley）的归因研究

海德之后，凯利（H. Kelley）对归因理论进行了全面阐述。1967 年，他提出了较全面的理论，并对个体面临多种情境变量时的归因进行分析。他设计了一套抽象的归因过程模型（H. Kelley，1967），该模型包含两个原则：协变原则（covariation principles）、组合原则（configuration principles），其中协变原则包括一贯性（consistency）、一致性（consensus）以及特殊性（distinctiveness）；组合原则包括诸如补偿原则（compensatory）、怀疑原则（discounting）和增强原则（augmentation）。

在此基础上，韦纳、班杜拉分别发展出成败归因理论和自我效能感归因理论，还有后来在动物实验的基础上发现习得性无助的归因理论（时蓉华，2000）。这三大理论对归因理论的充实、发展以及后期的应用研究产生了重大的影响。

3. 韦纳（B. Weiner）的成败归因理论研究

美国心理学家韦纳（B. Weiner）创造性地将现代心理学中两大热门话题（归因理论和动机理论）有机地结合在一起。他认为，归因影响到期望改变和情感反应，而这种归因后果影响后继行为的动机，即成败归因—情感反应和对未来事件的预期—后继行为动机（B. Weiner 等，1972）。韦纳提出影响个人成败的因素主要有四个：能力、努力、任务难度和运气，并通过研究提出归因三维模式，即控制点、稳定性、控制性（B. Weiner，1979）。他把影响成败的四大因素按照这三个维度进行划分：能力属于内部的、稳定的、不可控的因素；努力属于内部的、不稳定的、可控的因素；任务难度属于外部的、稳定的、不可控的因素；运气属于外部的、不稳定的、不可控的因素。他认为一个人成功或失败取决于控制点、稳定性与控制性三者的共同作用。他认为"内外控制点"和"稳定性"这两个维度是相互独立的，控制点和稳定性对成就动机起绝对作用；控制点影响成功的期望，稳定性影响成功的价值。"稳定性"维度对行为者对后继行为是否成功的期望或预测产生重大影响。如果个体将某项任务的成功归因于稳定的因素，例如他的能力很强，他自然会期望自己在以后的类似情境中继续成功。如果成功被归因于随环境变化而变化的不稳定因素，例如运气不错，那么个体对下次成功的期望就会降低。相反，对某项任务的失败，如果个体归因于个人难以改变的稳定因素，例如能力差，那么对以后类似的任务显然也会有失败的打算；如果个体把失败归因于不稳定的因素，例如运气不好或者不够努力，则会对以后的成功抱有更高的期望。

4. 班杜拉（A. Bandura）的自我效能感归因研究

自我效能理论首先由美国心理学家班杜拉（A.Bandura）提出，后经认知心理学家加以借鉴，发展成现在的自我效能感归因理论（张学民等，2007）。

自我效能（self-efficacy）是指个体在执行某一行为之前对自己能够在某一水平上完成该行为活动所具有的信念、判断或感受，即对自身能力的主观判断（A. Bandura，1973）。班杜拉的自我效能理论的中心思想是：个体的自我效能感决定他在成就情境中的行为动机。自我效能感高的人在相关活动中行动的积极性较高，愿意付出更多的努力和采取策略应付遇到的问题，解决面临的困难。而当问题和困难得到克服和解决时，他当初效能感的作用就得到证实，这就维持了动机，从而使个体在面对偶尔遇到前所未有的困难时，他有能力取得成功的信心，也有助于克服先前的消极情绪，诱发动机行为。相反，自我效能感低的人，在相关活动中行为的积极性较低，不愿付出过多的努力和采取相应的策略应付困难，必然导致活动结果不尽人意，反过来又降低了他的效能感。

归因与自我效能感之间的关系是相互的。一方面，个体的归因会影响其自我效能感。对成功做稳定的、内部的归因，会提高自我效能感。例如个体对自己的成功做能力强的归因，未来的成就动机也会相应提高，自我效能感也会提高；而对失败做稳定的、内部的、不可控制的归因，例如对失败做能力差的归因，对自己效能感的评价就会降低，其未来的成就动机水平也会相应受到影响。

另一方面，个体的自我效能感又会影响其归因，自我效能感强的个体倾向于将成功归因为稳定的、内部的因素，而将失败归因为不稳定的因素，并相信未来的成功是以通过努力达到；而自我效能感差的个体则更加倾向于将失败归因为内部的不可控制的因素，将成功归因于外部的、不可控制的因素，对未来的成功也缺乏信心。

5. 理论述评

自理论建立至今已有60多年的发展历史，归因理论在管理与社会领域应用广泛，为学界理解、分析个体/群体行为提供了新的理论框架与范式工具。一方面，归因理论提供了研究人类复杂行为的理论基础和方法，可以帮助科学界更好地理解人类复杂的社会行为。另一方面，最新的动机归因理论将动机和归因两大心理学领域有机地结合起来，并取得突破性进展。该理论属于一种比较系统的认知动机理论，有助于对人类复杂行为的理解，特别是对行为的成功与失败问题做出全面的解释。此外，归因理论的各个组成部分都经过逻辑分析和实验验证，从而增加了理论的说服力。最后，归因理论在社会生活实际中还具有更加广泛的应用前景，例如韦纳对社会实际中存在的问题的研究，例如归因与成就追求、习得性自暴自弃问题，以及师生、学生之间的相互作用归因研究等。而动机归因理论在实际中的应用研究还刚刚起步，许多社会实际问题，例如行为模式训练、社会救济、社会公正与行为责任问题，以及诸如吸毒、艾滋病、抑郁症、家庭暴力、虐待等广泛领域的应用问题，都需要利用归因研究进一步探索。

归因理论也有其自身的不足和缺陷。例如，以目前最流行的动机归因理论为例，它只属于认知动机理论中的一种，而人类的行为是复杂的，把寻求理解作为人们行为的一种动因是可行的，但若想用它来解释人类行为的全部，就犯了扩大化错误。其次，人们对行为原因的解释并不总是按照三维结构纯理性进行，人们的归因行为还存在很大的个体差异，有的人根据过去的相关经验可以直接推断出事情或行为的起因，有的人在归因时则根据感觉，而不是一步步理性地推断。

2.1.2 环境心理学理论

环境心理学理论起源于 20 世纪 60 年代西方国家对心理学研究的一个分支（俞国良，2000），涉及心理学、社会学、地理学和环境保护等多门学科，主要研究人的心理与所处环境的相互关系，通常运用心理学的方法分析环境与人类活动的相互影响，旨在促进人工环境设计人性化，改善人与自然环境的关系，它是环境对人的心理和行为产生作用和影响的边缘学科（成洁，2020）。国内外诸多学者对环境心理学界定的主要区别在于是自然环境对人类行为和活动的作用更大还是物理环境对其的影响更大，两者的重视程度也不同，但两者从根本上是一致的，都认同、肯定、重视人与环境之间的相互关系（吕晓峰，2011）。

环境心理学缘起的客观现实是"二战"后，以美国为代表的先进工业国，由于急速发展，各类基础设施需求的剧增造成环境压迫与个体自由、美感表达的冲突，以及大楼的更替使得许多人流离失所（毕恒达，1997），进而引起一系列强烈的社会反响，人们开始对人类行为与环境关系问题进行重新研究和思考（彭运石，2009）。人口的迅速增长、对自然资源的过度开发和环境退化等现实问题是环境心理学诞生的历史和社会背景。

1960 年前后，卡尔文·泰勒等在美国犹他州立大学设立了建筑心理学课程，并以此为基础组织有关的专业研讨会，出版与发表了一系列研究论文，有力地推动了环境心理学的产生。1968 年，北美成立了环境设计研究协会，次年，《跨学科的环境与行为》《环境与行为》杂志在美国创刊，这是环境心理学兴起的重要标志。斯托克斯和奥尔特曼（Stokols 和 Altman，1978）出版的《环境心理学手册》是环境心理学里程碑的存在，同时也是环境心理学成熟的标志，形成了完整的环境心理学理论体系。

我国环境心理学的研究在 20 世纪 80 年代才开始发展，在基于欧美等西方国家理论的基础上，对建筑学、城市规划和园林设计等非心理学领域的学科开始环境心理学研究，但是仍有非常大的发展空间。1993 年 6 月，哈尔滨建筑工程学院常怀生教授等人联名发表《关于促进建筑环境心理学学科发展的倡议书》，呼吁社会促进建筑环境心理学学科的发展。1995 年正式成立了中国建筑环境心理学学会（徐磊青，2002）。2000 年，林玉莲和胡正凡编著的《环境心理学》第一次入选建筑学和城市规划专业教材，同年，俞国良出版了应用心理学书《环境心理学》。

在环境心理学理论的发展与演化过程中，一些理论模型不断出现，例如"唤醒理论""环境负荷理论""应激与适应理论""私密性调节理论""透镜模型理论""人与环境一致性理论"等。如今，环境心理学的理论更多地关注人与环境之间的相互作用关系而不是环境单项对人心理的影响。同时，环境心理学的方法论在对以往传统心理学方法的不断发展与完善后，在各个领域也得到一些进展，目前主要有三大类方法，分别为互动论、有机论、交互论。

1. 互动论

互动论的研究路线为还原主义，研究范式是客观主义的主客二分，将复杂的整体现象还原为"环境"与"行为"等几个元素，分析各个元素的特点，找出元素之间的因果关系，从而描述整体现象，同时时间被认为是一个独立于现象的变量，变化表现了在静止状态下、不同时间内的现象和结构上的差异。单维的因果决定论和机械论主张：环境因素影响人的行为，环境因素与人格特质共同影响行为，环境因素透过某种心理过程（中介变量）影响行为。早期的拥挤研究就是使用互动论的方法，认为密度会影响个体的行为，后期加入了个人与人际关系等研究变量，但这些变量仍是独立存在的，主要研究其因果关系。

2. 有机论

有机论是在互动论研究的基础上发展起来的。它认为人类与环境之间存在着复杂的相互作用的关系，初步具备了整体主义方法论的特征。它认为整体系统是研究的主要单元，强调"整体大于部分之和"。各个部分独立的存在，但彼此之间会持续地相互影响，这些元素构成整体，但又随整体的变化而变化。整体系统是为了维持各项元素的平衡并达到理想状态而进行变化，会经历几个特定阶段，当系统达到理想化的状态后，变化就停止了。有机论就是在遵循客观主义研究范式与可验证性条件下，研究规范整体系统变化的有机法则。Altman 的私密性调节理论模型就是采用有机论的方法，个体在特定的场所有该场景下最理想的私密程度。个体通过行为、身体语言、个人空间与领域以达到其目标。当实际获得的私密性与理想的私密性有差距时，个人的行为会发生改变。此模型认为相互影响的元素构成整体系统，并假设有一个理想的稳定状态及回馈的网络。

3. 交互论

交互论同样也体现了整体主义特征，重视的不是个别元素而是整体。这种方法主张独立的元素没有意义，将个体、心理过程与环境视为一个统一、并存、相互依赖的整体，个体的活动只有在具体的环境、状态或情景中才有意义。现象的本质就是持续不断的变化，人的行为都具有一定的目标性、意向性。人们长期或短期的动机和社会的规范会影响目标取向，如果现象有所变化，目标取向也会变化。交互论是为了解释事件的形成和变化，从现象本身出发，通过假设建立和假设检验来探究这些变化。Wapner 等关于环境转换方面的研究体现了交互论的方法，他提出组织环境中的重要性是固着点而不是地标。环境经验有人际、社会文化、实体三个维度。固着点是组织环境的基点，对个体具有一定意义；固着点会随着组织的复杂化而不断地变化。交互论还适用于现象学或生态心理学的行为场景等方面的研究（毕恒达，1997）。斯图克尔斯提出了"人—环境交互作用模型"，该模型分为两个维度：交互作用的认知和行为形式、交互作用的作用和反作用阶段。将两个维度的分类两两匹配，获得人—环境交互作用的四个模型：解释的模型（认知、作用）、评价的模型（认知、反作用）、操作的模型（行为、作用）和反应的模型（行为、反作用）（Stokols，1978；缪小春，1989）。

2.1.3　环境邻避设施选址决策理论

"邻避（Not In My Backyard，NIMBY）"一词最早由 O'Hare 于 1977 年提出，用来描述居民反对在当地开发"潜在有害设施"的社会现象，具体表现为居民容忍或者支持在较远区域进行这类设施的开发，但却对在本地社区附近开发表现出强烈的反对倾向（O'Hare，1977）。邻避型基础设施项目是指具备邻避特征的公共基础设施项目，例如核电设施、垃圾处理设施、污水处理设施、高压变电站等。因其潜在利益（收益）由全社会共享，但成本（经济损失、健康／环境风险等）却由当地居民承担（Schively，2007），邻避型基础设施项目通常会遭受强烈的当地居民抗议或者反对，是典型的"本地排斥的土地使用（LULU）"（Popper，1985）。

邻避型基础设施项目主要有几个较为明显的特征：一是该类设施能够产生一定的社会利益，随着社会的发展该类设施存在的价值愈发明显；二是该类设施会产生客观上的负外部性，对周边居民产生直接或潜在的风险或损失（朱阳光和杨洁等，2015）；三是不对称的成本，该类设施产生的效益由全社会共享，但负外部性的成本却由邻避设施附近居民承担（Groothuis 和 Miller，1994）；四是邻避设施发生意外的概率极低，但是一旦发生意外将会产生严重的后果（刘锦添，1989）；五是针对邻避问题，专家和公众的主体价值判断具有差异性（李永展和何纪芳，1996）。

作为社会赖以生存的基础性物质条件，邻避型设施项目在经济与社会发展中发挥着关键性作用，对整个社会福利的持续改进以及城市乃至国民经济可持续目标的达成至关重要。然而，邻避型设施项目的建设与运营经常受到"反焚化运动""无核化运动"等邻避运动的影响，面临着强烈的公众抵制与反对，部分事件甚至演变成大规模群体性事件，形成邻避型设施项目社会风险，影响全社会的稳定与可持续发展（Song 等，2017；侯光辉和王元地，2014；鄢德奎，2019），在 20 世纪 70 年代，因垃圾焚烧技术发展导致的邻避冲突就在美国、日本、丹麦等国家涌现（娄胜华和姜姗姗，2012）；此后，垃圾处理设施、核电设施、高压变电站等邻避型基础设施社会风险事件在荷兰、瑞典、韩国、中国等国家与地区频频发生（Baxter等，2016；Sun等，2016）。

目前，我国正处于全面深化改革的攻坚期和关键期，在发展中不平衡、不协调、不可持续问题依然突出。就邻避事件而言，近年来中国形形色色的邻避事件并不鲜见，例如香港居民反对大亚湾核电站建设事件（1986）、望京加油站事件（2003）、彭州石化项目（2008）、杭州九峰垃圾焚烧发电厂群体性事件（2014）、贺州信号基站（2015）等。根据国内相关媒体报道及已有相关文献数据统计（王铮和王佃利，2019），自2007年厦门PX事件爆发后，中国重大邻避事件频发且在2014～2016年达到峰值，目前国内重大邻避事件仍处于高发期（图2-1）。同时从邻避事件涉及地域来看，截至目前东部地区发生的邻避冲突数量最多，中部地区次之，西部地区及东北地区最少。

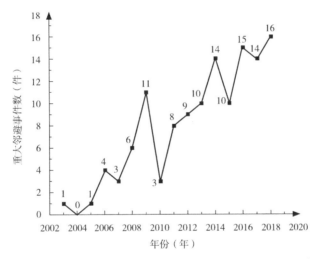

图2-1 2003～2018年全国重大邻避冲突事件数量分布情况

近年来大量邻避冲突事件的发生，导致大量重要的基础设施项目建设被迫"停产"，邻避型基础设施项目的选址也随之陷入困境，如何选址已成为该类设施能否建设落地的重要影响因素，引起社会各界的高度关注（郑卫和贾厚，2019）。目前关于邻避设施选址理论研究较多，研究现有文献发现，邻避设施的选址问题从不同的层面考虑需要遵循其相对应的原则，主要有以下三个分析角度：一是从选址原则上分析，该类设施选址应遵循"阻力最小原则"而非"距离代价最小原则"（娄胜华和姜姗姗，2012；朱阳光和杨洁等，2015）；二是从选址困境博弈理论分析，讨论政府、邻避型基础设施项目与当地居民等相关利益者之间的利益协调关系，以及各自的最大化效用和多方均衡策略选择（Chi等，2009；张向和，2010；张向和和彭绪亚，2010；朱阳光和杨洁等，2015）；三是从空间利益分配角度分析，邻避设施选址决策涉及地理空间资源的配置问题，选址过程是对空间的生产与重构，决定着空间利益的支配，选址过程和决策需要考虑空间利益的公平分配（刘晶晶，2013）。

在进行邻避型基础设施项目的选址决策时通常遵循这样的事件链：政府确定邻避设施的建设地点，建设地周边居民在得知建设方案后，担心该设施对自身产生直接或潜在的风险或损失，因此质疑政府决策、进行抗议或者反对，从而导致邻避型群体事件的发生，甚至加剧冲突，政府无法解决问题，最终导致项目被长期搁置或被迫"停产"（马奔和李婷，2015）。因此，政府如何进行选址决策对邻避型基础设施项目能否建设落地极为重要。邻避设施选址政策是指具有公权力的主体针对邻避设施的拟建位置，通过不同设计方案的分析与比较，进行合理、合法地规划、论证，对实施方案做出选择的过程。邻避设施选址政策除了具有公共决策的一般特征之外，还具有决策的民主化诉求高、决策的科学化要求高和补偿机制至关重要等特征（张丽，2016）。

现阶段，关于邻避设施选址问题研究的相关理论，主要涉及政策网络理论、协商民主理论和利益相关者理论。

1. 政策网络理论

政策网络理论兴起于20世纪70年代，伴随着多元主义与统合主义对公共政策过程中政府与利益集团关系模式的争论而产生，随着组织理论、治理理论等新兴理论的出现，政策网络理论内容不断发展与丰富。关于政策网络理论的定义目前仍没有形成统一的界定，英国学者Rhodes对该理论的解释是现阶段最被广泛接受的定义，即政策网络是一种由一群或多群组织组成的联合体，由资源聚合在一起，这些组织彼此之间的联盟或分散取决于资源是否需要相互依赖（Marsh和Rhodes，1992）。

在国外政策网络研究中，主要分为以德国、荷兰为代表的治理流派和以英美学者为主的利益协调流派（Borzel，1998）。利益协调流派认为，政策网络反映特定利益在某一政策领域的相对地位或权力，能在一定程度上影响政策后果，它是概括国家与利益集团之间各种关系形式的一般性术语；治理流派在继承前者中有关利益联盟与合作思想的基础上，吸纳了组织间关系理论的元素，将政策网络定义为治理的一种特定形式，换句话说，治理流派认为政策网络是指在政治资源分散于各种公共与私营主体的背景下动员政治力量的一种机制（张体委，2019）。关于政策网络的分类，Rhodes根据参与成员整合程度、参与成员类型以及参与成员间的资源分配情况，做出了经典阐释，见表2-1（Marsh和Rhodes，1992）。

在国外已有学者将网络政策理论运用于环境群体性事件中，目前国内对于政策网络理论和案例分析相结合的实证分析，大多将案例集中于房地产领域、医疗卫生条件、政策变迁及大气污染情况等方面，而对环境群体性事件案例的研究较少。对于环境邻避设施项目的选址决策，政策网络理论的应用仍需不断地发展和完善（左肖文，2019）。

政策网络的分类 表 2-1

网络类型	网络特性
政策社群	稳定、高度有限的成员、垂直的相互依赖性、有限的平行意见
专业网络	稳定、高度有限的成员、垂直的相互依赖性、有限的平行意见、服务专业的利益
府际网络	有限的成员、有限的垂直相互依赖性、广泛的平行意见
生产者网络	流动的成员、有限的垂直相互依赖性、服务制造者的利益
议题网络	不太稳定、行动者人数很多、有限的垂直相互依赖性

2. 协商民主理论

协商民主理论是 20 世纪后期西方国家提出的新理论，在 20 世纪 80 年代，Joseph Bessette 的《协商民主：共和政府中的多数原则》文章中，协商民主的概念首次被赋予学术意义并使用于学术中，随后这一理论被不断地发展和完善（徐伟和解丽霞，2020）。

作为 20 世纪 80 年代发展起来的协商民主理论，为西方民主理论指向了新的发展和研究取向，这一新理论的出现与社会环境紧密相连，理论的发展离不开时代的不断进步，同时也离不开西方历史上古希腊城邦时代的协商思想（陈安杰，2017），西方国家的政治制度采用的代议制民主方式，能够一定程度上解决直接民主在现实中难以实现的窘境，但随着社会的不断发展进步，民众自我意识和权利意识的不断增强，代议制民主方式的诸多思想已不能解决现实困境（冯知新，2014）。在进入信息化时代后，多元化的诉求用以实现快速的传播，在这些情况的综合影响下协商民主理论应运而生。此后，西方学者从不同的角度切入，对这一理论进行了更加深入的研究。在邻避型基础设施项目的选址决策过程中，政府、运营商和居民获取信息的不对称性是激起周边居民反抗情绪的重要原因之一，通过协商民主的方式调查和了解民意，不仅有利于解决邻避设施选址决策中公民参与缺失的问题，使公民参与到决策过程中，还有助于改善政府与公民信息不对称的问题，通过一种平等协商的方式，使得周边居民能够表达自身观点和对拟建项目的知情权，从而推进邻避型基础设施项目的建设投产或减少项目的推进阻力，在邻避设施选址决策中具有重要作用（马奔和李婷，2015）。

3. 利益相关者理论

根据《管理学大辞典》的解释，利益相关者是指与企业生产经营行为和后果具有利害关系的群体或个人，包括股东、雇员、顾客、供应商、社区、特殊利益群体、媒体乃至整个社会或全体公众。究其起源，"利益相关者"一词最早出现在 1963 年斯坦福研究所，该词旨在挑战股东是唯一需要管理响应的群体这一观念。20 世纪 80 年代，利益相关者理论（Shareholder Theory）兴起，其主要由描述性、工具性、规范性、管理性四部分组成（方红庆，2018）。利益相关者代表人 Freeman 提出，利益相关者是能够影响一个组织目标的实现，或者受到一个组织实现其目标过程影响的所有个体和群体（Freeman 和 Edward，2010）。

随着理论研究的深入，不同学者根据不同的方法对利益相关者进行分类，例如 Mitchell 按照合法性、权力性和紧急性三个属性将相关利益者分为确定型的利益相关者、预期的利益相关者及潜在的利益相关者（Mitchell 和 Agle，1997）。Clarkson 按照相关群体与企业关系的紧密程度，将利益相关者划分为首要的利益相关者（Primary Stakeholders）和次要的利益相关者（Secondary Stakeholders）（Clarkson，1995）。陈宏辉则从利益相关者的主动性、重要性和紧急性三个方面，将利益相关者分为核心利益相关者、蛰伏利益相关者和边缘利益相关者三种类型（贾生华等，2003）。

作为一种分析工具，利益相关者理论分析被广泛应用于风险管理领域。而邻避冲突就是一个典型的涉及多方利益的社会问题，如政府、企业、社会公众、专家学者及环评机构等，不同利益相关者诉诸利益的行动构成了邻避群体性事件的形成逻辑（朱德米和陈昌荣，2017）。

在现有的委托代理理论体系中，所有权与经营权相分离，使得项目所有者和管理者之间的代理关系至关重要（宋子健和董纪昌等，2020）。由于两者之间的利益不同，不可避免地存在信息不对称的问题，在环境邻避设施选址决策中，为了最终项目的落地，就必须让公民参与到邻避设施选址和新建的过程中，不仅因为邻避设施与他们的生产活动与生活活动息息相关，而且邻避设施潜在或者明显的风险威胁着他们的身体健康、生活环境以及产业价值（马奔和李婷，2015）。此外，由于我国人口分布广泛且基数众多以及公众之间的非均质性等因素的影响，我国实行的民主决策方式主要表现为人民通过选举自己信任的代表来表达自身意志，而代表接受人民授权管理社会公共事务。对于我国政府而言，其公益性质使其更加需要所有者对管理者有充分的了解，以便更好地发挥其在提供公共服务、实现公共利益方面的作用，同时，由于政府组织具有公共性质，很难明确地界定其所有者及管理者，而利益相关者理论为解决这一难题提供了思路。

2.1.4　社会许可经营（SLO）

自 1997 年世界银行员工 Jim Cooney 在华盛顿的一次会议上提出社会许可经营（Social Licence to Operate，SLO）的概念以来（Cooney，2017），越来越多的理论与实证研究证明了 SLO 在资源、能源开采以及其他具有环境"负面影响"的生产经营活动可持续发展中的重要作用（Owen 和 Kemp，2012；Bice 和 Moffat，2014；Parsons 等，2014）。目前，社会许可经营（SLO）（图 2-2）被广泛应用于矿产（Boutilier 和 Black，2013；Cesar，2019）、能源（Wilson，2016；Richert 等，2017）、农业（Williams 和 Martin，2011）、造纸行业（Wang，2019）、海洋水产（Kelly 等，2019；Sinner 等，2020）、循环经济（Baumber 等，2019）等诸多行业，借以描述企业—社区互动关系的变化，以及社会对资源开发类、基础设施建设类活动的接受程度。同时，澳大利亚、加拿大、美国、荷兰等发达国家是 SLO 相关研究的主要贡献国，其中澳大利亚的昆士兰大学、联邦科学与工业研究组织（CSIRO）以及荷兰的格罗宁根大学是最主要的研究机构。在研究领域方面，社会许可（Social License）、治理（Governance）、社区（Community）、企业社会责任（Corporate Social Responsibility，CSR）、矿业（Mining）是其主要关键词。

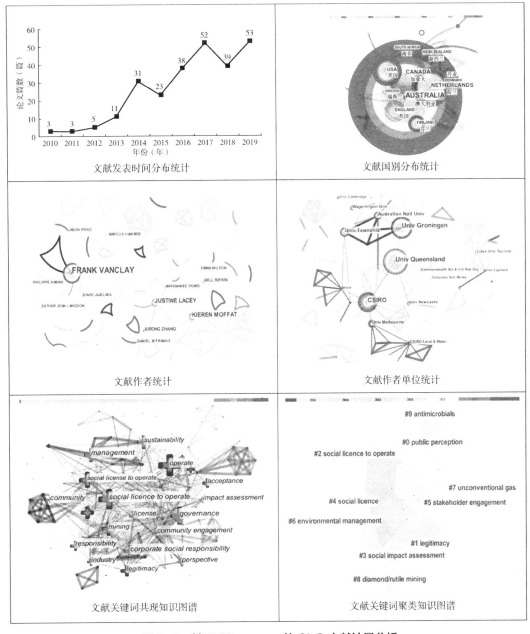

图 2-2　基于 Citespace 的 SLO 文献计量分析

目前关于 SLO 的概念，研究界并未形成统一的意见。Nelsen 和 Scoble（2006）认为 SLO 是一系列概念、价值观、工具和实践，代表了一种为行业和利益相关者观察现实的方式。广义上讲，SLO 可以定义为受其影响或者可能影响其绩效产出的利益相关者对一项业务的持续接受或认可（Moffat 和 Zhang，2014；张爱荣等，2018）。Joyce 和 Thomson（2000）认为这种接受或认可可以在多个层面实现，但必须根植于本地社区对资源开发项目的社会接受。同时，社会许可经营（SLO）来自当地社区或者利益相关者的信念与感知，只有当地社区或者利益相关者才能授予（Boutilier 和 Thomson，2011）。Hall 等（2015）认为 SLO 有效地扩展了原有的利益相关者理论与企业社会责任，能够为行业与社区探讨项目发展计划时提供一个共同的目标。

SLO 与正式的法律许可不同，可以看成正式法律的社会类似物及必要补充，通常是无形的、不成文的，不能由正式的行政或法律机构批准（Franks 和 Cohen，2012）。威胁公司声誉、品牌和利润是公司获取 SLO 的主要驱动力（Solomon 等，2008）。同时，SLO 将社区、政府与企业视为基于相互信任的、持续的、非正式关系的伙伴，经常被认为是公司与本地社区之间存在的一种非正式的社会契约（Lacey 和 Lamont，2014；2020）。现阶段，SLO 的相关法律解读已经出现在部分社会和环境影响评价要求中以及政府的正式文件中（Bice 和 Moffat，2014）。例如，澳大利亚南澳州政府（Government of South Australia，2014）认为"只有在工业界和社区真诚的合作和开放的共同努力，以发展并实现相互接受的成果时，才能获得社区的信任"。

虽然 SLO 已经广泛应用于世界范围内的诸多行业，对促进具有"负面影响"的行业可持续发展做出了重要的贡献。然而与法律许可需要的明确要求不同，SLO 的标准是模糊的，在社区中由哪些人构成、谁有权授予或者剥夺 SLO、谁在塑造社区接受程度、什么时候开始塑造等方面预留了相当大的空间（Moffat 等，2016；Filer 和 Gabriel，2018）。理论上 SLO 赋予社区相关权力，允许他们拒绝经营活动的开始、中断正在进行的经营活动，以及使用声誉杠杆或者呼吁企业遵循企业社会责任（CSR）原则。在现实中，这种权利可能会因为社区表达或者行使这种权利的方法和工具的缺乏、组织框架不明确、行业标准缺失等因素而受到削弱（Nelsen 和 Scoble，2006；Owen 和 Kemp，2012；Parsons 和 Moffat，2014）。同时，Nelsen 和 Scoble（2006）认为现有社区治理框架及社区合法性是阻碍矿业项目获取 SLO 的主要障碍。即使所有利益相关者均被邀请参与资源开发项目的决策，不同参与者之间权利关系的不对称以及价值观的差异仍然有可能导致冲突与不信任。张爱荣等（2018）认为由谁为发生在何时、何地的事件颁发 SLO，将是 SLO 下一步相关研究的重点。

2.2 分析框架

2.2.1 核能的公众接受

公众接受（public acceptance）这一术语最早发源于风险认知（risk perception）学科研究，反映公众认同和接纳一项新技术的程度（杜娟和朱旭峰，2019）。德国学者贝克曾指出，风险社会是在工业化进程中过度生产和现代社会系统"合谋"的产物。其中，生产力的指数式增长、不断创新的科学技术和知识体系、现存的标准体系和制度规范等都是风险社会的"始作俑者"和推动者。一直以来，风险社会中对于风险的认知和界定存在着技术理性和价值理性的断裂问题。面对风险，一方面是专家理性判断的"可接受水平"，另一方面是公众竭力要求的"绝对安全"。Starr（1969）在《科学》（Science）上发表了《Social benefit versus technological risk》一文，对技术发展中的社会风险认知问题进行了探讨和研究，并尝试对"多安全才足够安全"（how safe is safe enough）这一问题做出回答。

随着社会可持续发展方式的不断推进，以及公民的权利意识逐渐增强，应用具有负外部效应的技术很容易引起公众的警惕和质疑。实践表明，较低的公众接受度往往会成为影响技术创新和产业发展的重要阻碍（Wu，2017）。在此背景下，国内外各领域专家和学者也掀起了以公众接受为主题的研究热潮。目前公众接受性研究已有60多年的历史，且被广泛应用于公众对于科技创新、环境能源和气候变化等议题的态度与行为研究（杜娟和朱旭峰，2019）。纵观以往的研究，以核能领域为主的公众接受研讨是风险感知研究中最具代表性的课题。

自1954年建造第一座核电站以来，核电伴随着人类已有数十年，但它仍是一个全球范围内有争议的能源政策问题，涉及公众对核安全的担忧。其中，美国三里岛核事故（1979）和日本福岛核事故（2011）更是加剧了公众对于核设施的抵触心理，反核抗议活动曾一度导致许多国家的后续核能项目陷入困境，核能的公众接受性问题成了核能全球战略发展的关键因素（Starr，1969；Huang等，2018）。因此，研究核电领域的公众风险认知具有重要的现实意义。杜娟和朱旭峰（2019）在梳理并综合分析以往核能领域与公众接受有关的经典文献的基础上，系统且全局地提出了一个综合性的理论框架，从宏观制度与环境因素、微观公众个体因素及核安全事故三个维度梳理和总结公众核能接受性研究的成果，如图2-3所示。

整体而言，核能公众接受性理论涉及社会、技术、心理、公共管理等多个交叉领域，能够多角度有效地剖析公众对核能技术、核电站建设以及核能发展政策的接受度。由图2-3可知，核能公众接受分析框架将公众接受度的影响因素分为公众个体特征与环境因素两大类，以此探索公众参与、经济补偿等策略是否以及如何通过环境因素、个体感知等因素影响公众接受度（Slovic等，1991；Siegrist等，2000）。具体内容概括为：

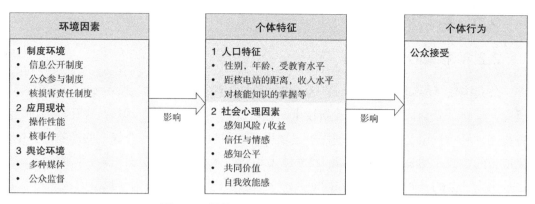

图 2-3　核能公众接受性研究的理论框架

1.决策环境因素

在核能公众接受分析理论框架下，影响公众接受的环境因素可以分为制度环境、舆论环境及应用现状三部分。首先在制度环境方面，信息公开制度、公众参与制度及核损害责任制度被众多学者们界定为影响核能公众接受的重要因素（Lidskog 和 Sundqvist，2004）。Sjöberg（2009）等学者指出，缺乏核能信息透明度对当地政府机构以及核电项目的公众信任有着强烈的负面作用。反之，政治的民主化、信息的公开化及决策的开放化有利于提升公众对核能项目的接受度（Ferry 和 Eckersley，2015）。其次，为降低公众风险感知，大多数学者时常提议在核能项目的选址、建设及运营过程中应提高公众的参与度（Renn，2009；Wu，2017）。一方面，公众参与可以将公共知识、理念和价值观纳入决策过程，可以提高决策质量，使核能项目公司做出更多在社会和道德上可接受的决策；另一方面，公众参与在建立公平、传播知识和提高民主共同价值观等方面具有重大潜力。

在核能应用现状方面，已有研究表明核安全事故的发生直接导致公众对核能的接受性降低，更对公众心理产生一系列影响。核事故发生后，民众对核能的感知风险显著增加，对核能收益的感知、对核能的支持度均显著降低（Katsuya，2001；Tsujikawa，2016；Siegrist，2013）。核安全事故因素对公众接受性的影响可能因不同国家的文化、历史环境的不同等呈现差异性（Kim，2013）。

舆论环境是影响民众核能接受性的另一个重要环境因素。一般来说，公众会通过媒体等多样化渠道获得信息。然而有部分学者指出，政治因素塑造着媒体话语，深深影响着媒体对核能的新闻报道，在缺乏开放的舆论环境下，媒体宣传难以有效地提高公众对核能的接受性（Mercado-Sáez，2018；Imtihani，2013）。

2.个体体征

现有核能风险评估与核能接受性研究主要聚焦于公众个体因素，主要包括人口学因素、对核能知识的掌握与社会心理因素等几个方面。首先在个体特征方面，影响公众核能接受性的人口学因素有性别、年龄、受教育水平、收入水平、与核电站的距离等。值得注意的是，人口学因素在不同国家和具体情景下呈现差异化的特征（Greenberg，2009；Flynn 等，1994；Gustafson，1998）。另外，在核能知识掌握方面，核能知识水平高的公众更有可能客观地评估核能的风险和益处，然后做出合理的决策。已有研究表明，核能知识对感知利益有显著的正向影响，对核能有更多了解的公众感知风险水平较低（Stoutenborough，2013；Sun 和 Zhu，2014）。

社会心理层面的因素包括公众对核能项目收益和风险的感知、信任、情感、社会公平、价值观、世界观、自我效能等诸多方面。这些因素往往相互关联，共同对公众接受性产生影响。首先在公众风险和利益感知方面，大量研究表明，公众接受度很大程度上是由当地居民感知到的潜在有害风险或者经济利益所决定（Achillas 等，2011；Mah 等，2014）。其中，感知风险是行为研究中的一个关键变量，其对公众个体的态度和反应有着重要影响，居民感知到的风险越强，公众接受度越低。而感知利益是指公众可以从开发和利用核能项目中受益的程度，是一种对公众个体行为有着积极影响的认知情绪。研究表明，当地居民的感知（经济）利益对公众接受度有着正向的影响关系，其公众接受程度取决于风险和收益的相对主导地位（Choi，2009；Bearth 等，2016）。

另一方面，当地居民对地方政府及相关部门的信任程度对公众接受度有着重要的影响（Slovic 等，1991；Achillas 等，2011）。当公众个人缺乏足够的知识时，社会信任就成为形成观点的认知捷径（Siegrist 等，2000；Sjöberg 等，2009）。因此，依据共同利益和价值观以及对过往绩效的判断的基础上所形成的对政府及相关部门的信任十分重要（Prior 等，2014）。另外，在核能项目立项决策、建设实施与运营过程中，当地居民所感知到的环境公平性也是影响居民公众接受度的重要因素（Gross，2007；Wolsink，2010）；最后，对竞争的感知、与公众的沟通等因素也能够显著影响居民的公众接受度（Flynn 等，1994；Gustafson，1998；Lima，2006；Wolsink，2007）。

目前，公众接受性理论框架已经成为核能领域研究课题的主流理论之一，正逐渐走向完善和成熟。此外，受到核能公众接受性理论的启发，许多学者开始探索和验证该理论在其他类似核能产业的适用性，并积极着力于解决管理实践中的问题（Liu 等，2019；Ross 等，2014）。

尽管公众接受性理论在核能等邻避设施的选址与建设中对公众态度与行为显示出较强的解释力，具有广阔的应用前景。然而该理论也面临一些挑战。一方面，现有的研究者多是从环境科学或认知心理学的学科视角与理论背景出发构建理论框架，缺乏与公共管理、政治学、社会学等学科一般性理论的跨学科对话和融会贯通（杜娟和朱旭峰，2019）。另一方面，公众接受分析框架通常以单一的公众接受度指标测量公众对特定对象的接受程度，而通常公众态度却是复杂的、非线性的（Devine-Wright，2009；Wolsink，2019）。单一化的研究视角不利于理解在核能政策过程中各个社会主体复杂多样的核心关切，也不利于制定供需平衡的核能风险沟通策略和发展战略。

2.2.2　邻避型基础设施项目公众接受

社会风险是一种导致社会冲突，危及社会稳定、平衡与可持续发展的不确定性，通常由民众利益的非自致性受损导致。其中，因邻避型基础设施项目的建设与运营导致的社区反对与居民抗议，是全球面临的主要社会风险之一。在 20 世纪 70 年代，因垃圾焚烧技术发展导致的邻避冲突就在美国、日本、丹麦等国家涌现（娄胜华和姜姗姗，2012）；此后，垃圾处理设施、核电设施、高压变电站等邻避型基础设施社会风险事件在荷兰、瑞典、韩国、中国等国家与地区频频发生（Baxter 等，2016；Sun 等，2016）。

邻避主义在全球范围内的盛行使得研究与探索邻避型基础设施项目社会风险问题的热度居高不下（Wolsink，2006；Schively，2007），不同学者开发了不同的理论框架，利用不同的理论与方法论研究邻避型基础设施项目的公众接受问题（Frederiks 等，2015；Huijts 等，2012；Perlaviciute 和 Steg，2014；Wüstenhagen 等，2007）。其中，公众接受分析框架应用最为广泛。公众接受分析框架将邻避型基础设施项目公众接受度的影响因素分为公众个体因素与制度环境因素两类（杜鹃和朱旭峰，2019），探索公众参与、经济补偿等策略是否以及如何通过环境因素、个体感知等因素影响公众接受度（Slovic 等，1991；Siegrist 等，2000；Wolsink，2010）。

在公众接受的影响因素方面，研究显示当地居民的公众接受度受到当地居民公众感知、社会文化特征、个体特征等诸多因素的影响（杜鹃和朱旭峰，2019）。一方面，公众接受度由当地居民感知到的潜在有害风险或经济利益决定，居民感知到的风险越大，或者感知到的利益越小，则公众接受度越低（Achillas 等，2011；Mah 等，2014；Bearth 等，2016）；另一方面，当地居民对地方政府及相关部门的信任程度对公众接受度有着重要的影响（Slovic 等，1991；Achillas 等，2011）。这是因为大多数人缺乏足够的知识与信息独自做出决定，他们通常根据专家或者政府的相关意见决定其接受程度（Siegrist 等，2000；Sjöberg 等，2009）；此外，邻避型基础设施项目立项决策、建设实施与运营过程中当地居民感知到的环境公平性，也是影响居民公众接受度的重要因素（Gross，2007；Wolsink，2010）；最后，对竞争的感知、与邻避设施的距离、性别等个体因素以及社会文化特征等，也能够显著影响居民的公众接受度（Flynn 等，1994；Gustafson，1998；Lima，2006；Wolsink，2007）。

研究表明，在邻避型基础设施项目社会风险应对策略方面，当地居民的感知（经济）利益对公众接受度有着正向的影响关系，其公众接受程度取决于风险和收益的相对主导地位（Choi，2009；Bearth 等，2016）。因此，经济补偿在提升当地居民公众接受度方面的合理性已经通过经济学分析框架予以证实（Lesbirel 和 Shaw，2005）。当经济补偿足以弥补邻避型基础设施带来的潜在损害时（Baxter 等，2013），当地居民通常选择接受潜在的危险设施（Chung 和 Kim，2009）。然而亦有部分学者研究认为，对于部分具有较高风险的邻避型基础设施项目，经济补偿的作用微乎其微（Kunreuther 等，2010），甚至有可能被视为贿赂从而导致反弹式的更大抗争，达不到预期效果（Jenkins-Smith，2010）。此外，经济补偿的效果还受距离的影响。距离邻避型基础设施项目越近，经济补偿对公众接受度的影响越小（Ren 等，2016）。

同时，公众参与是另一个经常被提及的社会风险应对策略，主要通过更加民主、沟通的方式提高公众对邻避型基础设施项目的公众接受度。公众参与在建立公平、传播知识和提高民主共同价值观等方面具有重大潜力（McComas 等，2016；Garnett 等，2017）。例如美国核废料处理厂选址失败、中国此起彼伏的"反焚化运动"等现象表明，传统的"自上而下"的、基于"技术上合理的"决策方式在处理公众抗议方面效率不高（Johnson，2013），而瑞典、加拿大、韩国等国家成功的核电设施选址决策经验表明，包含有效的公众参与和居民否决权的公开决策方式在邻避型基础设施成功选址过程中扮演着重要的角色（Lidskog 和 Sundqvist，2004；Chung 和 Kim，2009）。

信息的及时公开以及决策过程的透明化，能够有效地降低居民的风险感知，提升公众对政府及有关部门的信任程度，是提升居民公众接受的必备条件（Ferry 和 Eckersley，2015）。然而，信息公开与透明并不意味着其可以代替发挥项目治理或者政府监管的作用。大多数情况下，公众因缺乏合理评估所获取信息的知识与能力（Etzioni，2014），通常根据专家或者政府的相关意见决定其接受程度（Siegrist 等，2000；Sjöberg 等，2009）。因此，在共同利益和价值观以及对过往绩效的判断的基础上所形成的对政府及相关部门的信任十分重要（Prior 等，2014）。

此外，由于在防范环境、健康不利影响等方面的巨大潜能，制度化的环境影响评价（EIA）被认为是政府部门应对公众反对的有效方法（Li 等，2012；Sun 等，2016）。环境影响评价通过评估人为活动可能对环境产生的重大影响，提出预防或减轻不良环境影响的对策和措施，确保项目的可持续发展（Walker 和 Devive-Wright，2008；Larsen 等，2018）。

最后，亦有研究表明风险沟通、竞争等策略能够有效地提升当地居民的公众接受度。风险沟通主要通过降低居民的风险感知、增加居民对政府及有关部门的信任程度来提升居民对邻避型基础设施项目的接受度（Ross，2014；Chung 和 Kim，2009），竞争主要依靠营造地区主义以及志愿者感受，提升个体对特定项目的接受程度（Chung 和 Kim，2009）。瑞典与韩国的实践经验表明，针对核电、化工等邻避型基础设施，通过设置多个潜在的候选场地营造一定程度的竞争氛围，对激发社区主动接受邻避型基础设施十分有效，尤其是在经济不景气的时间段（Lidskog 和 Sundqvist，2004；Chung 和 Kim，2009）。

2.2.3　本研究的分析框架

本研究以归因理论、环境心理学、环境邻避设施选址决策理论为理论基础，遵循海德（F. Heider）朴素归因理论中个体特征 / 环境因素→个体感知→个体行为的研究思路，从垃圾焚烧发电项目社会风险应对现状出发，利用公众接受分析框架探索与分析其社会风险发生机理及其系统应对问题，如图 2-4 所示。

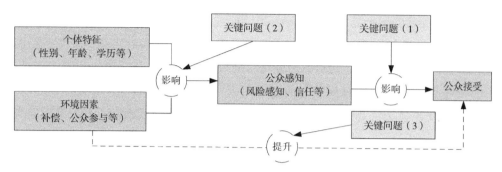

图 2-4 研究的理论模型

具体说来，本研究旨在利用理论研究与实证研究相结合的研究方法，探索与分析垃圾焚烧发电项目社会风险发生机理，以及不同社会风险应对策略是否以及如何影响当地居民的公众接受度，并在此基础上设计与构建垃圾焚烧发电项目社会风险应对体系及相关政策建议。本研究拟解决的关键问题包括：

（1）利用公众接受分析框架，揭示风险感知、公平感知、信任等公众感知对当地居民垃圾焚烧发电项目公众接受度的影响机理。

（2）厘清经济补偿、公众参与等应对策略，如何通过公众感知影响当地居民对垃圾焚烧发电项目的公众接受的相关机理与路径。

（3）建立系统的垃圾焚烧发电项目社会风险应对体系，并对我国相关行业发展提供政策建议。

本研究的分析框架如图 2-5 所示。

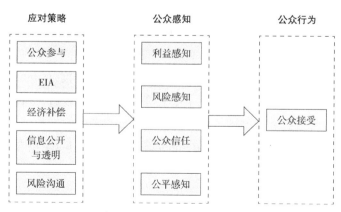

图 2-5 研究的分析框架

2.3 本章小结

本章主要阐述研究的理论基础与分析框架，为后续相关研究奠定基础。首先系统地阐述了归因理论、环境心理学理论、环境邻避设施选址决策理论、社会许可经营等理论的概念、内涵与发展现状。其次，在系统讨论核能的公众接受分析框架以及邻避型基础设施项目公众接受相关研究进展的基础上，给出本研究的理论模型与分析框架。

第 3 章
我国垃圾焚烧发电行业现状及关键风险分析

3.1 垃圾焚烧发电行业现状

3.1.1 垃圾焚烧发电厂的发展历程

垃圾焚烧发电技术具有减少温室气体排放、节约资源（例如土地）和实现能源回收利用等优点（Menikpura 等，2016；张海龙等，2015；Ayodele 等，2017），因此被认为是垃圾填埋的最佳替代品。特别是对于大中型城市，受到土地资源限制，可用于垃圾填埋的空间有限，亟须发展垃圾焚烧发电行业以缓解城市生活垃圾围城问题。1988 年，深圳市引进焚烧技术并建立我国第一个垃圾焚烧发电厂。2004 年，我国建成 54 座垃圾焚烧厂，年处理能力为 617 万吨，实际处理 2.9% 的城市生活垃圾（449 万吨）。到 2019 年我国有 389 座垃圾焚烧厂，年处理能力达到 166.62 百万吨，城市生活垃圾采用焚烧处理技术的比例占到 50.29%（121.74 百万吨），如图 3-1 所示。可见在过去的 30 多年，垃圾焚烧发电技术发展越来越迅速，并在我国垃圾处理行业发挥着越来越重要的作用。

图 3-1　中国垃圾焚烧发电设计产能 / 焚烧量以及垃圾焚烧发电厂数量

（数据来源：中国统计年鉴）

由于区域经济发展不平衡，我国不同地区垃圾焚烧发电项目的实施与应用情况也不尽相同，加上投资额大和运营成本高的特征（张海龙等，2015），垃圾焚烧发电项目在我国地区分布上具有明显的聚集效应。我国垃圾焚烧发电项目主要分布在全国29个省(直辖市)，其中东部地区垃圾焚烧厂数量明显多于中部和西部地区，并且主要集中在长三角、珠三角等经济发达地区，如浙江、江苏、广东、福建四省和北京、上海等城市。

3.1.2 垃圾焚烧发电行业相关政策

垃圾焚烧发电技术得到政府部门的重视和支持。为实现城市生活垃圾可再生和可持续处理的战略目标，中央部委和各地方政府陆续出台一系列鼓励垃圾焚烧行业发展的政策。2000年，国家经贸委、国家税务总局制订了《当前国家鼓励发展的环保产业设备（产品）目录（第一批）》，将城市生活垃圾焚烧处理成套设备列入目录，并结合实际情况在垃圾发电税收优惠、项目选址、金融支持以及建设规划等方面陆续出台政策，拉开了国家鼓励生活垃圾采取焚烧发电处理方式的序幕。详细政策统计与分析如表3-1所示。

中国垃圾焚烧发电行业政策统计与分析　　　　　　　　　　表 3-1

时间	政策	具体内容
2000 年	《当前国家鼓励发展的环保产业设备（产品）目录（第一批）》	将城市生活垃圾焚烧处理成套设备列入目录，拉开了国家鼓励生活垃圾采取焚烧发电处理方式的序幕
2001 年	《城市生活垃圾焚烧处理工程项目建设标准》	首次规范了建设规模、生产线数量、地址要求、总图布置、工艺与设备、建筑标准与建设用地、运营管理与劳动定员、主要技术经济指标、建设工期等
2001 年	《生活垃圾焚烧污染控制标准》	2014 年第二次修订标准，规定了垃圾焚烧厂选址、设计、运行与管理的污染控制等
2002 年	《关于推进城市污水、垃圾处理产业化发展的意见》	明确已建垃圾处理设施的城市开征垃圾处理费，专项用于项目建设与运营维护
2005 年	《中华人民共和国可再生能源法》	鼓励发展生活垃圾焚烧处理，为垃圾焚烧发电项目电力并网和收购提供了保障
2006 年	《可再生能源发电价格和费用分摊管理试行办法》	明确了垃圾焚烧发电电价补贴政策及实施期限。2012 年，国家又对该项政策进行修改完善并正式发布施行
2008 年	财政部 国家税务总局《关于资源综合利用及其他产品增值税政策的通知》	对销售垃圾发电或电力实行增值税即征即退政策。该政策于 2015 年 6 月做了重新调整，明确了"垃圾处理的退税比例为70%"
2008 年	《关于进一步加强生物质发电项目环境影响评价管理工作的通知》	进一步明确了生活垃圾焚烧发电项目的选址原则，而且首次提出了"300 米的环境保护距离"要求
2010 年	《生活垃圾焚烧污染控制标准（征求意见稿）》	规定了垃圾焚烧厂选址、设计、运行与管理的污染控制等

续表

时间	政策	具体内容
2011 年	《关于进一步加强城市生活垃圾处理工作意见的通知》	为切实加大城市生活垃圾处理工作力度，提高城市生活垃圾处理减量化、资源化和无害化水平，改善城市人居环境，提出土地资源紧张、人口密度高的城市要优先采用焚烧处理技术
2011 年	《"十二五"节能减排综合性工作方案》	促进垃圾资源化利用，鼓励开展垃圾焚烧发电和供热、餐厨废弃物资源化利用
2012 年	《国家发展改革委关于完善垃圾焚烧发电价格政策的通知》	每吨生活垃圾折算上网电费量暂定为 280 千瓦时，垃圾焚烧发电执行全国统一垃圾发电标杆电价为每千瓦时 0.65 元
2012 年	《"十二五"全国城镇生活垃圾无害化处理设施建设规划》	2015 年生活垃圾焚烧处理设施能力占全国城市生活无害化处理能力的 35%，东部地区达到 48%
2013 年	《国家环境保护标准"十二五"发展规划》	到 2015 年，全国城市生活垃圾无害化处理率达到 80%，鼓励焚烧发电和供热等资源利用方式
2013 年	《国务院关于加快发展节能环保产业的意见》	在 2015 年前把环保产业打造成国民经济新的支柱产业，明确提出目标：城镇生活垃圾无害化处理能力达到 87 万吨 / 日以上，垃圾焚烧处理设施能力达到生活垃圾无害化处理总能力的 35% 以上
2014 年	《国务院印发〈关于创新重点领域投融资机制鼓励社会投资的指导意见〉》	鼓励社会资本参与市政基础设施投资建设运营、建立健全 PPP 模式，鼓励社会资本投向垃圾处理项目
2016 年	《"十三五"全国城镇生活垃圾无害化处理设施建设规划》	到 2020 年底，直辖市、计划单列市和省会城市生活垃圾无害化处理率达到 100%，其他设市城市生活垃圾无害化处理率达到 95% 以上
2016 年	《住房城乡建设部等部门关于进一步加强城市生活垃圾焚烧处理工作的意见》	到 2017 年底，建立符合我国国情的生活垃圾清洁焚烧标准和评价体系。到 2020 年底，全国设市城市垃圾焚烧处理能力占总处理能力 50% 以上，全部达到清洁焚烧标准
2016 年	《"十三五"生态环境保护规划》	垃圾焚烧发电将是"十三五"发展重点
2017 年	《生活垃圾分类制度实施方案》	加快建立分类投放、分类收集、分类运输、分类处理的垃圾处理系统，努力提高垃圾分类制度覆盖范围，将生活垃圾分类作为推进绿色发展的重要措施
2017 年	《关于进一步做好生活垃圾焚烧发电厂规划选址工作的通知》	从规范垃圾焚烧发电项目规划选址工作入手，对科学编制专项规划、超前谋划项目选址、做好选址信息公开、强化规划的约束性和严肃性等方面提出了具体的任务和要求
2018 年	《生活垃圾焚烧发电建设项目环境准入条件（试行）》	对生活垃圾焚烧发电项目技术应用提出要求
2018 年	《中共中央 国务院关于全面加强生态环境保护 坚决打好污染防治攻坚战的意见》	到 2020 年，实现所有城市和县城生活垃圾处理能力全覆盖。推进垃圾资源化利用，大力发展垃圾焚烧发电
2019 年	《生活垃圾分类标志》	城市生活垃圾被统一划分，有利于垃圾的减量化和资源的回收利用，实现了垃圾焚烧发电行业提升热值和减少空气污染的目标，进一步实现行业的可持续发展

3.1.3 垃圾焚烧发电行业发展运营模式

随着基础设施需求量的增加、投资强度增强以及对专业管理能力的要求越来越严格，垃圾焚烧发电项目实施难度越来越大。在实践中，垃圾焚烧发电项目的建设不仅增加了政府的财政负担，而且实施绩效通常不能达到预期效果（Song 等，2013；Xu 等，2015）。因此借鉴发达国家的经验和其他基础设施项目（例如公路和水处理厂）的成功实施经验，越来越多的垃圾焚烧发电项目引入社会资本企业，以 PPP 模式进行投资、建设和运营。根据 Song 等（2017）的研究，越来越多的社会资本企业参与到垃圾焚烧发电项目中，2012 年 5 月～ 2017 年 1 月，至少有 108 座垃圾焚烧发电厂以 PPP 模式实施，总投资 489 亿元人民币。事实上，除了一些建设于 2005 年前的垃圾焚烧发电厂是由当地政府或国有企业运营，2005 年后建成的大多数垃圾焚烧发电厂都是通过特许经营协议等 PPP 模式实施。表 3-2 中总结了一些典型的中国垃圾焚烧发电 PPP 项目信息。

中国典型垃圾焚烧发电 PPP 项目信息 表 3-2

项目	地区	PPP 模式	特许期	设计能力	总投资	处理补贴	运营时间	社会资本部门
			年	t/d	元	元 /t		
鲁家山厂	北京市	BOT	30	3000	2040	173	2013	首钢能源
江桥厂	上海市	BOT	30	1500	920	213	2005	上海环境
江南厂	南京市	BOT	30	2000	1060	69	2014	光大国际
九峰厂	杭州市	BOT	30	3000	1800	260	2017	光大国际
第三厂	广州市	BOT	30	4000	1386	240	2015	环保投资
黑麋峰厂	长沙市	BOT	30	5000	2080	—	2017	军信能源

垃圾焚烧发电 PPP 项目一般由社会资本企业设立或与政府部门共同设立项目公司（Special Purpose Vehicle，SPV），由 SPV 投资、建设和运营垃圾焚烧发电厂。特许经营期结束时，SPV 将项目移交给政府。对于政府公共部门来说，PPP 模式可以减轻政府财政负担，并通过市场机制提高垃圾焚烧发电厂的实施效率（Song 等，2013；Liu 等，2015）。对于社会资本企业来说，可以从并购电网、城市生活垃圾处理补贴以及政府的其他相关补贴（如减税和减少碳排放等）中获利（Li 等，2015），如图 3-2 所示。

一般来说，我国垃圾焚烧发电行业常用的 PPP 模式有四种，分别为建设—运营—移交（BOT）、建设—拥有—运营（BOO）、移交—运营—移交（TOT）以及运营和维护（O&M），如图 3-3 所示。对于新建的垃圾焚烧发电厂来说，社会资本企业经常通过 BOT 或 BOO 模式参与到项目中。前者私有化程度较低，因为 SPV 必须在特许经营期结束时将垃圾焚烧发电厂的所有权移交给市政府。而后者属于完全私有化, 因为社会资本企业在特许经营期截止后仍持有垃圾焚烧发电厂的所有权。对于存量垃圾焚烧发电厂, 社会资本企业一般通过 TOT 或 O&M 模式参与到项目中。TOT 和 O&M 模式主要的不同取决于社会资本企业承包的运营任务及盈利模式。在 TOT 模式下, 社会资本企业需要经营垃圾焚烧发电厂, 包括运营成本和从并网收入以及垃圾处理补贴中获取利润。然而在 O&M 模式下, 社会资本企业只需要管理和维护垃圾焚烧发电厂, 并通过收取运营和维护费用获得利润。

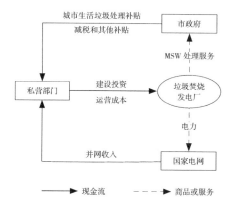

图 3-2 社会资本企业在典型的垃圾焚烧发电 PPP 项目中的盈利模型

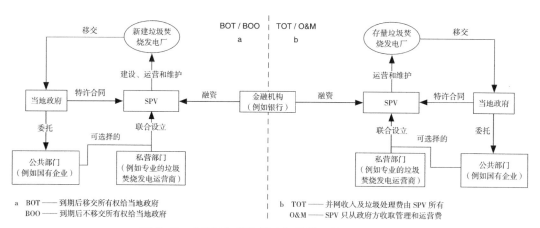

图 3-3 中国垃圾焚烧发电行业常用的 PPP 模式

3.2 垃圾焚烧发电项目风险因素识别

3.2.1 基础设施项目风险管理概述

1. 基础设施项目风险管理文献综述

风险管理绩效对基础设施项目的成功起到关键的作用, 基础设施 PPP 项目的风险评估非常复杂，需要从政府部门和社会资本企业等不同利益相关者角度分别识别和评估风险（Grimsey 和 Lewis，2002）。Fang 等（2004）在识别风险因素的基础上，评估了基础设施项目实施过程中各风险因素对项目现金流的影响。在基础设施项目实践中，影响收入的主要风险包括收入风险、运营风险、需求风险和偿债风险，而影响成本的项目风险包括融资、建设和运营成本超支等风险。基础设施项目决策者和管理者根据对风险发生概率、风险事件损失后果和风险因素间相互关系等的评估，采取适当的措施应对风险，以提高项目管理绩效（Iyer 和 Sagheer，2010）。在项目规划和设计阶段，充分识别项目风险因素，有助于项目管理者采取有效的策略应对风险，以实现投资效益最大化。项目管理者采用的风险应对策略通常取决于对风险发生概率和风险损失后果的评估。

基础设施 PPP 项目具备风险共担的特征，学术界聚集政府部门和社会资本企业对如何进行风险分担进行了大量的研究，并取得了比较丰富的研究成果。风险的最优配置被认为是实现基础设施 PPP 项目物有所值的主要因素之一，Carbonara 等（2014）在分析风险分担概念的基础上，提出了让更有利于风险管理的那一方承担该风险的基本原则，促进政府部门和社会资本企业采用协同最优的风险分配策略。由于基础设施项目实施的市场背景和政策背景的不同，风险分配的方式通常还会因地区而异（Xu 等，2010）。

从以往的研究中可以清楚地看出，风险评估和风险分配作为基础设施项目的关键问题，将继续成为未来的关键研究课题。为了提高风险管理的效率，学术界和实务界期望以更准确的方式评估风险，并探索基础设施 PPP 项目利益相关者之间风险分担的新方法。

2. 基础设施项目风险因素概述

风险识别是指在风险事件发生前，运用科学研究的方法系统地、持续地分析可能导致风险事件发生的风险因素的过程（乌云娜等，2013）。全面的风险识别是风险合理分担及有效应对的前提，可以为风险管理奠定基础。鉴于基础设施项目特许经营期长和不确定性大的特征，科学高效的风险管理对项目的成功实施具有重要意义。有关基础设施项目风险因素识别的研究一直是基础设施领域的研究重点和热点。然而受制于研究方法、项目领域、研究角度等因素的不同，不同的研究学者、不同地区的研究得出来的结论并不完全一致。

Chan 等（2014）等通过文献分析法识别出 37 个影响基础设施项目决策实施的风险因素，并将其分为政治风险、法律风险、经济风险等 10 类，然后基于德尔菲调查法及面对面访谈法识别出融资风险、完工风险、主观的项目评估方法等 16 个影响中国水利项目的风险因素。其中完工风险、通货膨胀及价格变更风险的影响较大，而政府腐败、不完善的法律及监管体系和市场需求的改变对中国水利项目的影响相对较小。同时研究还发现，从系统风险和个别风险的角度，在水利项目中系统风险主要包括政治风险、经济风险、法律风险、社会风险和自然风险；个别风险主要包括建设风险、运营风险、市场风险、关系风险及其他风险。Xu 等（2011）等通过案例分析，认为政治风险、法律风险、政府信用风险、市场需求改变风险、通货膨胀风险等 11 个风险因素是影响我国水利项目成功实施的关键风险。

Li 和 Zou（2012）从全寿命周期的角度识别了基础设施项目六个不同阶段的风险因素，即可行性研究阶段（土地获取和补偿问题、规划不足、公共决策过程薄弱等）、融资阶段（利率波动、金融立法变更、通货膨胀率波动等）、设计阶段（缺乏设计灵活性、设计变更过多、设计缺陷）、建设阶段（资本物化问题、工期拖延、建设成本超支等）、运营阶段（运营/维护成本超支、市场需求变动、运营能力不足等）和移交阶段（剩余价值、移交失败）。

Al-Azemi 等（2014）将影响基础设施项目的 28 个风险因素主要划分为五类，即融资和收入风险（未能筹集资金、未能从终端用户获得收入、金融政策改变等）、国家风险（政府不稳定、法律监管体系不完善、缺乏对特许合同的承诺等）、建设和运营风险（成本超支风险、不恰当的运营方法、运营能力不足等）、开发风险（设计批准延迟、过度的开发成本、在建设过程中设计变更等）、推广和采购风险（缺乏经验、缺乏独立管理、缺乏专家、工程规范变更等）。

任志涛等（2016）通过文献分析和专家访谈识别出 23 个导致基础设施项目失败的风险因素，并将其分为政治（政治和政策匮乏、政府信用、审批和许可等）、建设（技术能力、融资能力和建设变更等）、金融（利率汇率变动、通货膨胀及影响宏观经济事件）、法律及合约（法律体系完善性、法律稳定性、合约合理性等）、组织（私人投资者变更、组织协调、回购）和运营（运营管理、资源管理及管理者素质）六个方面。

周鲜华等（2015）研究了公共租赁住房 PPP 项目的主要风险因素，将风险划分为可分散风险和不可分散风险两大类。可分散风险是指可以通过完善项目管理体系等方法控制的风险，包括融资风险、设计建造风险、运营风险、市场风险及项目移交风险；不可分散风险是指项目全寿命周期过程中各参与方无法控制的风险，包括政治风险、法律风险、金融风险和不可抗力风险。

3.2.2　基础设施项目风险识别方法

1. 风险识别方法概述

目前常见的风险识别方法有头脑风暴法、核查表法、故障树法、流程图法等。头脑风暴法是在专家会议中提供一个开放自由的环境，激发各专家开放性和创造性思维，尽量从多角度充分识别潜在风险因素的方法（Grimsey 和 Lewis，2002）。故障树分析法采用自上而下的顺序，找出各风险因素之间存在的逻辑关系，从而找出风险发生来源并识别出所有潜在风险因素的方法（董留群，2017）。流程图法是根据项目的总流程或分流程，对每一个环节进行调查分析，识别出潜在风险的方法（余群舟，2012）。风险因素核查表的建立分为两个步骤：首先通过文献分析全面识别影响基础设施项目的风险因素，即识别相关风险，删除特殊项目的特定风险以及合并表达不同但含义相同的风险因素；其次通过分类整合不同的风险因素，使风险因素结构化，从而构建风险因素核查表。

在实际研究中，学者们一般采用多种方法相结合的形式分析基础设施项目的风险，例如王弈乔（2016）、张亚静（2014）等选用文献分析和案例研究相结合的方法识别出基础设施项目的风险因素集；任志涛（2016）、那丹红（2015）等采用文献分析和专家访谈的方式对风险进行识别；Hwang 等（2013）结合文献分析法和内容分析法识别基础设施项目风险。

2. 构建基础设施项目风险因素核查表

风险因素核查表法作为最常用的风险识别方法，一般依赖于历史数据和经验，以逻辑顺序列出类似项目的风险因素（Li 和 Zou，2012），所以基础设施项目风险因素核查表的构建通常借助于文献分析法。文献分析法可以全面收集现有研究中的成果，并且更加准确和客观（张智勇，2016）。在基础设施项目研究领域，文献分析法作为构建风险核查表的辅助工具，受到许多学者的青睐（Chan 等，2014；Li 和 Zou，2012；Li 等，2005；Ke 等，2010；李丽红等，2014）。可见通过全面的文献分析识别出不同基础设施项目的风险因素，可以为我国垃圾焚烧发电项目的风险因素识别提供可靠的风险核查表。

为了全面覆盖文献范围，本章同时选取中文文献和英文文献进行分析。英文文献来源于最著名、应用范围最广泛、涵盖了全球范围内相关领域的权威期刊的学术研究数据库 "Web of Science"。中文文献则依托中国知网（CNKI）平台，选取《工程管理学报》《建筑经济》《土木工程与管理学报》和《项目管理技术》4 家国内工程管理领域认可度较高的期刊进行检索。在 "Web of Science" 数据库中，采用 TITLE–ABS–KEY（"public private partnership" OR "build operate transfer" OR "private finance initiative" OR "design build finance operate" OR "PFI" OR "BOT" OR "PPP" OR "DBFO"）AND TITLE–ABS–KEY（"risk"）的方式进行逻辑检索。在中国知网数据库中，将"PPP、BOT、PFI、DBFO、TOT、公私合作、风险"作为关键词，以设定的 4 家期刊为文献来源，通过主题进行文献检索。在检索出的文献中，筛选出对所识别的风险因素有清晰的图表或文字描述的文献进行深入分析。最后，共获得 52 篇文献，其中中文文献是 16 篇，英文文献是 36 篇（详见附录 A）。

通过采用 Li 等（2005）提出的基础设施项目风险因素分类方法，通过文献分析得到基础设施项目风险因素核查表。风险因素核查表共包含 54 个风险因素，具体如表 3-3 所示。核查表中风险因素被划分为宏观、中观和微观三个层面，宏观层面是指项目外部风险；中观层面是指项目内部风险；微观层面是指项目利益者之间的风险。

基础设施项目风险因素核查表　　　　　　　表 3-3

风险层面	风险分类	风险因素
宏观层面	(1) 政治风险	(1) 政府决策风险； (2) 政府信用风险； (3) 政府行为风险； (4) 政府稳定性； (5) 资产征用和国有化； (6) 强烈的政治反对/敌对； (7) 政策风险
	(2) 法律风险	(8) 法律及监管体系不完善； (9) 行业监管制度的变更
	(3) 宏观经济风险	(10) 利率变动； (11) 通货膨胀； (12) 外汇风险； (13) 重大经济事件影响； (14) 金融市场萧条
	(4) 社会风险	(15) 公众反对风险； (16) 市场需求风险
	(5) 自然风险	(17) 不可抗力风险； (18) 天气/地质条件； (19) 环境风险
中观层面	(6) 项目选择风险	(20) 土地获取风险； (21) 项目审批延误
	(7) 项目融资风险	(22) 高融资成本； (23) 项目吸引投资的能力； (24) 资金可获得性； (25) 投标竞争不充分
	(8) 设计风险	(26) 设计变更； (27) 设计缺陷
	(9) 施工风险	(28) 建设成本超支； (29) 工期延误； (30) 材料/设备采购风险； (31) 工艺质量不合格； (32) 合同变更风险； (33) 分包商或供应商风险
	(10) 技术风险	(34) 技术落后； (35) 技术未经验证

风险层面	风险分类	风险因素
中观层面	(11) 运营风险	(36) 收入和成本风险； (37) 低生产力； (38) 运营能力不足； (39) 不合理的特许经营期； (40) 支付风险； (41) 残值风险； (42) 缺乏配套基础设施； (43) 频繁维护； (44) 设备风险 (45) 安全风险； (46) 环境污染风险
微观层面	(12) 关系风险	(47) 组织和协调风险； (48) PPP 项目经验不足； (49) 风险分配不合理； (50) 权利分配不合理； (51) 工作方法的差异； (52) 合作方之间的承诺
	(13) 第三方风险	(53) 第三方侵权和索赔风险； (54) 人事危机

3.2.3 我国垃圾焚烧发电项目风险因素识别：多案例分析

1. 我国垃圾焚烧发电项目风险因素识别方法

为聚集垃圾焚烧发电行业进行风险因素识别，在上述基础设施项目风险因素核查表的基础上，采取多案例研究法识别不同背景下垃圾焚烧发电项目的风险因素，并回答"我国垃圾焚烧发电项目的风险因素是什么？""风险因素如何影响项目实施？"等问题。

本节多案例研究遵循以下步骤：首先，制定案例选择的标准；其次，查询互联网、研究报告、报纸、文献等相关资料，收集案例；再次，对所选案例中的风险事件进行提取和描述；最后，采用德尔菲法进行专家访谈，识别出所选案例中出现的风险因素。为了完整地反映中国垃圾焚烧发电行业的现状，确保所选案例的全面性和代表性，本节采取的案例选择标准包括：①垃圾焚烧发电项目采用 PPP 模式运作，例如 BOT、TOT、DBFO 等；②风险事件发生在垃圾焚烧发电项目的全寿命周期过程中，且对项目的绩效有重大影响；③项目的技术参数、地理分布、处理能力等均被考虑在内以确保所选案例的信度和效度；④优先考虑近几年发生的风险事件项目。

2. 多案例分析

通过收集和筛选案例，最终选取 35 个案例进行风险识别，满足多案例分析所需的案例数量要求（Eisenhardt，1989），表 3-4 中提供了所选案例的详细信息。所选案例中，尽管有些项目是在 2012 年之前建成运营的，但其多数风险事件发生较晚，风险事件发生在 2012 年之后的项目案例约占 80%，符合当下法律规章制度和项目运营环境。

所选案例的描述性统计　　　　　　　　　　　　　　表 3-4

项目分类	分类细则	风险事件频次
分布	东部	21 人（60%）
	中部	8 人（22.86%）
	西部	6 人（17.14%）
运营时间	2000～2006 年	10 人（28.57%）
	2007～2012 年	12 人（34.29%）
	2013～2017 年	6 人（17.14%）
	未运营	7 人（20%）
总投资（亿）	1～5	25 人（71.43%）
	5～10	6 人（17.14%）
	≥10	4 人（11.43%）
处理能力（t/d）	500～1000	18 人（51.43%）
	1000～2000	15 人（42.86%）
	2000～3000	2 人（5.71%）
技术类型	炉排炉	20 人（57.14%）
	流化床	13 人（37.14%）
	裂解炉	2 人（5.71%）
状态	停止施工	5 人（14.29%）
	决策中	1 人（2.86%）
	建设中	1 人（2.86%）
	运营中	26 人（74.29%）
	关闭	2 人（5.71%）

　　为确保垃圾焚烧发电项目风险因素识别的可靠性，本节在基础设施项目风险因素核查表的基础上，采用德尔菲法进行专家调查，识别对垃圾焚烧发电项目产生影响的风险因素。德尔菲法共邀请 7 位不同垃圾焚烧发电行业背景的专家参与风险识别，其中 2 名来自从事垃圾焚烧发电行业的政府人员，2 名来自不同垃圾焚烧发电厂的高级管理者，其余 3 名来自不同大学从事垃圾焚烧发电相关的研究人员。第一轮问卷调查采用电子邮件的方式，将事先准备好的所选案例的风险事件描述及风险因素核查表发送给各位专家，

专家们根据案例材料确定每个案例涉及的风险因素。在收回各专家提取的风险因素后，根据专家提及的风险因素编制第二轮问卷并再次发放给各位专家，专家通过打分的形式判定各风险因素对垃圾焚烧发电项目的影响。问卷收回后再根据调查结果开启第三轮问卷调查。在最后一轮中得分超过 4 的风险因素则被确定为影响我国垃圾焚烧发电项目实施绩效的风险因素。最终识别出的风险因素如表 3-5 所示。

垃圾焚烧发电项目案例及风险因素

表 3-5

序号	项目名称	运营时间	风险事件	风险识别
1	宁波枫林垃圾焚烧发电厂	2001 年	垃圾在运输途中滴漏，污染路面，臭气严重；垃圾含水量较高，不宜立即焚烧；缺乏配套垃圾挤压设施，未做到及时清理，垃圾堆积，臭味外泄；垃圾渗滤液难收集，无法及时送至污水处理厂，臭气影响周边环境；2012 年居民向政府提出项目关闭迁移的建议，政府回复在 2014 年初建成并投运生活垃圾项目后关闭枫林垃圾场，而截止到 2014 年 6 月，枫林垃圾场还在运行	①垃圾供应风险；②环境污染风险；③缺乏配套基础设施；④政府信用风险
2	郑州荥锦垃圾焚烧发电厂	2000 年	垃圾供应量不足，机器交替运行，还涉嫌以煤充垃圾增加发电量；项目在 2004～2005 年亏损 1000 万元左右；在垃圾运输途中增加收费站，增加了费用支出；2013 年垃圾运输途中渗滤液外泄，臭气扰民，遭投诉	①垃圾供应风险；②法律及监管体系不完善；③收入和成本风险；④政府决策风险；⑤公众反对风险；⑥环境污染风险
3	安徽芜湖垃圾焚烧发电厂	2003 年	垃圾焚烧发电厂上网电价过低，2003～2005 年损失惨重；2003～2004 年生活垃圾供应不足	①政策风险；②收入和成本风险；③垃圾供应风险
4	重庆同兴垃圾焚烧发电厂	2005 年	垃圾供应量未达到预期标准，且含水率较高，滤液收集坑设计偏小；在进厂公路两旁缺乏配套市政污水管网设施；业主成员利益不一致，进行捆绑实施，给运营埋下祸根；运输车型不符合设计要求，造成安全事故；2006 年政府未及时支付垃圾处理费，加大企业财政压力	①垃圾供应风险；②缺乏配套基础设施；③环境污染风险；④法律及监管体系不完善；⑤安全风险；⑥设计缺陷；⑦支付风险
5	昆明五华垃圾焚烧发电厂	2008 年	2006 年，美国企业由于中国政府政策不明确以及技术不适用于中国社会环境而撤资，合同投资方发生变化；垃圾供应量不足，许多机器闲置；2008～2013 年，垃圾处理费长期拖延	①技术未经验证；②政策风险；③合同变更；④垃圾供应风险；⑤支付风险
6	中心组团垃圾焚烧发电厂	2006 年	居民未对垃圾进行分类，导致垃圾供应量与质量未达标。大块垃圾不能被燃烧损坏设备，2006 年焚烧炉停机清理。2014 年居民因环境问题与垃圾处理厂发生冲突	①垃圾供应风险；②设备风险；③环境污染风险；④公众反对风险

续表

序号	项目名称	运营时间	风险事件	风险识别
7	许昌天健垃圾焚烧发电厂	2004 年	项目的收入受到煤价上涨和不合理的电价影响；垃圾成分不稳定导致设备腐蚀，并存在诸多技术问题；在 2015～2017 年，项目因在运营过程中污染环境而被处以罚款；随着社会的发展，垃圾处理厂位于城市规划区域内；2017 年，项目换址重建	①收入和成本风险；②政策风险；③垃圾供应风险；④设备风险；⑤技术落后；⑥环境污染风险；⑦法律及监管体系不完善；⑧政府决策风险
8	北京六里屯垃圾焚烧发电厂	—	项目选址于北京市上风上水地带，靠近京密引水渠；环评报告一直未公开，政府有意规避风险议题，群众可信度下降；臭气扰民，遭到居民反对；2007 年国家环境保护总局下令缓建，项目停滞	①政府决策风险；②公众反对风险；③政府信用风险；④环境污染风险
9	江苏吴江垃圾焚烧发电厂	2009 年	环评未征求民意，不顾群众反对施工；2009 年居民聚众抗议，最终项目停止建设	①政府决策风险；②公众反对风险
10	深圳平湖垃圾焚烧发电厂	2005 年	烟囱实际高度不符合最初设计标准，导致有害气体弥漫；排出的有毒物质污染周边水库；实际建立与承诺时的技术标准不一致，运行近 3 年的设备停止工作；2009 年，居民因环境污染聚众反对项目	①设计缺陷；②公众反对风险；③环境污染风险；④技术落后；⑤设备风险
11	广州李坑垃圾焚烧发电厂	2005 年	2010 年，焚烧炉发生爆炸，造成 5 人受伤；垃圾焚烧不彻底，被要求停炉整改；垃圾车滴漏给市民带来影响；2012 年，该厂因焚烧不充分被处以罚款	①安全风险；②环境污染风险；③法律及监管体系不完善
12	无锡锡东垃圾焚烧发电厂	2011 年	政府对项目宣传不到位；2011 年，居民因黑烟和刺激性气味聚众反对项目；最终完工 90% 的项目功亏一篑，损失惨重	①公众反对风险；②政府决策风险；③环境污染风险
13	广西来宾垃圾焚烧发电厂	2008 年	2008 年，垃圾供应量严重不足；在 2008～2011 年，辅助燃料煤的价格不断上涨，上网电价补贴被取消，垃圾处理费补贴机制不完善，非生产性成本支出过大，导致生产成本增加；2011 年，项目以维修为理由停止运营	①垃圾供应风险；②政策风险；③收入和成本风险
14	广东惠州垃圾焚烧发电厂	2007 年	2013 年被发现采用过时的技术和二手设备，废气排放超标，遭到居民反对而停止运营；未通过严格的招标程序选定企业，存在贪污受贿现象；政府公示相关报告不及时、不完整；政府终止原合同，执行 2050 万元的新合同改进项目，项目计划选址	①技术落后；②设备风险；③法律及监管体系不完善；④政府行为风险；⑤公众反对风险；⑥环境污染风险；⑦合同变更风险；⑧收入和成本风险

序号	项目名称	运营时间	风险事件	风险识别
15	上海江桥垃圾焚烧发电厂	2003 年	环境保护局未及时对听证会代表提出的问题做出正面回答；2009 年，居民聚众抗议项目扩建；2013 年，由于对安全风险辨识不足、现场安全管理存在漏洞，发生较大爆炸事故	①公众反对风险；②政府决策风险；③安全风险；④法律及监管体系不完善
16	汉阳锅顶山垃圾焚烧发电厂	2012 年	项目周边人口密集、靠近水源，且与医废垃圾焚烧厂仅一墙之隔；项目焚烧垃圾产生异味，影响居民，遭到民众抗议；2013 年，项目存在未经环评验收擅自生产、治污设施未落实、擅自处置垃圾滤液、防护距离内居民未搬迁等严重违法问题，被要求停产整改；2014 年在未通过环评的情况下，迫于垃圾围城的压力重新试运行	①政府决策风险；②环境污染风险；③公众反对风险；④法律及监管体系不完善
17	温州乐清垃圾焚烧发电厂	2013 年	项目选址占用基本农田，且附近居民较多，大部分居民对项目毫不知情；2013 年，为阻止项目扩展，居民自发组织多次抗议活动，但未见成效	①政府决策风险；②公众反对风险
18	昆明东港垃圾焚烧发电厂	2012 年	由于垃圾供应量不足，一般机器闲置；与另一个垃圾焚烧发电厂距离较近，导致在垃圾资源上的竞争；2012 ~ 2013 年，垃圾处理费被长期拖欠	①垃圾供应风险；②设备风险；③政府决策风险；④支付风险
19	杭州九峰垃圾焚烧发电厂	—	政府没有足够的措施保证居民的知情权和参与权；2014 年，大量群众聚集反对九峰垃圾焚烧发电项目的建设，造成群体性事件	①公众反对风险；②政府决策风险
20	武汉汉口北垃圾焚烧发电厂	2010 年	由于汉口北地区发展迅速，项目所在地目前太靠近生活区和商业区；采用的焚烧设备不适宜；2014 年 1 月受污染物影响，周边居民聚集抗议；2014 年 5 月，环境保护部通报项目违规处置一氧化碳和飞灰，罚款 18 万元；最后项目重新选址	①政府决策风险；②技术落后；③公众反对风险；④环境污染风险；⑤法律及监管体系不完善
21	安徽淮南垃圾焚烧发电厂	2014 年	2014 年，生活垃圾进厂量太少，一台发电机组经常被迫停机；毛集实验区没有垃圾中转站、垃圾运输车及垃圾压缩设备；潘集区与项目隔着淮河，来回时间长且运输成本高	①垃圾供应风险；②缺乏配套基础设施；③收入和成本风险
22	咸宁丰泉垃圾焚烧发电厂	2012 年	政府无法按期支付垃圾处理费；投资运营公司缺乏相关经验；省环境保护局通过现场检查发现该企业存在实际建设与环评批复不一致、焚烧烟气外泄、无二氧化硫总量指标等环境问题，并于 2014 年责令其立即停产整改	①支付风险；②运营能力不足；③环境污染风险；④法律及监管体系不完善

续表

序号	项目名称	运营时间	风险事件	风险识别
23	吉林四平垃圾焚烧发电厂	2011年	从2012年投产至今，由于垃圾供应量不足，公司亏损近6000万元；生产过程中产生的粉尘、异味和噪声影响居民；2015年，居民聚众反对，不让垃圾清运车进入，项目被迫停产，生活垃圾堆放在马路上，散发恶臭	①垃圾供应风险；②公众反对风险；③环境污染风险；④收入和成本风险
24	天津蓟县垃圾焚烧发电厂	2016年	项目周边300m内有居民和农田果林，不符合相关规定要求；居民受恶臭影响且出现皮肤病症状；2016年，数千名村民签名要求项目停产；涉及环评造假、健康风险评估缺失、监测不力等问题，项目于2016年被叫停，重新做环评	①政府决策风险；②公众反对风险；③法律及监管体系不完善；④环境污染风险
25	兰州丰泉垃圾焚烧发电厂	2016年	由于管道问题、污泥运输和拌和过程中密闭措施不合格以及临时垃圾堆放场场地覆盖不完全等原因产生异味，严重干扰居民生活；缺少对进出车辆进行清洗的设施；2016年，项目涉嫌私设暗管偷排	①环境污染风险；②设备风险；③缺乏配套基础设施；④法律及监管体系不完善
26	重庆万州垃圾焚烧发电厂	2014年	2014～2016年，由于垃圾量严重不足，焚烧炉从垃圾坑上端抽取的风量不够，不足以形成负压，导致垃圾坑内臭气外逸，影响居民；项目采用一条线或两条线交替运行，停运设备出现腐蚀现象，交替运行需频繁启停焚烧线，导致受压设备变形，缩短使用寿命；部分乡镇垃圾收运工作由私人承包，工作中出现不尽职尽责现象	①垃圾供应风险；②设备风险；③环境污染风险；④法律及监管体系不完善
27	哈尔滨双琦垃圾焚烧发电厂	2014年	在2016年的垃圾焚烧发电行业专项检查中被发现存在污染物超标排放、固化飞灰处置不当、烟气污染物自动监控系统运行管理不规范等问题，被处以罚款	①法律及监管体系不完善；②环境污染风险
28	湖北仙桃垃圾焚烧发电厂	—	项目从选址到建设已超过2年，而许多居民毫不知情，遭群众抵制；选址及灰尘掩埋点靠近取水用水点；项目差不多建完，2016年宣布停建	①公众反对风险；②政府决策风险
29	南京六合垃圾焚烧发电厂	—	2016年，居民因对项目不知情且怀疑政府决策程序不透明而聚众反对，导致项目停止	①公众反对风险；②政府决策风险
30	浙江海盐垃圾焚烧发电厂	—	因项目选址存在争议，居民聚众反对，项目于2016年停止	①公众反对风险；②政府决策风险
31	广东肇庆垃圾焚烧发电厂	—	2016年，居民因对项目规划选址不满且民众参与程度不高而聚众反对，导致项目停止	①公众反对风险；②政府决策风险

序号	项目名称	运营时间	风险事件	风险识别
32	杭州乔司垃圾焚烧发电厂	2002 年	随着城市化的快速推进，乔司垃圾焚烧厂所在的位置越来越敏感，周边混杂着大型居住小区复地连成、三角村农居点、劳动密集型的服装加工企业、公众卫生服务中心等敏感点，已不符合垃圾焚烧企业的环境防护距离要求，周边群众反映强烈。项目于 2016 年 12 月 25 日正式关停	①政府决策风险；②公众反对风险
33	肥城丰泉垃圾焚烧发电厂	2011 年	因设备陈旧、维护资金紧张等原因，接连出现治污设施运行管理不善、超标排污的问题，群众投诉不断。2016 年 7 月被环保相关部门约谈并下令整改	①设备风险；②法律及监管体系不完善；③环境污染风险；④公众反对风险
34	绍兴中环垃圾焚烧发电厂	2008 年	篡改、删除自动监测数据违法排放废气，之后又有删除历史数据以规避检查的行为，项目于 2016 年遭到重罚；村民对项目毫不知情，直到现在还未在同意书上签字，且企业的废气、粉尘污染自建成投产以来始终存在，多年来举报投诉却未获回应	①法律及监管体系不完善；②公众反对风险；③环境污染风险
35	海南万宁垃圾焚烧发电厂	—	项目拟建地址距离饮用水库不足 500m，距离居民区不足 1000m，事先并未征得村民许可；2017 年 1 月，因项目选址问题引发一起群体性事件	①政府决策风险；②公众反对风险

3. 风险因素识别结果

在表 3-5 中多案例分析的基础上，对每个案例中出现的风险因素进行统计整理，共识别出我国垃圾焚烧发电项目的风险因素 18 个，每个风险因素出现的频次统计情况如表 3-6 所示。

风险因素频次统计表 表 3-6

序号	风险因素	频次（人）
1	公众反对风险	22
2	环境污染风险	20
3	政府决策风险	18
4	法律及监管体系不完善	15
5	垃圾供应风险	12
6	设备风险	8
7	收入和成本风险	7

序号	风险因素	频次（人）
8	缺乏配套基础设施	4
9	政策风险	4
10	支付风险	4
11	技术落后	4
12	安全风险	3
13	政府信用风险	2
14	设计缺陷	2
15	合同变更风险	2
16	技术未经验证	1
17	运营能力不足	1
18	政府行为风险	1

如表 3-6 所示，根据风险因素出现频次将识别出的 18 个风险因素划分高频风险、中频风险和低频风险。高频风险意味着出现频率高的风险因素（在 35 个选定的案例中至少出现 10 次），包括公众反对风险、环境污染风险、政府决策风险、法律及监管体系不完善以及垃圾供应风险。中频风险是指风险因素出现频次为 3 ~ 10 次，包括设备风险、收入和成本风险、缺乏配套基础设施、政策风险、支付风险、技术落后、安全风险。而低频风险则是指发生少于 3 次的风险因素，包括政府信用风险、设计缺陷、合同变更风险、技术未经验证、运营能力不足、政府行为风险。

与之前的研究相似，表 3-6 中的研究结果表明中国垃圾焚烧发电项目受到许多风险因素的影响。研究表明，垃圾焚烧发电项目受到诸如公众反对风险、环境污染风险、政府决策风险等一些关键风险的影响（Song 等，2013；Xu 等，2015）。公众反对风险近年来频繁发生，造成这种现象的原因可能与公众环保意识的提高以及随着生活水平的提高对健康的日益重视有关（Achillas 等，2011；Ricci 等，2003）。此外，本研究中识别出一些新的风险因素，例如安全风险和政府行为风险。造成这种现象的原因可能是新型风险的发生概率较低，容易被专家们忽视，尤其是新型风险因素与居民健康和环境污染相关的风险因素同时发生时（Misra 等，2005；Giusti，2009；Ricci 等，2003）。在风险因素中，垃圾供应风险自 2013 年开始相对减少，这种现象在一定程度上是由于政府政策的变化使得垃圾焚烧发电项目从政府和社会资本企业双方获得了更多的支持。自 2013年以来，许多政策都强调要分类回收垃圾，实现无害化、减量化和资源化利用，这些政策提高了城市生活垃圾的质量和数量，从而避免了垃圾供应风险。此外，近年来随着相关标准和法规的实施和完善，使得我国垃圾焚烧发电项目的运行越来越规范化，焚烧技术得到严格监督，技术风险的措施得到很大程度的改善（Song 等，2013）。

3.3　垃圾焚烧发电项目关键风险因素分析

不同的风险因素对项目实施的影响程度不尽相同，需要进一步分析识别出的 18 个风险因素，发现对项目影响较大的关键风险因素。关键风险因素的识别有助于项目管理者在实践中采取针对性应对措施和提高风险管理的效率。本节主要采用专家问卷调查法进行数据收集，并通过 SPSS 软件进行统计分析，最终根据风险重要性指标识别出关键风险。

3.3.1　研究思路与问卷设计

问卷调查主要包括以下几个环节：首先确定问卷发放范围，包括垃圾焚烧发电行业从业人员、有关政府工作人员以及高等院校相关研究人员；其次回收问卷并剔除无效问卷，筛选出有效问卷；最后对有效问卷进行统计分析与检验，得出关键风险因素。

本次调查问卷（详见附录 B）主要分为两部分：第一部分是被调查者的基本信息，包括年龄、性别、单位性质、职称以及从事相关工作的年限等。第二部分为测量题项，要求被调查者根据李克特五级量表题项，分别对风险发生的概率及影响程度进行评价，具体分值定义如表 3-7 所示。此外，每个风险因素的具体含义附于调查问卷中，以确保被调查者在充分理解风险因素的基础上做出评价。

风险发生概率及影响程度量表　　　　　　　　　　　　　　　表 3-7

分值	1	2	3	4	5
发生概率	很小可能发生	较小可能发生	可能发生	较大可能发生	很可能发生
影响程度	影响很小	有一定影响	有影响	有较大影响	有重大影响

3.3.2　数据收集与分析

为提高问卷的发放效率，此次调研主要以电子问卷的形式开展，调查形式更加快捷便利。采用滚雪球的样本选择方式，通过相关协会及环保部门的人员推荐被调查者，调查对象更具有针对性。本次调研共发放问卷 200 份，回收问卷 86 份，回收率为 43%。为了进一步保证问卷的有效性，对回收问卷进行筛选，剔除问卷评分项内容有缺失的和答卷具有明显的随意性的问卷（即所有评分相同或仅有一两个不同）2 份，最终筛选出有效问卷 84 份，占回收问卷的 97.67%。在有效问卷中，被调查者的基本信息如表 3-8 所示。

被调查者的基本信息 表 3-8

项目	选项	数量	百分比（%）
年龄	18 ~ 25 岁	4	4.76
	26 ~ 35 岁	40	47.62
	36 ~ 44 岁	28	33.33
	45 ~ 60 岁	11	13.10
	60 岁以上	1	1.19
性别	男	61	72.62
	女	23	27.38
单位性质	政府部门	7	8.33
	企业（项目公司）	42	50
	高等学校、科研机构	29	34.52
	其他	6	7.14
职称	初级	6	7.14
	中级	36	42.86
	高级	34	40.48
	其他	8	9.52
相关研究或工作年限	未从事过	39	46.43
	< 2 年	11	13.10
	2 ~ 5 年	14	16.67
	6 ~ 10 年	10	11.90
	10 年以上	10	11.90

从表 3-8 统计出的数据可知，被调查者的年龄集中在 26 ~ 44 岁，占比高达 80.95%，且大部分为男性（72.62%）。在受访者人员中，50% 来自企业（项目公司），34.52% 来自高等学校、科研机构，8.33% 来自政府部门，还有少部分人员来自其他性质的单位。在职称方面，中级、高级职称的人员占到 83.34%，说明大部分受访者有一定的专业知识和行业实践经验。有 53.57% 的人员有垃圾焚烧发电项目的研究或工作经历，且其中 23.8% 的人员有 6 年及以上的研究或工作经验。由此可见，大部分受访者充分了解业内发展情况并具备相应的专业知识储备，能够从相对专业的角度对风险因素进行评判，从而保证了问卷的有效性。

为了保证问卷的可靠性和有效性，在进行统计分析之前，先对问卷进行信度和效度分析。首先采用 Cronbach's α 系数检验问卷数据的信度。它是一个统计量，是指量表所有可能的项目划分方法的折半信度系数的平均值，是最常用的信度测量方法。一般来说，Cronbach's α 系数的值在 0 和 1 之间。若系数小于 0.6，则一般认为内部一致信度不足，不接受；0.6 ~ 0.7 为最小接受范围；0.7 ~ 0.8 表示具有相当的信度；0.8 ~ 0.9 说明量表信度非常好。其次对测量条款进行探索性因子分析，利用 KMO 值和 Bartlett P 值判断数据是否适合做因子分析。KMO（Kaiser—Meyer—Olkin）值是用于比较变量间简单相关系数和偏相关系数的指标，用于检查变量间的相关性和偏相关性，取值为 0 ~ 1。KMO 统计量越接近 1，变量间的相关性越强，偏相关性越弱，因子分析的效果越好；如果变量间彼此独立，则无法从中提取公因子，也就无法应用因子分析法，Bartlett P 检验判断如果相关阵是单位阵，则各变量独立因子分析法无效，由 SPSS 检验结果显示 P 值 ≤ 0.05 时，说明各变量间具有相关性，因子分析有效。相关数据分析准则如表 3-9 所示。

垃圾焚烧发电 PPP 项目关键风险因素识别量表的信度效度分析结果见表 3-10。

效度指标判断准则 表 3-9

检测类别	值的范围	因子分析适合情况
	> 0.9	非常适合
	0.8 ~ 0.9	很适合
KMO 值	0.7 ~ 0.8	适合
	0.6 ~ 0.7	不太适合
	0.5 ~ 0.6	勉强适合
	< 0.5	不适合
Bartlett P 值	≤ 0.05	适合

信度效度分析结果 表 3-10

分析内容	风险发生概率		风险影响程度	
项数	18		18	
总方差解释率（%）	66.432		66.627	
Cronbach's Alpha	0.889		0.898	
基于标准化项的 Cronbach's Alpha	0.893		0.898	
KMO 值	0.843		0.868	
Bartlett 球形检验	近似卡方	647.29	近似卡方	639.571
	df	153	df	153
	$Sig.$	0.000	$Sig.$	0.000

由表 3-10 可知，风险发生概率的 Cronbach's α 系数为 0.889，基于标准化的 Cronbach's α 系数为 0.893，风险影响程度的 Cronbach's α 系数以及基于标准化的 Cronbach's α 系数均为 0.898。由此可见，无论是风险发生概率还是风险影响程度的 Cronbach's α 系数都在 90% 附近，表明量表的内部一致性非常好，验证了问卷的可靠性。由表 3-10 可知，风险发生概率及风险影响程度的 KMO 值分别为 0.843 和 0.868，均大于 0.8，同时，二者的 Bartlett P 值均小于 0.05，说明量表适合做因子分析。此外，风险发生概率及风险影响程度的解释方差累积比例分别为 66.432% 和 66.627%，均大于 0.6，说明共同因子的累积贡献率大。综上所述，问卷具有良好的信度和效度，反映整个问卷的设计质量较好。

3.3.3 我国垃圾焚烧发电项目关键风险因素识别

均值是反应集中趋势最常用的方法，被广泛应用于建设管理的研究中用以判断变量的重要性（Ameyaw 和 Chan，2015）。本节借鉴之前的研究（Ameyaw 和 Chan，2015；Ke 等，2011），采用均值法决定每个风险因素的相对重要程序。均值的计算公式为：

$$均值 = \frac{5n_5 + 4n_4 + 3n_3 + 2n_2 + n_1}{N} \tag{3-1}$$

其中，n_i 表示打 i 分的人数（i=1，2，3，4，5），N 表示有效问卷数量。根据公式（3-2）分别计算风险发生概率以及风险影响程度的均值，并通过各风险发生概率及影响程度的联合函数表达风险重要性指标（risk significance index，RSI），并以此识别关键风险（Ke 等，2011）。风险因素的 RSI 得分进行重要性排序，结果见表 3-11。

$$RSI = f（发生概率，影响程度） \tag{3-2}$$

垃圾焚烧发电项目风险因素总体排序　　　　表 3-11

风险因素	发生概率		影响程度		RSI	排序	风险重要性	重要性程度
	均值	排序	均值	排序				
公众反对风险	3.74	1	3.51	1	13.13	1	3.623	高
政府决策风险	2.96	3	3.33	2	9.86	2	3.14	高
法律及监管体系不完善	3.07	2	3.21	3	9.85	3	3.139	高
环境污染风险	2.77	5	3.08	6	8.53	4	2.921	高
缺乏配套设施	2.85	4	2.99	8	8.52	5	2.919	高
政府信用风险	2.7	8	3.13	4	8.45	6	2.907	高
政策风险	2.74	6	3.02	7	8.27	7	2.877	中

风险因素	发生概率		影响程度		RSI	排序	风险重要性	重要性程度
	均值	排序	均值	排序				
政府行为风险	2.69	9	2.99	9	8.04	8	2.836	中
安全风险	2.57	12	3.12	5	8.02	9	2.832	中
支付风险	2.68	10	2.85	13	7.64	10	2.764	中
垃圾供应风险	2.62	11	2.88	12	7.55	11	2.747	中
收入成本风险	2.71	7	2.76	14	7.48	12	2.735	中
设计缺陷	2.49	14	2.99	10	7.45	13	2.729	中
运营能力不足	2.55	13	2.9	11	7.4	14	2.719	中
技术落后	2.49	15	2.7	16	6.72	15	2.593	中
设备风险	2.39	17	2.69	17	6.43	16	2.536	中
合同变更风险	2.42	16	2.64	18	6.29	17	2.508	中
技术未经验证	2.23	18	2.76	15	6.15	18	2.481	低

备注：风险重要性 $=(RSI)^{0.5}$。

由表 3-11 可知，风险发生概率及风险影响程度均值的范围分别为 2.23 ~ 3.74、2.64 ~ 3.51。由此可见，受访者对风险发生概率及风险影响程度的评分波动较小，说明受访者之间存在一定的共识度。在所有风险因素中，公众反对风险无论是发生概率还是影响程度都占据第一位，均值分别为 3.74 和 3.51，可见其重要性程度无可替代。同时，公众反对风险的发生概率均值略高于影响程度均值，明显区别于其他风险因素。此外，安全风险具有较高的影响程度（3.12），而发生概率较低（2.57），表明安全风险虽然发生概率较低，但一旦发生就会造成重大影响，须予以重视。

根据 Ke 等（2010）的计算方法，以 RSI 的平方根（即风险发生概率与风险影响程度乘积的平方根）表示风险重要性。结果显示，18 个风险因素重要性的波动范围为 2.481 ~ 3.623。根据 Ameyaw 等（2015）的分类方法，根据各个风险的重要性得分将 18 个风险因素的重要性程度划分为高、中、低三个层次，其中重要性得分在 3 以上的风险为"高度重要"风险，即选为关键风险；得分在 2.5 ~ 3 的风险为"中等重要"风险；得分在 3 以下的风险为"低重要"风险。由于环境污染风险、缺乏配套设施及政府信用风险的重要性得分在 2.9 以上，接近于 3，且除了缺乏配套设施（2.99），其余两个风险的影响程度均超过 3，因此，将这三个风险因素也列入关键风险。最终识别出六个关键风险，按其重要性程度排序分别为公众反对风险、政府决策风险、法律及监管体系不完善、环境污染风险、缺乏配套设施以及政府信用风险。

3.3.4 识别结果与多案例分析频次统计的差异性分析

公众反对风险、环境污染风险、政府决策风险、法律及监管体系不完善及垃圾供应风险为 35 个案例中出现的高频风险。而在统计分析中，除了垃圾供应风险，其余 4 个高频风险均被列为关键风险因素。这表明公众反对风险、环境污染风险、政府决策风险、法律及监管体系不完善等风险因素在理论和实践中均被列为影响垃圾焚烧发电项目的重要因素，应得到地方政府和项目建设运营企业的重点关注。

垃圾供应风险的发生概率和影响程度排名都比较靠后，未被列为关键风险。然而垃圾供应风险事件在实践案例中出现的频次却比较高。造成这种结果的原因可能是在垃圾供应风险发生的 12 个案例中，多数项目建设于 2012 年前（含 2012 年），彼时垃圾分类等政策尚未全方位实施，垃圾供应问题尤为严重。随着垃圾分类和垃圾处理政策的完善和大面积推广，垃圾供应风险的重要性程度逐渐下降。

垃圾供应风险与垃圾的质量和数量有关。在城市生活垃圾质量方面，中国的垃圾具有水分高、热值低的特点（表 3-12）。由于地域不同和季节变化，城市生活垃圾的平均热值仅为 5337kJ/kg（最高为澳门的 9436kJ/kg，最低是西安的 2810kJ/kg）（Zhou 等，2015）。在西方发达国家，城市生活垃圾的平均热值可以达到 7500 ~ 10450kJ/kg；在其他亚洲国家中，韩国城市生活垃圾的平均热值为 11 ~ 12.2kJ/kg（Yi 等，2011），马来西亚城市生活垃圾的平均热值为 9125kJ/kg（Kathirvale 等，2004），均明显高于我国。同时，我国城市生活垃圾的平均水分约占 48.12%，并且由于气候和生活方式的差异而有所不同（Zhou 等，2015），比发达国家的 10% ~ 30% 高很多（Chang 和 Davila，2008）。为解决垃圾供应的质量问题，相关部门加强了对垃圾分类的重视，例如 2017 年 3 月国家发展改革委、住房城乡建设部发布的《生活垃圾分类制度实施方案》。其次，随着生活品质的提高，居民环保意识不断加强，垃圾分类意识不断提升。由此可见，对城市生活垃圾进行分类在一定程度上保证了垃圾的供应质量。

中国典型城市和其他国家城市生活垃圾成分比较 表 3-12

国家 / 城市	食物（%）	纸（%）	塑料（%）	布料（%）	木材（%）	玻璃（%）	金属（%）	水分（%）	热值（kJ/kg）
北京市（2010）	65.98	11.02	12.33	1.51	3.81	0.96	0.3	62.93	4513
广州市（2012）	46.4	7.2	28	3	3.4	1.3	0.1	62.2	8272
重庆市（2014）	72.97	9.34	8.4	3.16	1.91	1.46	0.36	54.15	4523
杭州市（2010）	58.2	3.68	6.6	2.23	1.2	2.1	1	53.6	4439
中国（2014）	55.86	8.52	11.99	3.16	2.94	—	—	48.12	5337

续表

国家 / 城市	食物 （%）	纸 （%）	塑料 （%）	布料 （%）	木材 （%）	玻璃 （%）	金属 （%）	水分 （%）	热值 （kJ/kg）
芬兰（2010）	23.9	14.9	21.4	9.5	11.9	2.5	3.8	29	15000
美国（2011）	14.5	27.4	21.4	—	6.3	4.6	8.9	—	—
新加坡（2008）	9.5	21.2	11.5	1.6	4.5	1	14.6	—	—

在城市生活垃圾数量方面，垃圾供应风险的下降还与城市化进程的深入推进有关。许多学者（范常忠和张淑娟，1997；周翠红等，2003；王秀芬等，2010）的研究表明，城市生活垃圾的产量与经济水平、城市规模及城市人口等成正相关关系。随着社会经济的发展，城市人口的不断聚集，导致路面垃圾、家庭垃圾、商业垃圾等主要城市生活垃圾日益增加（徐礼来等，2013）。根据统计，我国城市生活垃圾清运量从 2004 年的 15509.3 万吨增长为 2019 年的 24206.2 万吨，且一直呈现上升趋势。同时，随着城市用地不断向边缘扩张，我国城乡垃圾收集与清运的范围也逐渐扩大，一定程度上保证了垃圾供应的数量（徐礼来等，2013）。

尽管缺乏配套设施以及政府信用风险在案例分析中被归为中频风险和低频风险，但依然被列入关键风险行列。在实践中，虽然相关配套设施一般不属于基础设施项目的组成部分，却通常会严重影响基础设施项目的正常建设和运营。缺乏配套设施风险通常表现为项目建设、运营和管理所需的设施没有被及时提供或服务价格不合理（Ke 等，2010），例如案例 1、4、21 和 25 中，在垃圾焚烧发电厂运营过程中，由于缺乏垃圾运输车、垃圾压缩设备、垃圾中转站等配套设施，给项目带来环境污染等不利影响，最终影响项目的正常运营。城市生活垃圾处理压力逐渐增大，由于缺乏相关实践经验，许多地方在建设垃圾焚烧发电项目时没有统筹考虑到相关配套设施的建设和运营。当项目投产后，前期规划不足的问题逐渐显现出来，不仅需要增加人力、物力和财力完善配套设施的建设，而且影响周边环境并引发一系列风险，阻碍了项目正常运营。此外由于垃圾焚烧行业发展速度较快，行业标准和规范的快速更新使得依据以往标准建设的配套设施无法满足当前需求，特别是与环境污染防治有关的关键设施污染物排放不达标，导致垃圾焚烧发电厂的运营无法满足现行国家及行业标准（杨大帅和潘大晴，2014）。同样，随着垃圾焚烧发电行业的快速发展，老旧设备需要维护和更新，早期设施需要升级或重置，垃圾处理设备需求增大，相关配套设施在建设和运行方面均有较大的提升空间，以减少对周边环境的污染。例如，由于垃圾量的逐年增加，城市生活垃圾处理压力逐渐增大，对垃圾运输车和垃圾压缩设备等的需求也不断增加。虽然与配套设施相关的风险在 35 个案例中发生频次相对较低，但其作为一个随时可能发生的风险，对于项目的正常运营而言必定是一个巨大的隐患，因此在专家问卷调查过程中受到被调查者的重视。

政府信用既包含对公民的信用，也包含对垃圾焚烧发电项目建设运营企业的信用。政府信用风险在35个案例中只出现2次，但在统计分析中发生概率和影响程度的排序都处于中上等位置。这或许归因于被调查者大部分由企业人员和相关科研人员构成，他们对于政府信用问题更加敏感。政府信用问题直接关系到公众对项目的支持程度（范柏乃等，2012），实务领域技术人员和科研工作者都赋予了政府信用风险较高的重要性。此外，垃圾焚烧发电项目频繁出现政府违约的案例（Li，2007）以及当地居民对项目的敏感性，降低了政府的公信力。公众担心项目运营会损害当地居民利益，从而产生政府信用风险（王秋菲等，2016），甚至引发公众反对风险。例如在案例1中，政府违背了对居民的承诺，没有在约定的时间内关闭项目，造成居民的不满。又例如在案例8中，政府未及时公开环评报告且有意规避风险议题，导致公信力下降，为公众反对事件埋下祸根。从政府对建设运营企业的信用角度来说，政府信用风险来自项目条件、参与主体自身原因和外部环境的变化（李婷，2016）。政府部门没有履行其在特许协议合同中承诺的义务，直接或间接地对项目产生负面影响，从而影响建设运营企业的利益（Song等，2013）。

造成这种现象的原因，首先与政府和企业双方地位不对等且利益不一致有一定的关系。其次，部分地方政府官员为了追求个人荣誉和利益，有时会对项目做出一些不切实际的承诺。作为公共基础设施，当项目表现出较高的收益且超出预期时，其高营利性与公众利益相违背，容易导致政府拒绝履约。此外，相关法律体系的不完善导致建设运营企业对政府违约没有得到有效的救济，使得政府信用风险难以得到实质性改善，这也是许多社会资本企业对垃圾焚烧发电项目望而却步的主要原因（刘婷等，2016）。最后，由于基础设施项目的特许经营期较长，不确定性大，政企双方很难预料到市场环境的变化，如煤价上涨、金融市场萧条等，这也是影响政府正常履约的因素之一。

3.4 本章小结

本章首先阐述了目前我国垃圾焚烧发电行业的发展历程、分布情况、政策分析、运营模式和未来发展情况。在此基础上，采用文献分析法、多案例分析法、德尔菲法进行风险分析，识别出我国垃圾焚烧发电项目的风险因素18个。其次，采用专家问卷调查法对识别出的风险因素进行评估，根据风险重要性确定影响我国垃圾焚烧发电项目实施绩效的关键风险因素。最终研究结果表明，公众反对风险的重要性以绝对的优势排在第一位，其他依次为政府决策风险、法律及监管体系不完善、环境污染风险、缺乏配套设施以及政府信用风险。本章研究结论能够为后续的风险应对奠定基础，对提升我国垃圾焚烧发电项目实施绩效、促进我国垃圾焚烧发电行业的发展具有重要的参考意义。

第 4 章

垃圾焚烧发电项目社会风险发生机理：基于案例分析

4.1 引言

垃圾焚烧发电项目通常面临当地公众的强烈反对，许多国家/地区记录了反对垃圾焚烧发电项目的邻避运动（Lang 和 Xu，2013；Baxter 等，2016）。我国也发生多起公众反对群体性事件，导致许多城市的垃圾焚烧发电项目失败。邻避运动已经从技术和环境问题演变成敏感的社会问题，成为影响社会稳定的主要威胁（Song 等，2017）。

根据西方国家的研究成果和实践经验，公众对垃圾焚烧发电项目的接受程度与一系列因素有关，如风险感知、收益感知、公平感知、环境正义和政府信任等，在实践中可以通过公众参与、信息公开和经济补偿等开放式和协商式决策方法促进公众接受（Wolsink，2010；Wong，2016）。我国垃圾焚烧发电项目公众反对群体性事件中，大部分被激烈抗议的项目最终都被地方政府取消或无限期推迟（Liu 等，2018）。由于缺少实践案例的依托，垃圾焚烧发电项目社会风险发生机理的研究仅局限在文献分析、专家调查等范围，研究结果的实践操作性无从验证。

位于我国浙江省的杭州九峰垃圾焚烧发电厂项目（以下简称九峰项目），在建设初期曾经遭遇大规模公众反对事件，经过新一轮决策后被成功实施，为有效解决我国反焚化运动提供了实践样板。计划中的九峰项目位于杭州市西郊九峰村附近的一个废弃石矿区，原计划 2014 年开工，2016 年投产。2014 年立项阶段发生大规模群体性事件后被迫暂停，在采取一系列应对措施后，于 2015 年 4 月 14 日重新实施建设，并于 2017 年 10 月底开始运营。期间，《人民日报》曾发表特别报道，评价九峰项目是我国第一个真正克服"邻避效应"的垃圾焚烧发电项目。本章以九峰项目作为典型案例，分析其在选址决策过程中的先进做法与经验教训，并在此基础上探索垃圾焚烧发电项目社会风险的发生机理。

4.2 文献综述

邻避运动相关研究起源于核电领域，Mah 等（2014）研究了中国香港市民在日本福岛核电事故发生后对核电项目的态度，通过构建公众参与、风险感知、信任感知与潜在危险设施公众接受程度的关系模型，发现公众在核电设施决策与建设过程中起着重要作用，同时高风险感知和公众反对一定程度上源于信任感低和公众参与度低。研究提出了核电项目公众反对的治理策略，建议政府应投入更多的精力建设决策中的信任关系，保证风险管理过程中的公开性和透明度，在公众参与活动中正面回应公众对特定问题的担忧，不歪曲、隐瞒事实，确保信息的真实性。

在垃圾焚烧发电项目领域，Achillas 等（2011）分析希腊城市居民对垃圾焚烧设施建设接受程度的影响因素，研究结果表明大多数希腊居民对垃圾焚烧设施建设持支持态度，有利于垃圾焚烧发电技术在城市生活垃圾处理领域的推广。然而在研究调查中，85% 的受访者表示从未被告知垃圾焚烧技术的优点和缺点，使得希腊部分地区同样存在反焚化运动影响项目实施的情况，因此信息公开和公众参与对提升邻避项目公众接受程度至关重要。Huang 等（2015）认为垃圾焚烧发电项目建设选址问题依然严峻，公众反对成为阻碍垃圾焚烧发电项目落地的主要原因之一。尽管社会大众对垃圾焚烧处理方式持积极态度，但绝大多数当地居民坚持认为项目不应建设在自己居住的地区。学者采用案例对比法、问卷调查法、面对面访谈法等探究公众对垃圾焚烧项目选址接受程度的影响因素，发现政府与当地居民之间的有效沟通可以增加公众对垃圾焚烧发电项目的接受程度（Huang 等，2015）。同时，公众尽早参与、征求公众偏好、公平的安置计划等有助于降低当地居民的反对意见，并减少项目后期发生冲突的可能性。在加拿大，部分行业组织的反对意见是垃圾焚烧发电行业发展缓慢的原因之一。因此 Baxter 等（2016）针对行业组织反对意见的情况，对加拿大多个城市的 217 位受访者进行邮件调查，探索城市居民对于垃圾焚烧与垃圾填埋设施的支持水平及影响因素。研究结果表明，受访者的设施偏好选择更倾向于垃圾焚烧设施，然而在面对设施建设在城市中的问题时，受访者的偏好程度由 81% 降至 43%。可见，城市居民对垃圾处理设施的支持影响因素受公众心理预期影响，其中包括健康风险、环境污染、信任等。

上述学者研究表明，公众态度在邻避项目选址过程中的作用至关重要。然而由于不同类型的邻避设施产生的负面影响不一定相同，公众接受程度受到的影响也并不一致。Chung 和 Kim（2009）以韩国第一个核废料处置设施案例作为研究对象，构建结构方程模型，研究经济利益感知、风险感知、信任和竞争对公众接受程度的影响，研究发现风险感知对公众接受度有较强的负面影响，经济利益感知对公众接受有较强的正面影响。Wolsink（2010）对荷兰环境领域可再生能源创新、空间水资源管理、废物基础设施三类政策措施进行比较研究，研究结果表明，公众对垃圾焚烧发电项目接受程度影响较大的因素包括风险感知和公平/正义感知。研究还发现，由于荷兰政府采用以技术专家为核心进行自上而下的基础设施项目规划决策，导致公众参与度较低和缺乏公平性也是公众反对的主要原因。因此，公平决策过程对公众接受程度存在一定程度的影响。Ross 等（2014）调查了澳大利亚昆士兰地区居民对饮用循环水计划接受程度的影响因素，文章在构建信任、风险感知与公众接受度的社会心理模型的基础上，以发放问卷的形式对公民进行调查，通过结构方程模型分析验证假设，结果显示居民对饮用循环水计划的接受度与政府是否采用公平程序相关。政府使用公平程序，居民对政府的认同感和信任感越强，从而增加了公众的接受程度。同时，研究还验证了前人研究成果中风险感知影响公众接受的结论。

尽管不同类型邻避型基础设施项目面临潜在负面影响的严重性和可能性不尽相同，但现有的研究成果显示，公众接受程度主要受感知利益/风险、公众信任、感知公平/正义、竞争及人口特征的影响（Chung 和 Kim，2009；Wolsink，2010；Ross 等，2014）。

Bearth 和 Siegrist（2016）采用荟萃分析法研究风险感知和利益感知是否对人们接受新食品技术具有影响，研究结果表明经济利益感知对公众接受度有正面影响，同时公众接受程度取决于风险和收益的相对优势和协同作用，建议不应过分强调二者的独立效应。Chung 和 Kim（2009）发现，中央政府的 3 亿美元财政支持以及建设经营企业振兴本地就业市场的措施，被认为是影响韩国首个放射性废物贮存设施选址公众接受程度的关键决定因素。Li 等（2012）研究了公众参与和环境决策之间的关联，试图解答公众参与环境决策的动力、公众参与的方式、法律对公众参与的促进作用等问题，研究表明公众参与环境决策的动力很大程度上来源于经济利益。当公众不考虑经济效益时，会更加关注环境与健康问题，从而产生反对意见；而当公众接受了项目带来的补偿、收益等经济利益，会更加积极地支持项目的各项决策。因此，合理的经济补偿政策是提高公众接受度和解决当地居民邻避运动的有效策略之一（Li 等，2012；Huang 等，2015）。

公众参与在邻避型基础设施项目选址中发挥着重要的作用，诸多学者建议应该采用更加民主和更加公开的决策方式以提高公众对邻避型基础设施项目的接受程度。McComas 等（2016）研究了能源开发诱发地震的公众态度，通过网络对 325 名美国公众的调查发现：在决策过程中，公众最不能接受的做法是决策过程中缺少公众参与环节，导致公众对基于专家和政府意见的决策方案不满意；而令公众最满意的做法是公众在决策过程中有机会向技术负责人、决策者或专家表达自己的观点。公众认为受地震影响的居民在决策中具有发言权时，对于出现诱发地震表示更能接受，因此基于公众参与的公平决策是公众接受的重要因素。Garnett 等（2017）构建了英国城市废弃物管理决策与公众参与的概念框架，通过 33 次半结构式访谈获取定性信息数据和 345 份网络调查问卷的定量数据，从多个角度探究公众参与在决策管理中的重要性。研究表明公众参与决策过程的目的不是要各方意见达成共识，而是通过谈判形成一个可行的、相对公平的、大部分人都能接受的方案。同时发现，公众参与水平的提升有助于更全面地了解风险情况和评估潜在影响，从而为决策者提供参考依据。因此，公众参与在建立公平、传播知识、提高民主共同价值的有效性和合法性方面具有巨大的潜力（Fung，2015；McComas 等，2016；Garnett 等，2017）。

国内外多项邻避型基础设施项目选址决策过程中出现的邻避运动事件表明，自上而下的"基于技术的"决策方法在应对公众反对方面效率很低（Johnson，2013）。相比之下，Kuhn 和 Ballard（1998）通过从公众参与角度评估加拿大 4 个危险废物处理设施选址案例，发现大多数情况下选址不会因为环境或技术方面的问题而失败，而是因为地方政府采用的对抗性策略和自上而下的决策方法减少了公众表达观点和发表意见的可能性。瑞典和韩国核设施选址的经验强调，公开决策方法可以实现公众参与，并具有居民否决权，有助于潜在危险设施的成功选址和项目落地（Chung 和 Kim，2009）。成功案例表明，基于权力下放原则的创新型选址方法鼓励公民积极地参与垃圾焚烧发电项目选址决策，能够有效地改善公众参与的效率，同时有助于应对公众反对和实现社会价值（Zhang 等，2015；Wong，2016）。

提高信息透明度能够使公众获取项目的相关信息，减少因为信息不对称而引发的猜测和恐慌，是提高邻避型基础设施项目接受程度的另一个有效策略（Ferry 和 Eckersley，2015）。因为垃圾焚烧发电项目的专业性强，公众可能难以理解所获得信息的含义和评估项目的影响，所以简单的信息透明和信息公开并不能直接起到提高治理绩效的作用（Etzioni，2014）。Siegrist（2000）研究了转基因食品的公众信任、感知效益、风险感知和公众接受度之间的关联，研究发现公众信任、感知效益和基因技术接受度的影响关系存在性别差异，女性受访者比男性受访者感知到更少的利益，更不愿意接受。研究还表明，信息透明度能够提高公众对基因技术的信任，同时信任对感知效益存在积极影响，对感知风险存在负面影响。

Sjöberg 等（2009）研究了核燃料仓库选址问题，探究公众对潜在危险设施的预防态度对风险感知的影响，通过邮寄问卷的形式收集了瑞典公众代表性样本对核废物的风险感知与预防态度。结果表明预防态度和信任与项目潜在的负面后果的大小有关，因此政府在政策制定与风险沟通过程中应该注重考虑信任感知和事故负面效果的强烈程度。没有足够的知识和充足的信息，公众可能无法做出独立的判断，因此许多人的接受程度受到政府信任和专家意见的影响。Prior 等（2014）通过实证研究，探讨居民对澳大利亚新南威尔士州具有污染风险的工业项目风险沟通、信任和风险感知之间的关联，采用访谈调查和问卷调查的方式对居住在两个工业项目附近的居民进行调查，研究发现社区组织和地方议会是居民最信任的污染物风险信息来源渠道。事实上，居民从信任的风险信息来源渠道获得的信息非常少，他们主要从最不信任的媒体、地方政府和工业企业等渠道获取信息。可见，公众对信息来源的信任程度会影响他们的风险感知和行为。研究结果

还表明，居民对来源的信任程度受到共同利益、价值观、历史经验等因素的影响（Mizrahi
等，2009）。因此，充分的信息披露、公众信任、对公众透明化是提高公众接受度的有
效措施。

环境影响评价（EIA）作为项目立项决策过程中的必备环节，可以评估邻避型项目
的潜在环境污染程度，通常被作为应对公众反对的技术工具。Sun等（2016）通过对上
海变电站邻避冲突事件进行案例分析和半结构式访谈，研究公众参与、环境影响评价与
政策制定之间的关系，发现环境影响评价可以减少决策过程中的邻避冲突。越来越多的
人支持扩大公众参与的决策范围，Hartley和Wood（2005）通过分析英国4个废物处理
项目的环境影响评价标准和公众参与程序，发现"早期参与"与"有效参与"是加强公
众参与和提高环境影响评价绩效的有效途径，同时也是提高公众对环境影响结论接受程
度的关键因素（Hartley和Wood，2005；Morgan，2012）。根据学者们的研究结论，由
于专业人士更关注技术的优势，居民更关注项目是否对环境造成不利影响，所以专家和
非专业人士对邻避型基础设施的风险感知存在巨大差距（Hansen等，2003）。所以，仅
关注技术而忽略公众参与的环境影响评价方法不一定提高邻避型基础设施的公众接受度
（Tang和Chiu，2010；Eckerd，2014）。

4.3　研究方法

本章案例分析的总体研究框架包括三个主要步骤。首先从文献综述入手，通过查阅
相关文献材料，搜集国内外邻避型设施相关领域的研究成果，以及城市垃圾清理规划、
垃圾焚烧处置设计规划、垃圾焚烧处理环境政策和衡量标准等成果，结合国内外生活垃
圾焚烧处置的开展运营情况，从理论上确定垃圾焚烧发电项目社会风险影响因素。其次，
以九峰项目为例，详细深入地剖析邻避冲突事件产生的可能原因。从前期规划、招标投
标、选址定位等信息公示情况出发，了解周边居民及相关利益方的利益诉求，以及对在
前期沟通过程中存在的冲突隐患进行分析，剖析九峰项目邻避事件的内在起因和演变过
程，通过系统性分析回顾事件整体的全局性要素，从而分析垃圾焚烧发电项目社会风险
的形成机理。最后，通过发放问卷的方式分析周围居民对垃圾焚烧发电厂的认知度和接
受度，以及探讨规避邻避效应的有效管理方法和治理模式，并结合现实情况进行比较分
析以确定垃圾焚烧发电项目社会风险和治理对策之间的联系。

案例研究的本质和核心意图是通过梳理实践中一系列决策过程发现其内在机理，研
究过程能够客观地反映案例实际情况，不易受研究人员的主观影响。案例研究经常用于
分析公共政策和政府干预的结果，是探究新措施实施情况"怎么样"或者其进展"为什
么"顺利（或者不顺利）的一种理想方法（Yin，2013）。因此，本章采用案例研究作为
垃圾焚烧发电项目公众接受和社会风险形成机理的主要研究方法是合理的，其目的是回

答"垃圾焚烧发电项目社会风险怎么样形成？""治理对策为什么有效？""如何提高公
众对垃圾焚烧发电项目的接受度？"等问题。根据 Yin（2013）的案例研究范式，本章
通过文献综述突出案例研究的理论背景，通过问卷调查辅助分析公众接受度现状，具体
数据收集方法为：①公开数据收集：主要通过查阅文献资料、相关档案资料、研究报告、
报纸等收集有关杭州九峰垃圾焚烧发电厂项目的公开数据。公开数据收集主要通过网络
资料搜索获取相关数据，结合新闻媒体报道作为案例的背景材料，检索学术界相关的研
究成果，查阅政府部门相关文件审批的档案记录和公示材料等，获取项目相关的定量描
述和项目执行信息等，为深入开展案例研究做好前期准备。②项目相关数据收集：从当
地政府、社会资本企业和当地公众提供的工程和商业文件中收集项目相关的非公开数据，
例如合同和商业数据等。③访谈和问卷调查：根据调研方案，采取定点偶遇的调查方式，
对九峰项目周边居民进行问卷调查和实地访谈，切实了解当地居民对垃圾焚烧发电项目
的认知度、信任度和接受度。

调查问卷在 2016 年 8 月 24 日～9 月 17 日开展，对采用分层随机抽样法筛选出的
250 名当地居民进行调查。问卷中公众接受度采用 1（非常不同意）～5（非常同意）的
李克特五级量表形式对三个不同指标（详见附录 D）进行定量评价。最终收集到有效问
卷 200 份，总有效问卷回收率 80%，符合社会学和管理学社会调查的回收率要求（Ren 等，
2016）。表 4-1 总结了受访者的社会人口描述性统计，表明受访者的人口统计特征与当
地居民的人口统计特征基本一致。

被调查者的社会学特征　　　　　　　　　　　　　　　　　　　　表 4-1

项目	分类	比例
性别	男性	103 人（51.50%）
	女性	97 人（48.50%）
年龄	18～25 岁	6 人（3.00%）
	26～35 岁	25 人（12.50%）
	36～45 岁	82 人（41.00%）
	46～60 岁	58 人（29.00%）
	60 岁以上	29 人（14.50%）
受教育程度	≤初中	70 人（35.00%）
	高中	82 人（41.00%）
	大专	29 人（14.50%）
	大学生	16 人（8.00%）
	≥研究生	3 人（1.50%）

4.4 案例研究

4.4.1 案例背景

杭州市是浙江省省会，位于中国东海岸，毗邻中国经济中心上海市，是中国经济最发达、城市化程度最高的城市之一。2019 年全市地区生产总值为 15373.05 亿元，人均生产总值为 15.2 万元。作为一个迅速发展的旅游城市，受以信息技术为导向的经济主导，杭州吸引了大量的人口涌入。1990 年，杭州市总人口 583 万人，城市化率达 32.81%。第七次全国人口普查结果显示，杭州市全市常住人口已经达到 1193.6 万人，其中城镇人口 994.2 万人，占全市常住人口的 83.29%。城市人口急剧增加，生活水平不断提高，导致城市生活垃圾迅速增长。据统计，"十二五"期间全省生活垃圾产生量平均增长率超过 5%，日均产生生活垃圾约 4.2 万吨，人均垃圾产生量约 0.77kg/ 日。同时，在浙江省推进"五水共治"的背景下，清理所产生的河道垃圾缺乏专业处置出口，均按照生活垃圾处理。此外，农村多年堆积的垃圾随着环保要求的提升，亦被大力清理从而导致垃圾总量激增。据杭州市城市管理局统计，2013 年杭州市区生活垃圾产生总量为 308 万吨，而杭州市区日均垃圾处理量为 8456 吨，垃圾处理设施均处于超负荷运行，垃圾处理能力依然不足。2014 年，杭州城市生活垃圾日产量为 9055.62 吨，年增长率约为 10%（图 4-1）。

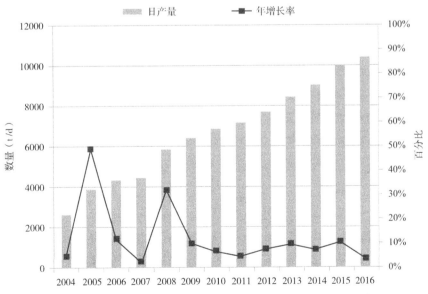

图 4-1　杭州市城市生活垃圾的日产量（2004 ~ 2016 年）

（来源：杭州环境状况公报，2004 ~ 2016）

随着生活垃圾产量日益增多，杭州市环境承载能力已经接近上限，难以实现人民群众对于良好生态环境的期待和绿色低碳循环的社会发展方式。垃圾焚烧发电项目面临的环境约束较强，必须符合生态环境保护要求，要严格控制废气、废水排放，强化对周边土壤、水源、空气环境监测，公开透明环保监测信息等。同时为了满足相应的环保要求，垃圾焚烧发电项目投资额较大，回报周期较长，导致项目建设通常比较缓慢，无法满足日益增长的城市生活垃圾焚烧处理的要求。

城市生活垃圾的迅速增加与环境约束的加强给杭州垃圾处理设施带来压力。2014年，四家现有垃圾焚烧项目（设计能力为4600t/d）和杭州天子岭垃圾填埋厂（设计能力为1940~4000t/d）处置了杭州日产量9000t的生活垃圾。为保证日常生活垃圾得到及时处理，杭州天子岭垃圾填埋场严重超负荷运转，日处理量超过4500t，最高日填埋量达到设计能力的两倍。与此同时，由于技术落后，人口密度日益增大以及当地公众的强烈反对，余杭锦江垃圾焚烧厂原有产能为800t/d，即将停止使用。此外，杭州城市居民生活垃圾产生量每年以10%的速度增长，如果没有新的生活垃圾处理设施投入使用，杭州市将面临前所未有的垃圾处理困境。

因此，为缓解杭州天子岭垃圾填埋场的生活垃圾处理压力，建立更加可靠和可持续的垃圾处理系统，杭州市政府计划建设两座新的垃圾焚烧厂，总设计容量为4200t/d，分别位于城市的东部和西部郊区。2014年3月29日，《杭州市环境卫生专业规划修编（2008~2020年）修改完善稿》在杭州市规划和自然资源局（以下简称杭州市规划局）网站公示，根据杭州市城市生活垃圾产生的总量、区位和现有处理技术，杭州市的垃圾处置分成"东、西、南、北、中"五个区块，其中城西包括余杭的西部区块和西湖区、拱墅的部分地区。西部区块只有一家仓前垃圾处理厂，但由于建设时间比较早和城西人口数量与日俱增，已处于超负荷状态，处理能力远远跟不上西部区块的垃圾产生量。受限于项目所在地的自然条件，仓前垃圾处理厂无法进行原地扩建。因此，政府规划在西部区块建设新的垃圾焚烧发电项目（九峰项目），以缓解垃圾处理压力。计划中的九峰项目位于距离杭州市中心商务区（CBD）约28km的九峰村附近的一个废弃石矿区，具体位置坐落在山谷里，离居民区相对较远，是西部区块相对合适的选址地点。九峰项目的详细情况见表4-2。

九峰项目的决策和规划程序开始于2012年。2012年8月9日，杭州市政府成立"杭州市九峰垃圾焚烧厂建设工作领导小组"。根据杭州市政府及杭州市城市建设投资集团有限公司（以下简称杭州城投集团）的相关要求，建设西部区块新的垃圾焚烧发电工程即杭州九峰垃圾焚烧发电工程。该工程是由杭州市城投集团下属的杭州热电集团有限公司、杭州市环境集团有限公司和杭州市路桥有限公司共同投资建设，共同成立杭州九峰环境能源有限公司，并委托杭州市城市规划设计研究院开展杭州西部区块垃圾焚烧发电项目选址论证报告编制工作。该项目最初计划于2014年开始建设，并于2016年投入运营。

九峰项目技术经济指标 表 4-2

参数	价值	参数	价值
焚烧炉	4 炉排炉（750t/d）	地方政府	杭州市余杭区
汽轮机	$2 \times N30-3.80/395$	业主	杭州九峰环境能源有限公司
发电机	$2 \times QF-35$	融资模式	建设—经营—转让（BOT）
烟气排放	EU2000/76/EC	特许经营期	30 年
发电	$3.159 \times 10^{8} kW \cdot h$	总投资额	18 亿元人民币
场地面积	104697m^2	设计产能	3000t/d
建筑面积	117270m^2	垃圾处理费	260 元 /t

4.4.2 公众反对

2014 年 3 月 29 日，杭州市规划局公示《杭州市环境卫生专业规划修编（2008 ~ 2020）修改完整稿》，指出政府规划在余杭区九峰村附近新建垃圾焚烧厂项目，该消息引起许多市民的关注。4 月 22 日，浙江省住房和城乡建设厅在杭州九峰垃圾焚烧发电厂批准之前发布了《关于（杭州市）杭州九峰垃圾焚烧发电工程的批前公示》，并在附件中公布了由杭州九峰环境能源有限公司撰写的《杭州九峰垃圾焚烧发电工程建设情况说明》，介绍了项目的基本情况、项目经济技术指标、三废处理方式等主要信息。发布当日，互联网等社交媒体上首次出现了来自当地公众和环保团体的抗议和抵制言论。4 月 24 日，群众代表向杭州市规划局提交了一份 2 万多人反对九峰垃圾焚烧发电厂的联合签名，还有 52 人对《杭州市环境卫生专业规划修编（2008 ~ 2020）修改完整稿》的公示提出听证申请。当日，浙江新蓝网发布新闻《杭州余杭九峰建垃圾焚烧厂怎么保证环境不受污染》，向公众披露了一些项目相关信息，试图通过信息公开减少公众疑虑和恐慌。然而当地村民并不买账，尽管垃圾焚烧发电项目选址地是一处几乎废弃的石矿区，但周围毗邻众多水源地，且当地还是重要的龙井茶原产地，公众担心建设垃圾焚烧发电厂会造成环境污染。同时还有环保志愿者提出，在项目选址附近除了本地村民外，还有大片的商品住宅区，大小楼盘共有 50 多个，约有居民 50 万人，担心垃圾焚烧会对生活环境及附近水源带来不良影响。然而，浙江省生态环境厅、杭州市生态环境局及杭州九峰环境能源有限公司对此事都没有做出正面回应，导致当地居民的担忧难以消除。4 月 25 日，新蓝网发布新闻《杭州九峰建垃圾焚烧厂的选址尚需进一步检测评估》，介绍了杭州市规划局对于该项目的解释：目前位于杭州城西区块的仓前垃圾处理工厂的垃圾处理已处于超负荷状态，且不具备扩建条件，需要在九峰村附近新建垃圾焚烧厂。经相关部门论证比较，当前选址整体上对周边影响较小。最终垃圾焚烧厂是否会立项决策，还需要根据相关检查报告的结果决定，如果检测不合适，规划局会重新选址。同时，也有其他媒体发表文章解释项目的意义和技术支持特征，但当地群众对该项目的忧虑有增无减。

由于长时间得不到正面回应，从四月下旬开始，每天都有部分居民聚集到中泰街道办事处表达抗议。5月7日，当地居民发现有人向规划场地运送勘察设备，"垃圾焚烧厂秘密开工"的消息被快速传播，激起群众更大的不满，导致近千名居民聚集。5月9日，余杭区政府发布《关于九峰环境能源项目的通告》，向当地居民保证"在没有履行完法定程序和征得大家同意的情况下一定不开工，九峰矿区停止一切与项目有关的作业活动"，并承诺保证广大群众的知情权和参与权，但此举并未减轻当地居民的不安和恐慌。5月10日，5000多名居民参加了九峰项目大规模抗议活动，最终导致杭徽（杭州市至安徽省）高速公路受阻、部分警察和当地居民受伤、警车在大规模冲突中受损等。在政府多部门的紧急协调和处理下，事件于5月11日凌晨得到平息，具体事件发生时间见表4-3。

九峰项目群体事件的关键节点 表4-3

日期（2014年）	事件
4月22日	浙江省住房和城乡建设厅发布了杭州九峰WTE垃圾焚烧厂的审批公告，表示九峰垃圾焚烧厂即将开工
4月23日	来自当地居民的抗议出现在互联网和手机上，与此同时，浙江省环境保护部门强调他们没有收到任何垃圾焚烧发电厂的环评材料
4月24日	2万多名当地居民联名给杭州市规划局写信抗议垃圾焚烧发电厂，52人申请举办听证会
5月8日	杭州市政府举行新闻发布会，然而有人发现一些测量设备已经被交付到工地，"焚烧厂秘密开工"的消息在互联网上大量传播
5月9日	余杭政府发出通知：九峰垃圾焚烧厂没有当地居民的支持不会开工
5月10日	5000多人聚集在一起抗议九峰垃圾焚烧厂，抗议活动最终演化为一场群体性事件，一些警察和当地居民受伤，警车在大规模冲突中受损
5月11日	群体事件已经得到控制，杭州市常务副市长承诺，九峰垃圾焚烧厂将暂停运营，直至完成更加开放和民主的再决策过程

2014年5月11日，当群体事件平息后，杭州市政府召开新闻发布会，宣布九峰项目暂停。杭州市常务副市长承诺九峰项目在没有当地公众支持的情况下不会启动，将采取公开有效的、公开透明的公开决策方式进行重新决策。

4.4.3 社会风险应对

群体性事件发生后，杭州市政府和余杭区政府采取了一系列相应的措施。首先，加强对社区干部、村干部的教育引导。市、区政府明确告知各相关社区和村镇干部，因为杭州市生活垃圾处理问题的严峻性，九峰项目不会因为"5·10"事件的发生而停止，确保了整个项目重点环节保持目标一致。其次，建立上下联动的工作机制。杭州市政府层面成立杭州市九峰垃圾焚烧厂工程建设领导小组，同时成立宣传组、维稳组、报批组三个工作组，分别由市委宣传部、市委维稳办、市城管委牵头，市相关领导担任各组组长，协调解决项目建设过程中的重要问题。余杭区成立了重大民生项目领导小组，区委、区政府主要责任人作为主要领导人，成立多个专项工作组重点开展项目推进和稳定工作，负责九峰项目的选址和决策过程。在决策过程中，除了开展环境影响评价和可行性研究等常规决策程序外，工作组还采取各种策略和措施降低当地居民的风险感知，并提高公众对垃圾焚烧厂的接受度。工作组采取的具体战略和措施为：

（1）全面的环境影响评价。严格按照环境保护相关法律法规的要求，当地政府邀请备受原环境保护部和社会大众信赖的环境影响评价研究机构——华南环境科学研究所进行全面的环境影响评价，在整个环评过程中采取了早期有效的公众参与策略。通过公众调查充分了解当地居民的环境诉求。公众调查表设计除了让公众选择同意或反对以外，更多的是通过设置引导性问题了解公众的需求。例如"你认为这个项目建在这里，你最大的担心是什么？是废弃物、噪声、水污染还是其他？"调查结束后，环评部门分门别类地梳理和归纳群众担心的问题，并在后续的群众意见答复中进行有针对性的解答，很大程度上化解了居民的担忧。本次调查共发出调查表 473 份，收回 472 份，其中支持 119 份，有条件支持 346 份，无所谓 7 份。由此可见，如果能满足居民的诉求和条件，大多数居民不反对九峰项目的实施。除环评部门外，当地政府也逐一听取和解答当地居民的意见和要求，并给出解决措施。例如，为了防止城市生活垃圾运输过程中的溢出造成二次污染，根据当地居民的建议，建设运输车辆专用坡道。此外，工厂投入运行之前建立实时监测污染物排放的综合环境系统。

（2）经济补偿。九峰项目附近是中国最著名的茶叶——龙井茶生产区，当地居民大多靠种植、生产和销售茶叶为生。垃圾焚烧发电项目对健康和环境可能造成的危害，意味着可能会对当地茶叶种植业造成灾难性后果，从而使当地的经济发展受到巨大影响。为了弥补潜在的经济损失以及对健康和环境的潜在负面影响，当地政府宣布为当地居民提供一系列补偿。首先，加大垃圾处理补贴并设立专门的环境改善基金。垃圾处理补贴在原来的 260 元 /t 生活垃圾处理费的基础上增加 75 元 /t，用于建立健全当地经济和维护公众的社会保障体系。其次，中泰乡政府分配了 1000 亩的土地使用指标，以支持当地产业发展。此外，余杭区政府也承诺 20.8 亿财政投入支持周围村庄休闲"慢村"建设，促进旅游业发展，协助开展其他致富项目，提高当地居民的收入。最后，余杭区政府还投入 1.4 亿，发起了 117 个推广和改造项目，以改善当地居民生态、生产和生活环境。

（3）重新选择更有能力的建设运营企业。

按照初始 PPP 实施方案的设计，杭州九峰能源有限公司注册资本为 4.95 亿元人民币，负责九峰项目的建设和运营，由杭州市城投集团的三家子公司联合组建。公众反对的关键问题之一是杭州市城投集团只有垃圾填埋场的建设经验，其垃圾焚烧发电技术和经验不足增加了当地居民的不信任感和不安全感。为了减少当地居民的不安全感并增强公众对项目的信心，政府部门重新选择中国光大国际有限公司（以下简称光大国际）作为社会资本机构，并相应调整了 SPV 的构成。光大国际作为我国垃圾焚烧发电项目的领军企业，在 9 个省市投资、建设和运营了 47 家垃圾焚烧发电项目，项目经验丰富，实施能力强，所建项目均得到当地居民的认可，足以胜任九峰项目的实施。2014 年 8 月 18 日，光大国际、杭州市城投集团、余杭城市建设投资集团有限公司共同成立了一家拥有九峰项目 30 年特许经营权的新 SPV，光大国际持有其 70% 的股份。

光大国际接手九峰项目后，先后组织了多次论证会，除维持原先 3000t 的处理规模，其他项目设计标准全部进行提高，部分标准高于欧盟 2000 标准（EU2000/76/EC）。此外，花园式的厂房设计与周边环境融为一体，不同于传统垃圾处理厂，视觉上的审美效果提高了公众的接受程度。

（4）透明度和信息披露。与传统的基于技术和封闭式的自上而下的决策方法不同，群体性事件后政府工作组非常重视项目重新决策过程中的信息披露和透明度。在不违背我国基本建设程序要求的前提下，所有项目建设相关文件和数据（例如环境影响评价报告、可行性研究报告和概念设计文件）均在网络平台公开，同时也确保环评程序公开透明。在政府方面，当地政府及相关部门改变原有单一的网站发布信息的方式，在项目重大节点以新闻发布会形式通过主流媒体向社会通报，并同步于"杭州发布""余杭发布"等网络平台。项目重启后召开两次关键性新闻发布会，第一次是 2014 年 5 月 11 日的新闻发布会，政府做出"两个不开工承诺"；第二次是 2014 年 9 月 12 日，杭州市政府召开九峰项目新闻通气会，近 20 家国家和当地主流媒体参加，市政府领导在会上通报了项目简况、选址公告、环评公示等情况，并接受媒体和公众问答。

在企业方面，从专业角度向公众解读和宣传公众关心的技术问题，包括项目的基本情况、技术工艺、项目建设进展及采取的环境保护措施等，让公众全方位了解项目相关情况。此外，设置当地居民对项目的监督方案，部分当地居民被聘请为环境监管人员，定期或不定期检查和监督整个环评程序；同时设立了一个当地居民志愿监督小组，实地监督九峰项目的施工过程。企业还承诺在工厂运行期间及时向当地公众公布硫、二噁英排放量、渗滤液处理量等环境监测数据。

（5）有效的风险沟通。为增强公众信任，当地政府和建设运营企业采取了各种措施提高风险沟通效率，从而降低当地居民的风险感知。首先，"5·10"事件以后，杭州市抽调多名干部驻村，入门入户与当地居民沟通，针对不同意见群体分别提出相应策略，逐步打消群众疑虑。余杭区先后派驻 1000 多名干部共计入户走访了 12 个村（社区）25000 户次，入户登记 1600 户，收集意见建议 280 条。其次，当地政府在决策过程中召开了一系列的辩论会和听证会，并邀请光大国际相关负责人和一些行业知名专家解答当地居民"如何控制二噁英排放和飞灰？""如何防止臭味？"等问题。最后，当地政府和光大国际联合开展了实地考察项目，提高当地居民对垃圾焚烧发电技术的了解和认识。2014 年 7 ～ 9 月，分 82 批次安排 4000 多名当地居民（约占九峰项目附近四个村庄总人口数量的 80%）到苏州、南京、宁波等城市考察已经建成投产的垃圾焚烧发电项目。此外，还采用了最先进的技术和排放标准解决公众最关心的问题（例如炉排炉技术和欧盟环保标准：EU2000/76/EC），以解决二噁英排放和渗滤液污染等问题。同时通过专家讲座和城市论坛，有关部门还举办了一系列关于垃圾焚化技术的科普讲座，使公众充分全面地了解垃圾焚烧发电项目，而不是盲目跟风式的反对。

（6）公众参与。"5·10"群体性事件发生后，工作组采取了一系列更民主和更多元的公众参与方式，以提高当地居民对九峰项目的接受度。余杭区多次派驻多名干部走访当地居民调查并收集公众关注的问题和民意，并在重新决策过程中对这些问题进行仔细评估和充分考虑。不仅开通了当地居民表达观点和主张的途径，而且采取相应措施满足公众需求。如设立专门的饮用水供应系统，以减少当地居民对饮用水源污染造成健康威胁的担忧。在垃圾焚烧发电项目实践中，未分类处理的垃圾具有资源回收率低和焚烧量多的特征，而且垃圾焚烧过程中很容易造成结块堵炉、燃烧率低甚至熄火停炉等事故，从而产生更多的污染物质。早在 2015 年，杭州市出台了地方性垃圾分类管理规定，调动全民参与垃圾分类，防止由于城市垃圾供应质量不足而引发环境污染。此外，当地政府多次组织召开与九峰项目选址和决策过程相关的辩论会和听证会，听取公众意见和传播垃圾焚烧专业技术知识，以期与公众建立共同的价值观。浙江省和杭州市的高层领导人郑重承诺，在未完成法定程序和选址未获得当地居民支持前，九峰项目的建设不会开始，并赋予当地居民项目选址否决权，增强了当地居民对政府的信任。

4.4.4 风险应对效果

在全面细致的公众参与以及实施一系列应对措施后，当地居民不再强烈反对九峰项目的建设。2015 年 4 月 14 日，经过 11 个月的项目治理过程后进行了重新决策，正式宣布开工建设。2017 年 11 月 30 日，九峰项目在经历竣工验收和试运行后正式进入商业运营阶段。2017 年 12 月工厂状态如图 4-2 所示。

在九峰项目采取一系列措施后，在项目所在地周围随机选取当地居民进行匿名问卷调查，以评估当地居民在一系列治理措施后对九峰项目的公众接受程度。结果显示当地居民大多持中性态度（表 4-4），既没有满意，也没有不满意。虽然在事前没有进行问卷调查获取当地居民对九峰项目的状态，但从一系列的公众反对事件中也可以得出结论，当地居民在采取项目治理策略之前对九峰项目的态度是极其不满意的。公众在重新决策后对九峰项目的抗议和反对逐渐消失，从最初的激烈反对转变为中立，可见公众态度在一系列治理策略实施后有了显著改变。杭州市政府出具了《关于同意杭州九峰垃圾焚烧发电工程社会稳定风险评估报告的意见》，认为项目社会稳定风险为"低风险"，同样也证明大多数当地居民接受了九峰项目，说明该项目通过实施一系列治理措施后治理绩效得到改善。从项目重新宣布开工直到正式进行商业运行的历程中，国内各大媒体对该项目进行了各种报道，均高度评价了九峰项目从"邻避"走向"邻利"的一系列治理举措。

图 4-2　九峰项目运营状况（2017 年 12 月 7 日）

重新决策过程后公众的接受程度			表 4-4
指标	数量	平均值	标准偏差
F1：心理接受	200	2.97	0.694
F2：在实践中接受	200	2.97	0.675
F3：说服别人支持	200	2.99	0.709

4.5　生活垃圾焚烧发电项目社会风险发生机理和应对框架

随着中国经济社会条件和生活水平的不断提高，公众环境意识和对公共健康的重视程度不断提高，传统的以技术为基础的封闭式决策方法已不足以应对我国垃圾焚烧发电项目的公众反对问题。尽管学术界一直强调透明度和民主在邻避型基础设施项目决策过程中的重要性（Jones 和 Eiser，2010），然而我国部分地方政府仍然经常采用封闭的"自上而下"的决策方式进行邻避型基础设施项目选址和决策，致使近年来一系列垃圾焚烧发电项目因公众反对而失败（Song 等，2017）。

　　针对九峰项目，地方政府封闭式决策和风险沟通不足被认为是公众反对和群体性事件的根源。作为政府的智囊团，专家通常在政府决策过程中发挥着重要作用，一方面对政策决策提出专业意见，另一方面向公众提供有关垃圾焚烧发电技术的专业知识（Wong，2016）。在九峰项目中，尽管专家和杭州市政府努力说服当地居民项目的选址是科学合理的最佳位置，但沟通效果并不理想。潜在受影响的当地居民不愿意将决策权完全"交给政府"，同时也不愿意相信为政府服务的专家（Jones 和 Eiser，2010）。公众越来越觉得自己有必要参与决策过程，以降低潜在环境和健康隐患（Beecher 等，2005）。

　　在九峰项目中，地方政府行为与当地居民预期的差异导致当地居民风险感知增加，地方政府及有关部门的公信力下降使得他们变得焦虑不安。随着当地居民的日益关注，有关九峰项目的虚假信息不断被传播，并通过互联网等社交媒体传闻发酵，开始引发一系列小规模抗议活动。针对不断出现的公众反对事件，地方政府采取补救措施，例如公告和新闻发布会，以说明九峰项目决策的科学性和合理性。但是，政府信任不足致使公众的抵制情绪变得越来越激烈，最终如图 4-3 所示，偶发的小规模骚乱以及来自不同公共部门的声明不一致，引发了大规模公众抗议活动和群体性事件。

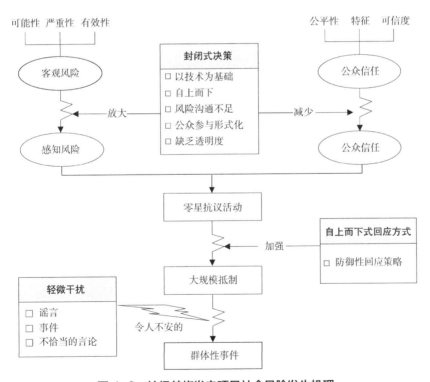

图 4-3　垃圾焚烧发电项目社会风险发生机理

　　基于九峰项目案例分析得来的社会风险发生机理，结合国内其他垃圾焚烧发电项目集体抗议事件，发现传统的使公众了解项目选址"合理性"和"合法性"的指挥调控和防御策略，不足以改善公众对垃圾焚烧发电项目的抵制情绪。一方面是因为长期以来食品安全、环境污染等关乎民众健康和环境的问题频现，严重影响了公众对政府的信任，从而使公众认为政府对邻避型基础设施项目选址决策缺乏可靠性（He 等，2013）。另一方面，由于信任存在不对称原则，信任建立的速度非常缓慢，而失去信任的速度则很快（Slovic 等，1991）。在政府尚未构建起足够的公众信任时，现有的垃圾焚烧发电项目污染事件已经频现，如余杭晋江垃圾焚烧发电厂、宁波枫林垃圾焚烧发电厂等造成的环境或健康危害，使当地居民对垃圾焚烧发电项目产生反对情绪。

在公众参与方面，尽管中央政府关于环境影响评价的相关法规已经规定增加正式磋商和公众参与环节（Johnson，2010），但由于中央政府和地方政府的发展目标存在差异，中国不同层次的地方政府不愿意采取公开参与、透明和民主式决策、开放和协商式决策方式应对反焚化运动（Lang 和 Xu，2013）。因此，自 2014 年以来，中国至少有 10 家垃圾焚烧发电炉因强烈的公众反对而被取消、暂停或关闭（Song 等，2017）。在九峰项目的再决策过程中，地方政府放弃了传统的以技术为基础的封闭式决策方法，取而代之采取了更公开和公众参与的决策方法，并采取一系列应对策略 / 措施（补偿安排、风险沟通、公众参与、全面环境影响评价、透明度和信息披露、更有经验的合作企业）改善当地公众的效益 / 风险认知和公众反对，如图 4-4 所示。事实证明，九峰项目的重新决策过程很大程度上提高了公众的接受度。

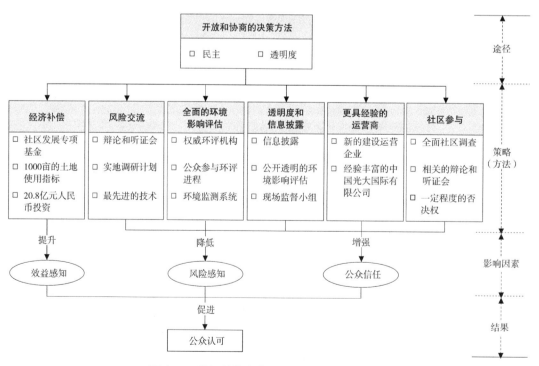

图 4-4 垃圾焚烧发电项目社会风险应对框架

没有人愿意在得不到足够补偿的情况下牺牲自己的利益（健康或财富）（Wan 等，2015）。在九峰项目中，当地政府采用的各种经济补偿措施，改善了当地居民对所涉经济利益的看法，提升了邻避型基础设施项目的公众接受度（Chung 和 Kim，2009；Bearth 等，2016）。由于垃圾焚烧发电项目本身无法创造直接的本土经济效益，当地政府设立了社区发展专项基金、1000 亩土地使用指标、20.8 亿元产业扶持投资，以弥补当地居民相关的潜在经济、环境和健康危害。研究表明公众接受并不总是与经济利益正相关，政府简单粗暴的经济补偿往往会被当地居民视为"贿赂"和"收买"（Sjöberg 等，2009；Li 等，2012），不仅丝毫起不到平息公众焦虑的作用，还会适得其反地增加公众的反对情绪。所以在实践中，经济补偿与信息透明、公众参与等其他策略协同使用，能够消除公众顾虑，起到积极正面的作用。

风险感知是一种受知识、经验和个人价值判断等多种因素影响的直觉判断。在垃圾焚烧发电项目中，技术专家与公众之间因为所掌握的专业技术知识的不同，通常会对新的、陌生的、存在潜在危险的技术条件产生不一样的风险感知（Cha，2000）。普遍认为风险感知对垃圾焚烧发电项目公众接受度存在直接负面的影响（Ross 等，2014），对九峰项目而言，当地政府采取的一系列应对策略，例如风险沟通和透明度，大大降低了当地居民的风险感知，从而改善了公众态度。

公众对政府的信任已被证明在提高邻避型基础设施项目的公众接受度方面发挥着重要作用（Chung 和 Kim，2009）。公众由于不具备足够的专业知识，通常通过权威人士和专家的相关陈述和意见进行项目负面影响的判断，从而形成自身是否接受的态度（Sjöberg 等，2009）。作为受多元因素影响的复杂概念，公共信任受到政府过去表现、对政府能力的评估、共同利益和价值观等因素的影响（Engdahl 和 Lidskog，2014）。有关邻避型基础设施项目选址的研究表明，公开、透明和咨询性的民主决策方法与公众信任正相关（Shim 和 Park，2016），同时针对可能造成环境污染和健康威胁的项目在开发建设前采取预防措施，能够改善公众信任（Ren 等，2016）。在九峰项目中，地方政府通过公众参与、透明度和信息公开、选择更有经验的运营商、多项现场考察计划等多管齐下的措施，成功地重塑公众信任，为公众接受垃圾焚烧发电项目奠定了基础。

综上所述，在九峰项目案例研究中通过公众反对行为和公众态度转变的详细过程，从公众态度、公众行为、政策变化、政策效用等多元化、多视角分析垃圾焚烧发电项目社会风险形成机理，更符合邻避型基础设施项目的社会背景和演化规律。为公众参与、透明度、经济补偿、更公开和协商的决策方法等因素可以有效地促进公众接受的研究结论提供了更确凿的实践证据。与以往单一途径补偿当地居民的研究不同（Zhang 等，2015），九峰项目案例中通过强化社会保障体系、促进区域经济发展、促进城市可持续发展等多视角补偿措施和发展理论协同作用，更有利于为当地居民创造更美好的生活，提高公众对垃圾焚烧发电项目的接受度。此外，先进的设备、更具经验的操作人员、更好的风险沟通等措施可以有效缓解公众环境焦虑，弥补了过去单一技术角度解决环境问题的不足。

4.6 本章小结

本章以九峰项目作为典型案例，分析其选址决策过程中的先进做法与经验教训，并在此基础上探索垃圾焚烧发电项目社会风险的发生机理。研究结论提供了理论和实践之间的明确联系，并为垃圾焚烧发电项目实践操作和理论研究提供了可靠的依据。

依据垃圾焚烧发电项目社会风险发生机理，传统的基于技术的自上而下的封闭式决策方法是公众反对意见的根源，甚至是群体性事件的根源。九峰项目重新决策过程中采取公开、透明和公众参与的民主决策方式，为项目成功实施奠定了基础。在实践中可以通过改善效益感知、降低风险感知、增强公众对政府及有关部门的信任、经济补偿、风险沟通、全面环境影响评价、透明度等措施，提升当地居民的公众接受度。

5.1 引言

5.1.1 本章研究的内容

为研究如何提升垃圾焚烧发电项目的公众接受度，本章主要从公众参与角度探讨公众参与、风险感知、公众信任对垃圾焚烧发电项目公众接受度的影响关系并进行实证研究，在此基础上提出对政府相关部门、社会资本企业、公众等的实践启示。具体研究内容为：

（1）通过文献综述分析垃圾焚烧发电项目中公众参与对公众接受度的影响。本部分通过文献分析识别影响邻避型基础设施项目公众接受度的影响因素，并分析公众参与对公众接受度的影响作用，为后续研究奠定理论基础。

（2）提出研究假设。本部分在文献综述和理论分析的基础上，提出公众参与对风险感知、公众信任和公众接受度的影响关系及风险感知、公众信任对公众接受度影响关系的假设。

（3）验证假设并进行公众接受度差异分析。本部分依据现有研究成果设计调查问卷，以浙江省杭州九峰和宁波枫林垃圾焚烧发电厂附近居民为调查对象收集数据，通过结构方程模型分析验证假设，并分析不同社会统计学特征公众对垃圾焚烧发电项目接受程度的差异。

5.1.2 本章研究方法

本章研究方法包括文献分析法、问卷调查法、数理统计分析法、结构方程模型分析等方法。

（1）文献分析法。本章研究内容中有三个研究环节采用文献分析法，一是用于识别垃圾焚烧发电项目公众接受度影响因素；二是用于提出公众参与、风险感知、公众信任、公众接受度相互影响关系的研究假设；三是用于调查问卷中题项设计。

（2）问卷调查法。基于文献分析设计调查问卷，选择两个垃圾焚烧发电项目作为调查案例，对其周边居民进行问卷调查，收集被调查者社会统计学特征数据及公众参与、风险感知、公众信任、公众接受度的测量数据。采用 SPSS 22.0 软件对收集的数据进行信度和效度分析，以验证调查问卷的可靠性、有效性及准确程度。

（3）数据统计分析法。本章数据统计分析法主要采用非参数 Mann Whitney U 检验分析不同特征（性别、年龄、受教育程度、距垃圾焚烧发电项目距离）社会群体对垃圾焚烧发电项目接受程度的差异。

（4）结构方程模型分析。本章在文献分析的基础上提出研究假设，在此基础上构建公众参与、风险感知、公众信任、公众接受度相互影响关系结构方程模型，对问卷收回的数据进行模型检验和修正，并对假设进行验证。

5.1.3 本章拟解决的关键科学问题

（1）公众参与是否以及如何影响 WTE 项目的公众接受度？已有相关研究表明，公众参与在邻避型基础设施项目选址性中非常重要，然而垃圾焚烧发电项目中公众参与和风险沟通实际上可能会削弱公众信任，而且往往无法解决选址的环境公平问题。所以，公众参与如何影响垃圾焚烧项目的公众接受度并未得到实证型研究的验证。因此，研究公众参与如何影响 WTE 项目的公众接受度，是本章拟解决的第一个科学问题。

（2）公众参与、风险感知、公众信任和公众对垃圾焚烧发电项目接受度之间的影响关系如何？现有研究成果表明，公众参与、风险感知、公众信任、公众接受度之间存在相互影响，但影响关系缺少定量性表达。所以，公众参与、风险感知、公众信任三个影响因素与公众对 WTE 项目接受度的影响关系如何定量化表达是本章拟解决的第二个科学问题。

5.2 文献综述

5.2.1 邻避型基础设施项目公众接受度的影响因素

现有研究成果显示，公众参与（社区参与）对邻避型基础设施项目具有重要作用，可以提高公众对邻避设施的接受程度，对于专业技术科普、项目建设实施和建立民主价值观具有重大的推进作用（Besley，2010；Garnett 和 Cooper，2014；Fung，2015）。适当的公众参与不仅有助于提高公众对具有潜在危险的邻避设施的接受程度，而且可以减少附近居民的风险感知，并增强公众对政府及相关部门的信任程度（Wolsink 和 Devilee，2009）。此外，来自瑞典、加拿大和韩国的实践经验表明，有效的公众参与可以使邻避型基础设施项目快速高效地开展项目选址决策（Lidskog 和 Sundqvist，2004；Chung 和 Kim，2009）。

因此，研究公众参与是否会影响当地居民对垃圾焚烧发电项目的态度，对有效提高当地居民接受度非常重要。现阶段对于公众参与的研究中，国内外学者通过案例研究等定性分析的方法，得出公众参与在提高垃圾焚烧发电项目公众接受度方面发挥着巨大作用的结论，该发现尚缺少定量性研究成果的支持。此外，现有研究通常集中在公众参与"是否"会提高公众的接受度上，但公众参与"如何"提高垃圾焚烧发电项目公众接受度尚未得到深入研究。

邻避型基础设施项目选址问题造成的社会群体事件日益增多，邻避领域现有研究成果总结了不同类型邻避型基础设施项目公众接受度的影响因素。尽管不同类型邻避设施之间潜在负面影响的严重性和可能性并不完全相同，但邻避特征的共性意味着公众接受程度的影响因素具有一定意义的普遍性。所以本章通过对邻避型基础设施项目公众接受度影响因素相关文献的综述，总结出风险感知、经济利益感知、公正感知等可以影响公众接受程度的影响因素（表 5-1）。

邻避型基础设施项目公众接受度影响因素　　　　　表 5-1

因素	发现	文献
风险感知	风险感知水平负面影响公众接受	Achillas 等，2011；Mah 等，2014；Ross 等，2014
公正感知	公平感知正向影响公众接受	Gross，2007；Wolsink，2010；Achillas 等，2011
经济利益感知	经济利益感知正向影响公众接受；经济利益感知对公众接受无显著影响	Chung 和 Kim，2009；Bearth 等，2016；Siegrist，2000；Sjöberg 和 Drottz-Sjöberg，2001；Achillas 等，2011
公众信任	公众信任正向影响公众接受	Slovic 等，1991；Chung 和 Kim，2009；Achillas 等，2011
竞争感知	竞争感知正向影响公众接受	Chung 和 Kim，2009；Dawson 等，2006；Rosati 和 Hare，2012
人口学特征	男性、年长或受过高等教育的本地居民拥有更高的接受程度；距离拟建项目越远或者已建项目越近，接受程度越高	Flynn 等，1994；Gustafson，1998；Huang 等，2013；Lima，2006；Wolsink，2007；Ren 等，2016

针对垃圾焚烧发电行业，亦有相关研究成果表明风险感知、经济利益感知和公众信任等多种因素对公众的接受程度存在影响。首先，现有研究发现潜在的风险水平决定了公众的接受程度，危险等级越高，公众感知到的风险越多，他们的接受程度就会越低（Davies，2006；Achillas 等，2011）。其次，例如 Upreti 和 van der Horst（2004）和 Davies（2006）等人提出的观点，公众对当地政府和项目建设运营企业的信任程度是决定公众对 WTE 设施接受程度的关键影响因素，实践表明公众的信任度越高，对 WTE 设施的接受程度也会越高。再者，Wolsink（2010）强调政府和项目建设运营企业不乱排放废气废水等对当地环境的保护措施，也是 WTE 设施选址中非常重要的因素。最后，统计数据显示居民与垃圾焚烧发电项目的直线距离（Lima，2006）和居民性别（Ren 等，2016）也会影响公众对 WTE 焚烧设施的接受程度。

5.2.2 公众参与对邻避型基础设施项目接受度的影响

近年来实务界在公共决策中越来越重视公众参与，特别是在与公共环境和健康有关的事项决策时积极开展听证会、公众接待日等公众参与方式（Rowe 和 Frewer，2000）。公众参与不仅符合人权方面的民主和程序正义原则（Perhac，1998），而且还可以从实践中了解公众的想法，让利益相关方都能满意。缺少公众参与环节的政策可能会导致社会公众对有关部门的不信任、抵制甚至反抗。研究发现，公众参与通过影响风险感知、公平/正义感知、公众信任等中间因素对邻避型基础设施项目公众接受度产生影响（Wolsink，2007；Chung 和 Kim，2009；Ross 等，2014）。同时，美国、瑞典、加拿大和韩国在核设施选址、创新能源技术以及垃圾焚烧发电项目方面的实践做法表明，公开决策的方式可以有效地提高公众参与度，履行公众的知情权，使具有潜在危险的邻避型基础设施项目顺利选址、建设和运营（Lidskog 和 Sundqvist，2004；Dawson 和 Darst，2006；Chung 和 Kim，2009）。提高公众参与程度可以提高邻避型基础设施公众接受度已逐渐成为学术界和实务界的普遍共识（Mah 等，2014，McComas 等，2016）。

对于垃圾焚烧发电项目的选址，Garnett（2017）等认为，基于技术的传统决策方法不再能够提供充分的决策依据，在项目前期决策阶段积极开展公众参与对建设邻避型基础设施项目至关重要。让公众参与决策非常关键，特别是满足全社会公众需求的基础设施项目。地方政府采取的非公众参与的自上而下的决策方式导致我国各地的反焚烧运动不断增多和加剧（Johnson，2013），建议提高公众在垃圾焚烧发电项目决策中的参与度（Achillas，2011）。同样，Davies（2008）研究发现，公众参与可能与 WTE 焚烧企业与公众之间的信任呈正相关。政府相关部门和项目建设运营企业模糊的风险沟通和应付式垃圾焚烧发电项目技术科普往往会降低公众对政府和企业的信任度，导致无法解决城市生活垃圾处理设施选址中的环境公平/正义问题（Snary，2002；Lima，2006）。

5.3 公众参与对垃圾焚烧发电项目接受度影响的研究假设

公众参与是一个复杂而有争议的概念，没有任何通用的定义（Sung 等，2013）。定义范围从"公民权利的分类术语"到"一个咨询、参与和告知公众的程序，以便让受决策影响的人对该决策有所投入（Smith，1983）"。公众参与在建立公平/正义、科普专业技术知识和建立共同价值观方面具有巨大潜力，可以通过影响公众风险感知和公众信任等，提高公众接受度（Ross 等，2014；McComas 等，2016）。

5.3.1 公众参与、风险感知与公众接受

Slovic 等（1997）认为，风险感知是一种直觉判断，受到诸如知识、生活背景和个

人价值判断等各种因素的影响。通常在新的、不熟悉的或具有潜在危险的领域，专家和社会大众之间的风险感知存在明显差异。关于公众态度的研究表明，公众风险感知会对具有潜在危险的设施的公众接受产生不利影响（Chung 和 Kim，2009；Ross 等，2014）。因此，有理由认为垃圾焚烧发电项目的风险感知对公众的接受度有负面影响。

公众参与在提高邻避型基础设施项目选址的公众接受度方面发挥着重要作用，通过风险沟通识别风险和降低风险，被认为是提高当地居民风险感知的有效方式（Besley，2010；McComas 等，2016）。风险沟通实际上是专家和社会公众通过双向信息交流互相表达自己观点和看法的过程，具有专业技术科普、专业问题答疑等功能，有助于公众对专业技术的深入理解（Rowe 和 Frewer，2000）。通过向公众传播相关知识，公众在参与有关风险决策时的科学辨识能力得到加强。这些研究结论为公众参与降低垃圾焚烧发电项目风险感知相关的假设提供了坚实的基础。因此本章提出以下假设：

H1a：风险感知对垃圾焚烧发电项目的公众接受度有负向影响。

H2a：公众参与对垃圾焚烧发电项目的公众风险感知有负向影响。

5.3.2　公众参与、公众信任与公众接受

"信任"具有复杂性、多重角色性和多面性（Mah 等，2014），被定义为依赖那些有技术管理或政策决策权的人的意愿（Siegrist，2000）。公众由于与相关行业没有直接关系，往往难以获得有关邻避型基础设施项目的专业技术知识，因此很多人通过信任与邻避型基础设施项目有关的政府部门和专家意见确定其接受程度（Sjöberg，2009）。在核电项目、垃圾焚烧发电项目、化学工业项目等邻避型基础设施项目中，公众接受度受到他们对地方政府和项目建设运营企业的信任程度的积极影响（Upreti 和 Van der Horst，2004；Chung 和 Kim，2009；Ross 等，2014）。为了探讨当地公众对政府和项目建设运营企业等的信任对垃圾焚烧发电项目公众接受度的影响，并验证学者们的研究结果，本章假设当地居民对政府和项目建设运营企业等的信任对公众接受垃圾焚烧发电项目有积极影响。

影响公众接受邻避型基础设施项目选址决策的因素很多，其中公平和公正感知是决定因素之一（Wolsink，2007）。在大多数情况下，公众并非直接对邻避设施选址产生反对情绪，而是对政府有关部门没有"公平竞争"感到失望（Achillas 等，2011）。公众参与对于建立民主价值观、加强政府与公众之间的信任、在监管体系中提高透明度至关重要（Rowe 和 Frewer，2000）。Sung 等（2013）研究发现，公众参与过程中存在情感依恋，例如信任、归属感和承诺。同样 Davies（2008）指出公众参与有助于建立信任关系。关于对信任的相关领域研究发现，公众参与通过影响政府办公的透明度、相关部门执法的公平／正义、项目建设运营企业的能力、参与方的表现、各方的沟通等不同方面，对公众信任产生正向影响（Mizrahi 等，2009；Sun 和 Zhu，2014；Shim 和 Park，2016）。因此，

学者们建议应该利用更民主的方式让更多的公众参与决策过程，以此提高公众对邻避型基础设施项目选址的信任度（He 等，2013；Mah 等，2014）。现有的研究为公众参与对地方政府和项目建设运营企业的信任度产生积极影响的假设提供了理论依据，因此本章提出以下假设：

H1b：公众信任对垃圾焚烧发电项目的公众接受度有正向影响。

H2b：公众参与对垃圾焚烧发电项目有关政府部门的信任度有正向影响。

5.3.3　风险感知与公众信任

由于缺乏专业技术知识背景，公众对具有潜在危险的邻避型基础设施项目的风险感知取决于他们对当地政府和项目建设运营企业的信任(Lu 等，2015)。在新技术、核电设施、转基因食品等领域，以前的研究表明更高的公众信任可以有效地减少公众对具有潜在危险的设施的抵触（Siegrist 等，2007；Liu 等，2008）。一些研究甚至认为，对当地政府的信任程度与风险感知之间的关系是相关关系而非因果关系（Stebbing 等，2006）。因此，尽管没有文献明确表明垃圾焚烧发电项目公众信任与风险感知的关系，但可以推断出公众对参与垃圾焚烧发电项目的政府部门与建设运营企业的高度信任会降低公众的风险感知。从这些推论中，提出以下假设：

H3：公众信任对垃圾焚烧发电项目的风险感知有负面影响。

综上所述，公众参与、风险感知、公众信任和公众接受度之间的假设关系如图 5-1 所示。

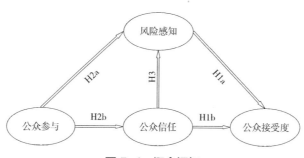

图 5-1　概念框架

5.4　公众参与对垃圾焚烧发电项目公众接受度影响的研究设计

5.4.1　量表设计及品质分析

在分析现有文献关于公众参与、风险感知、公众信任、公众接受度相关研究（Chung 和 Kim，2009；Sjöberg，2009；Huang 等，2013；Mah 等，2014；Ross 等，2014）的基础上进行问卷设计。问卷内容包括两个部分，第一部分由受访者性别、年龄、受教育程度、住所（工作场所）距离垃圾焚烧发电项目的距离等基本信息构成；第二部分主要评估四项结构变量，即：①受访者对公众参与的评价；②受访者的风险感知；③受访者对政府和项目建设运营企业的信任程度；④受访者对当地垃圾焚烧发电项目的接受程度。在问卷中每个结构变量都由几个题项组成（表 5-2），每个题型均采用李克特量表五级量表形式进行问题设置，要求受访者根据自身经验对题项的认可程度进行评分（其中 1= 非常不同意，5= 非常同意）。

测量条款及其信度 表 5-2

结构变量	题项	Cronbach's α
公众参与	S1：透明度（信息公开）	0.843
	S2：参与渠道	
	S3：社会组织	
	S4：否决权（对决策的影响）	
风险感知	S5：健康风险	0.853
	S6：环境风险	
	S7：经济利益风险	
	S8：社会声誉风险	
	S9：对传统文化或建筑风格的损害	
	S10：消极的心理影响	
公众信任	S11：公平处理程序	0.849
	S12：垃圾处理技术	
	S13：环境影响评估	
	S14：科学家与专家	
	S15：WTE 相关的企业	
	S16：地方政府	
公众接受	F1：心理接受	0.839
	F2：在实践中接受	
	F3：说服别人支持	

为确保该量表的准确性和有效性，在问卷正式发放前进行预调研。在预调研中，共邀请 100 名受访者填写调查问卷，回收有效问卷 93 份。基于预调研的数据，使用 Cronbach's Alpha 分析和探索性因子分析对问卷进行可靠性和有效性测试（表 5-2、表 5-3），预调研结果表明设计的问卷信度和效度均符合要求。

问卷的效度				表 5-3
指数	自变量			因变量
	1	2	3	1
总方差解释率	21.80%	43.57%	61.29%	75.75%
KMO 值	—	0.839	—	0.697
Bartlet 球形检验 χ^2		2006.672	—	377.864
Bartlet 球形检验 dr		120	—	3
Bartlet 球形检验 $Sig.$		0.000	—	0.000

5.4.2　抽样调查与数据收集

选择杭州九峰垃圾焚烧发电厂（九峰项目）和宁波枫林垃圾焚烧发电厂（枫林项目）为目标项目，调查对象为目标项目周边居民。九峰项目位于浙江省杭州市西郊，于 2014 年完成前期决策过程，在项目建设初期由于公众强烈的反对，在 2014 年 5 月 10 日停止了项目建设。枫林项目位于浙江省宁波市（浙江省第二大城市）东郊，于 2001 年 12 月投入运营。随着周边人口的不断增加，枫林项目被认为是环境污染问题的"罪魁祸首"，在运营过程中爆发了当地居民的抗议示威活动。由于众多抗议和投诉造成的压力，当地政府决定于 2015 年 7 月 12 日完全关闭工厂，但该厂还有 14 年的特许经营期。

根据 Ren 等（2016）发现，生活在距离 WTE 焚烧发电厂 3km 以外的受访者对垃圾焚烧发电厂的反应并不强烈，甚至还有居民并不知道任何关于项目建设的消息。然而实际上在 2015 年 5 月 9 日的抗议活动中，距离九峰项目 9.2km 的仙林镇成为公众反对最强烈的地区之一。因此，本章在综合考虑项目信息、人口分布、项目进展阶段、工厂规模、社会经济条件等因素的基础上划定了问卷调查区域。对于人口密度较高的枫林项目，最终选定以工厂为中心半径 5km 区域作为问卷调查区域。在人口较为稀少的九峰项目，最终选定的问卷调查半径为 10km。

居住在选定调查区域的居民被确定为潜在调查对象，通过分层随机抽样法在潜在受访对象中选择最终调查对象。根据每个项目调查区域的位置、人口和与 WTE 焚烧厂的距离，将每个调查区划分为城市住宅和村庄，随机选择城市住宅或村庄内的住户。九峰项目问卷调查发放于 2016 年 8 月 24 日～9 月 17 日，枫林项目发放于 2016 年 12 月 23 日～2017 年 1 月 9 日。调查过程中共发放问卷 500 份（两个项目各 250 份），回收有效问卷 391 份，其中九峰项目 200 份（有效回收率 80.00%）和枫林项目 191 份（有效回收率 76.40%），总回收率为 79.6%，符合社会调查类研究的问卷回收率要求（Huang 等，2013；Ren 等，2016）。表 5-4 中提供了受访者的社会人口学特征的统计数据。

受访者的社会人口学特征统计数据　　　　　　　　　表 5-4

项目	类别	频率	
		杭州市（人）	宁波市（人）
性别	男	103（51.50%）	106（55.50%）
	女	97（48.50%）	85（44.50%）
年龄	18 ~ 25 岁	6（3.00%）	90（47.12%）
	26 ~ 35 岁	25（12.50%）	33（17.28%）
	36 ~ 45 岁	82（41.00%）	26（13.61%）
	46 ~ 60 岁	58（29.00%）	26（13.61%）
	≥ 60 岁	29（14.50%）	16（8.38%）
教育程度	初中以下	70（35.00%）	30（15.71%）
	高中	82（41.00%）	39（20.42%）
	大专	29（14.50%）	38（19.90%）
	大学本科	16（8.00%）	79（41.36%）
	硕士及以上	3（1.50%）	5（2.62%）
与 WTE 项目的距离	≤ 500m	23（11.50%）	24（12.57%）
	500 ~ 1000m	40（20.00%）	23（12.04%）
	1000 ~ 2000m	40（20.00%）	35（18.32%）
	2000 ~ 3000m	39（19.50%）	25（13.09%）
	≥ 3000m	58（29.00%）	84（43.98%）

5.4.3　数据处理

本章的数据处理主要采用数据分析软件 SPSS 20.0 和结构方程模型分析软件 AMOS 17.0，数据处理过程分为三个步骤。第一步进行描述性统计分析，为后续评估风险感知、公众信任和公众对垃圾焚烧发电项目公众接受度的影响奠定基础。第二步探讨公众接受度是否会受到人口结构、居住区域或项目实施阶段等因素的影响。考虑到样本数据不能满足独立样本 T 检验和 ANOVA 分析要求的严格正态分布，所以分类的每组受访者中公众接受度的差异使用 Mann Whitney U 检验进行测试。人口结构特征包括性别、年龄、受教育程度以及与 WTE 焚烧厂的直线距离，以此为分类依据分析公众接受度的群体差异。第三步，采用结构方程模型验证公众参与、风险感知、公众信任和公众接受之间的假设关系（图 5-1）。

5.5 公众参与对垃圾焚烧发电项目接受度影响研究结果

5.5.1 描述性统计

风险感知、公众信任和公众对垃圾焚烧发电项目的接受程度相关变量的均值和标准差如表 5-5 所示，可以看出所有变量的得分基本都是中性的，平均值范围为 2.74 ～ 3.67 分。公众接受度（F1、F2 和 F3）相关题项得分分别为 3.31、3.18 和 3.07，表明受访者能否接受在其附近建设垃圾焚烧发电项目的结果在"中立"和"某种程度同意"之间变动。风险感知的平均范围为 2.74 ～ 3.01，落在"既不反对也不同意"与"不同意"之间。对于公众信任，均值相对较高（3.31 ～ 3.67），受访者是否愿意信任地方政府和项目建设运营企业等垃圾焚烧发电项目相关方的调查结果介于"中立"和"某种程度的同意"之间，表明公众对当地政府和项目建设运营企业的信任程度偏高。此外，描述性统计分析结果显示样本数据的峰度系数和偏度系数均低于 1.0，可以进行结构方程模型分析。

均值与标准偏差 表 5-5

结构变量	题项	均值	标准偏差
风险感知	S5	3.01	1.173
	S6	2.74	1.239
	S7	2.95	1.069
	S8	2.91	1.049
	S9	2.92	1.030
	S10	2.87	1.036
公众信任	S11	3.38	1.000
	S12	3.41	0.967
	S13	3.31	0.973
	S14	3.49	0.982
	S15	3.38	0.948
	S16	3.67	0.962
公众接受	F1	3.31	1.050
	F2	3.18	1.063
	F3	3.07	1.036

5.5.2 不同群体中公众接受度差异性分析

垃圾焚烧发电项目公众接受度的群体差异分析采用非参数 Mann Whitney U 检验，结果见表 5-6。结果表明，公众接受度除受性别影响外，同时还受到项目进展阶段、居民年龄、居民受教育水平和与 WTE 焚烧设施的距离等因素的影响。调查结果显示，杭州九峰项目周边居民表现出的公众接受程度低于宁波枫林项目周边居民（$z>0$，$p<0.05$）。通过对比不同年龄阶段的受访者的态度差异，发现 35 岁以上的受访者更不愿意接受垃圾焚烧发电项目（$z<0$，$p<0.05$）。数据结果还显示了不同受教育水平受访者调查结果的多样性，受教育水平较高的受访者（本科或以上）要比受教育水平较低的人更愿意接受垃圾焚烧发电项目（$z>0$，$p<0.001$）。在与垃圾焚烧发电项目距离方面，生活在距离垃圾焚烧发电项目 3km 以内居民的接受程度明显低于居住距离超过 3km 的居民（$z>0$，$p<0.05$）。与之前研究成果略有不同的是，性别差异分析并未发现男性和女性在风险感知和公众接受度方面存在显著差异。

人口统计学特征差异对公众接受度的影响　　表 5-6

人口特征		F1：精神接受		F2：实践中接受		F3：说服他人	
		Mean	Z^a	Mean	Z^a	Mean	Z^a
地点	在建/杭州	2.97	7.606***	2.97	5.209***	2.99	2.116*
	运营中/宁波	3.67		3.41		3.15	
年龄	≤35岁	3.56	-4.254***	3.46	-4.516***	3.17	-1.697
	>35岁	3.14		3.00		3.00	
受教育程度	<本科	3.17	4.619***	3.04	4.716***	2.97	3.323***
	≥本科	3.70		3.58		3.35	
与项目的距离	≤3km	3.20	3.046**	3.10	2.007*	2.98	2.129*
	>3km	3.51		3.33		3.21	
性别	男	3.29	0.562	3.15	0.717	3.06	0.122
	女	3.34		3.23		3.07	

备注：a 表示 With Mann Whitney U 检验；* 表示 $P<0.05$；** 表示 $P<0.01$；*** 表示 $P<0.001$。

5.5.3 结构方程分析

结构方程模型（Structural Equation Modeling，SEM）是社会科学领域量化研究的重要统计方法，适用于分析样本量在 250 ~ 500 的问卷。参考 Xiong 等（2015）、Liu 等（2018）的研究确定 χ^2 检验统计量、df、P、残差分析指标 RMR 和 $RMSEA$、绝对适配度指标 GFI 和 $AGFI$、增值适配度指标 CFI、NFI 和 TLI 等拟合度评价指标对模型进行综合评价。结构方程模型拟合优度结果见表 5-7。

模型拟合指标（*N*=391）　　　　　　　　　　　　　　　　　　　表 5-7

统计	指标范围	模型指标值	
		第一轮（初始模型）	第二轮（删除 H2a）
Chi-square		353.064	353.727
d.f.		147	148
P	*P*>0.05	0.000	0.000
Chi-square/*d.f.*	<3.0	2.402	2.390
RMR	<0.08	0.069	0.070
RESEA	<0.08	0.060	0.060
GFI	>0.90	0.908	0.908
AGFI	>0.80	0.881	0.882
CFI	>0.90	0.931	0.931
NFI	>0.80	0.888	0.888
TLI	>0.90	0.919	0.920

为了检验公众参与、风险感知、公众信任和公众接受度之间的假设关系，第一轮结构方程模型分析结果表明，除了 H2a 之外的所有假设在 *P*<0.05 水平下都是显著的。为了进一步提高拟合度及更好地理解结构变量之间的联系，删除 H2a 后进行第二轮结构方程模型分析，进一步验证其余假设。结果表明，所有的拟合指标都略有提高（例如 χ^2/df 从 2.402 降到 2.309），表明样本数据的拟合优度更好。

表 5-7 中显示了两轮结构方程模型分析的拟合指标。值得注意的是两个假设模型的显著性均小于 0.05（*P*=0.000<0.05），表明模型拟合不好。从表 5-7 中可以看出，除卡方显著度数值 *P*=0.000 不满足大于 0.05 的预设阈值外，其余适配度指标都处于拟合度优良指标临界值以上。根据 Kline（2011）的总结，*P* 值受到样本数量的影响，在大样本的情况下通常很难满足要求。当样本量很大时，可以采用 χ^2/df（<3.0）判定模型的拟合度（Xiong 等，2015）。鉴于本章中调查的样本量高达 391，采用 χ^2/df 判定模型拟合度是合理的，其值满足要求。此外，从表 5-7 中可以看出，第二轮结构方程模型的拟合度指标优于第一轮，说明第二轮结构模型与样本数据具有更好的吻合度。因此，选择在第二轮结构方程模型（删除 H2a）中呈现的构建模型作为当前研究的最终模型。

最终模型的标准化路径系数和显著性水平如图 5-2 所示。可以看出，公众参与对公众信任产生直接正向影响，同时公众信任对垃圾焚烧发电项目的公众接受度产生积极影响。此外，公众信任对垃圾焚烧发电项目的风险感知有负面影响，风险感知对垃圾焚烧发电项目的公众接受度有负面影响。

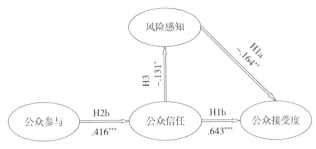

图 5-2　结构方程模型分析结果

5.6　公众参与对垃圾焚烧发电项目接受度影响研究讨论

5.6.1　讨论

本章研究发现，不同社会人口学特征的受访者对垃圾焚烧发电项目的接受度存在差异（表 5-6）。35 岁以上人群的接受程度较低，与受教育程度较低受访者的接受程度非常相似，这与 Huang 等（2013）、Mah 等（2014）等其他研究者的结论一致。这种现象的原因可能是老年人、受教育程度较低的人群对潜在风险的感知程度相对较高（Huang 等，2013），从而形成了较低的公众接受度。此外，受教育水平随着年龄而变化，年龄越大的受访者受教育水平越低。事实上，35 岁以下的受访者中至少有 50% 的人获得了学士学位，而从本次调研中 35 岁以上的人中获得学士学位的比例为 10.64%，所以年龄大和受教育程度低的人群在垃圾焚烧发电项目中均表现出较低的接受度。与 Ren 等（2016）的研究结论不同的是，本研究结果表明地理位置对公众接受度的显著影响不仅局限于 3km 以内。陈佛保和郝前进（2013）也发现，垃圾焚烧发电项目地理位置对公众接受度的影响还体现在房价上，根据对上海市 20000 多个二手房价格的空间差异的研究发现，当与垃圾焚烧发电项目的距离每减少 1.0km 时，房价下跌 3.6%。

九峰项目（在建）和枫林项目（运营中）的受访者之间的差异可能归因于两个被调查项目的不同生命周期阶段和区域特征的复合影响。公众接受度在邻避型基础设施项目的不同阶段会呈现一定的差异性，例如会随着项目进展呈现 U 形曲线变化，通常表现为项目公布前非常积极、项目公布后积极性下降、在建设运营后态度又恢复积极。在项目的不同阶段中，当地居民态度的低谷通常出现在具体项目计划被公布或政府部门开始讨论项目立项时（Wolsink，2007；Devine-Wright，2005）。本研究中刚完成选址过程并开工建设的九峰项目受到的公众接受程度最低，这与学者们之前的研究结论一致。在地区特征影响方面，以前的研究表明地区差异带来的文化背景和社会经济条件的差异会对环境风险的态度产生影响（Yano 等，2002）。尽管两个调查项目均位于浙江省，但杭州市和宁波市在社会经济条件和文化背景方面仍存在明显的区域差异（Liu 等，2017）。所以本章研究结果进一步印证了区域差异对垃圾焚烧发电项目公众接受度的影响。

大量的研究表明男性比女性更容易接受潜在的环境风险（Harris 和 Jenkins，2006），然而本次调研数据结果并不支持这一结论。根据 Flynn 等（1994）的研究，与环境和健康风险感知相关的性别差异可能受到民族和文化特征以及权力、地位和信用等社会政治因素的重大影响。本研究与学者们之前的结论不一致的原因之一可能是由于风险感知的性别差异归因于文化差异，现有文献中得出风险感知性别差异的研究大多数来自发达国家（如欧洲和北美），其文化特征完全不同于我国。另一方面可能源于社会环境，Greenberg 和 Schneider（1995）的研究结论或许能解释这一点：没有住房压力的居民区的性别差异显著，住房压力大的居民区的男性和女性会表现出相似的环境风险感知。此外，我国环境污染问题是现阶段一个非常严重的问题，城镇居民深切地感受到来自源源不断的环境／健康问题的压力，例如雾霾天气和地下水污染，因此男性和女性都非常希望建立一个环境友好的社会，这也可能是本研究中性别差异不显著的一个原因。

研究结果显示，信任直接或通过风险感知间接地影响公众接受度。因此，加强公众对当地政府和项目建设运营企业的信任，并减少当地居民的风险感知，是提高公众对垃圾焚烧发电项目接受程度的最合理和有效的方式。这一发现与邻避设施的文献综述中的结论保持一致（Siegrist 等，2007；Chung 和 Kim，2009；Huang 等，2013；Ross 等，2014）。同时，图 5-2 中的假设关系表明，提高公众信任度（0.643）比降低风险感知（0.164）对垃圾焚烧发电项目公众接受度的影响程度更强，这意味着应优先考虑加强垃圾焚烧发电项目相关部门与公众之间的信任感。此外值得注意的是，本章的假设模型中没有提出公众参与和公众接受度之间的直接影响关系的假设，因为大多数的研究表明公众参与更直接作用于公平／正义、风险感知、信任和价利益感知（例如 Wolsink，2007；Mah 等，2014；Ross 等，2014），而不是直接影响公众接受度。为了探索这两种假设之间所有可能的关系，本章还根据收集的数据检验了公众参与和公众接受度之间的直接影响关系，结果显示公众参与度与公众接受度之间的直接联系并不显著，同时增加公众参与对公众接受度的直接影响关系后，结构方程模型的配适度水平明显降低。所以，公众参与并不能直接影响公众接受度。

目前的研究结果验证了公众参与对公众信任的直接影响关系，这一结论与学者们之前的研究结论保持一致。Dawson 和 Darst（2006）认为影响邻避型基础设施项目选址的因素可以归纳为：透明度、信任度和民主决策。对于政府而言，从垃圾焚烧发电项目最初的决策阶段到运营阶段全寿命过程中的公众参与对项目的顺利开展非常重要。事实上，通过公众参与增强公众信任已经逐渐成为各国各地政府在邻避型基础设施项目选址中公认有效和广泛应用的策略之一（Chung 和 Kim，2009；Huang 等，2013）。

本章未能验证公众参与直接影响风险感知的假设。一方面是因为垃圾焚烧发电项目给当地居民带来的潜在风险是健康和环境风险，这被公众认为是我国企业缺乏信誉的核心领域（He 等，2013）。事实上，食品安全事件和环境污染事件的持续发生严重降低了公众对地方政府和项目建设运营企业的信心和信任感（He 等，2013）。因此，无论公众参与、风险沟通和专业技术知识科普如何有效，严重的环境污染风险都会导致公众反对垃圾焚烧发电项目。另一方面，公众参与目的不是让公众更多地了解垃圾焚烧发电技术的相关知识，而是使公众有主张公平性的权利和空间（Wolsink，2007；Rootes 和 Leonard，2009）。只有通过"允许那些受决策影响的人参与决策（Smith，1983）"实现公平才能更好地构建信任关系。因此，本章研究结论拒绝以"教育公众"为主要目的的公众参与与风险感知之间的假设关系并非完全出乎意料。

5.6.2 对各方管理的启示

1. 对政府的启示

对政府而言，首先应该改善决策程序。在制定邻避型基础设施项目决策过程中，政府应当主动将决策利益相关者纳入进来，为项目决策提供一个良好的民主氛围，从而使得各方能够充分表达各自的风险偏好。政府应当以更加包容和开放的姿态，耐心听取利益相关者的意见，鼓励公众参与决策，充分发挥各方在邻避型基础设施项目决策过程中的积极作用。

其次，促进公众广泛参与，保障公众参与的权利，提供公众参与的平台，明确公众参与的责任，完善公众参与的制度。政府部门与其用模棱两可的风险测量数据回应，还不如让民众参与到邻避设施选址的决策过程以及设施安全监管的过程中，认真并及时回应居民的意见，让他们对项目决策清清楚楚。政府部门应当针对居民指出的不足之处，成立相关小组进行讨论并展开积极回应，修订完善原有计划。

最后，优化利益补偿方案，实现补偿方式多样化，明晰经济补偿范围，构建风险补偿机制。邻避问题的实质就是一个利益博弈的过程。项目建设方通过兴建邻避设施获得利益，政府部门希望借助邻避型基础设施项目改善民生，民众大多也是对利益补偿方案不满引发邻避冲突。当前，必须改变单一化的补偿方式，合理优化补偿方案结构，逐步构建风险补偿机制，实现民众各项利益的满足。

2. 对项目建设运营企业的启示

对项目建设运营企业而言，首先应该建立健全环境评估机制。第一，收集环境信息情报并对其进行分析。不仅在项目编制阶段需要收集和分析环境信息情报，项目建设过程中也需要注意信息的反馈，从而根据实际情况调整具体安排，保证项目目标的顺利实现。第二，对项目建设地区环境进行全面评价，包括该地区的自然环境是否具有足够的环境承载力，产业结构及布局是否科学合理，人口密度、总数、分布及社会意识状况等。第三，强调环保部门的权威，保证环境评价工作的长期持续。项目建设必须在通过环保部门的环境保护评价后才能实施，若违反程序强行建设，地方政府必须严格按照法律法规相关规定对其进行处罚。在通过环保部门的环境保护评价后进行建设的项目，也要长期跟踪关注，将环境风险降到最低。第四，运营过程中环境监测需要实时进行，在每个排放口都要安装污染源自动监测系统，监测数据实时上传到运营企业和环保部门，并在企业门口进行实时展示，不定时邀请公众参观企业的运行状况。

最后，引入第三方评估。政府和公民并未掌握专业知识和理论体系，因而在公共决策的制定过程中可能会缺少科学的论证环节，第三方的有效参与可以提高决策的科学性和可行性。同时，第三方机构与利益相关各方无利益关系，能够保证邻避设施风险评估、预测等方面的可信度，有利于化解不同利益团体间的对立矛盾。

3. 对社会公众的启示

对社会公众而言，最关键的是应该积极主动地参与到与自己切身利益相关的事件当中，坚持依法化解矛盾。积极利用各种条件和途径，营造崇法的社会氛围，利用法律武器维护自己的正当权益。

5.7 本章小结

为探索垃圾焚烧发电项目中公众参与如何影响公众接受度，本章通过文献分析提出了公众参与、风险感知、公众信任和垃圾焚烧发电项目公众接受度之间的关系假设，并通过针对九峰项目和枫林项目附近居民的问卷调查收集数据，通过结构方程模型验证假设并分析不同群体之间的差异性。主要结论有：①在受访者的态度方面，公众接受度、信任度和风险感知相关的变量得分分别为中性的、偏积极的和偏消极的。②在 35 岁以上、受教育水平较低、居住在垃圾焚烧发电项目 3km 以内的居民接受程度较低。同时，项目进展阶段和区域特征也会影响公众对项目选址和运营的接受程度。③公众信任直接或者通过风险感知间接地影响公众接受度。④公众参与可以有效地增强公众对地方政府和项目建设运营企业的信任。

第6章

垃圾焚烧发电项目社会风险影响机理：
EIA与公众接受

6.1 引言

6.1.1 本章研究内容

本章旨在分析环境影响评价（EIA／环评）对垃圾焚烧发电项目社会风险的影响机理，具体研究内容分为以下三个部分：

（1）垃圾焚烧发电项目社会风险相关研究回顾。

本部分主要分析邻避型基础设施项目社会风险、垃圾焚烧发电技术、环境影响评价等相关的国家方针政策、法律法规以及中英文期刊文献和学位论文等研究性成果。通过查阅大量文献资料，分析与回顾垃圾焚烧发电项目社会风险的相关研究现状，包括社会风险表现形式、影响因素与应对策略等。

（2）环境影响评价与垃圾焚烧发电项目公众接受：理论分析。

本部分通过文献分析识别环境影响评价的影响因素，分析EIA对垃圾焚烧发电项目公众接受的影响过程，提出研究假设并构建垃圾焚烧发电项目社会风险发生的理论模型。

（3）环境影响评价与垃圾焚烧发电项目公众接受：实证分析。

基于构建的理论模型，选定上海市、南京市、杭州市、宁波市四地的垃圾焚烧发电项目作为调查案例，进行大规模问卷调查，用结构方程模型分析EIA的不同要素（实施程序规范性、环评机构可靠度、信息透明度、公众参与程度等）是否以及如何通过影响风险感知、信任感知和公平感知，并最终影响当地居民的公众接受度。

6.1.2 本章研究方法

本章主要采用理论分析与实证分析相结合的方法进行研究，拟采用的具体方法为：

（1）采用文献分析法识别环境影响评价的影响因素，根据环境管理、公共管理等领域相关研究成果分析EIA对垃圾焚烧发电项目公众接受度的影响过程；同时借鉴理论基础和现有文献成果提出研究假设，并构建EIA对垃圾焚烧发电项目公众接受度影响的理论模型。

（2）基于上述理论模型，利用文献借鉴、理论分析等设计调查问卷，基于问卷数据用 Crobach's α 系数对调查问卷进行信度分析，运用因子分析检验问卷的结构效度；利用结构方程模型验证理论模型和研究假设，并修正模型；用 U 检验（Mann–Whitney U Test）分析不同群组受试者对垃圾焚烧发电设施接受态度的差异。

本章研究的技术路线如图 6-1 所示。

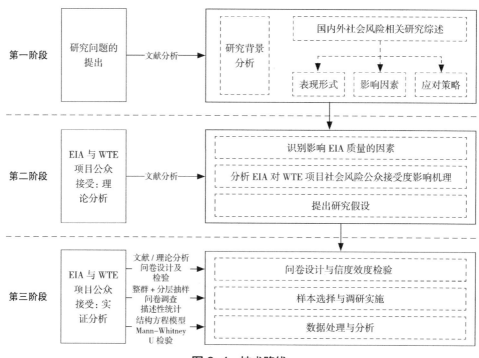

图 6-1　技术路线

6.1.3　本章拟解决的关键问题

本章拟解决的关键问题为：

（1）EIA 成效是否以及如何影响公众接受度？已有邻避型基础设施项目相关研究表明，高质量的 EIA 能够显著提升当地居民对邻避设施的接受程度。然而这一研究结论并未在我国垃圾焚烧发电行业中得到证实。因此，通过对我国邻避设施公众接受度的相关文献分析，判断 EIA 的质量是否以及如何影响垃圾焚烧发电项目的公众接受度，是本章拟解决的第一个关键问题。

（2）EIA 成效受哪些因素影响？现有成果表明，EIA 成效越高，垃圾焚烧发电项目的公众接受度越高，但垃圾焚烧发电行业 EIA 的质量受哪些因素影响尚未可知。如何通过文献分析识别 EIA 成效高低的影响因素，是本章拟解决的第二个关键问题。

（3）EIA 对公众接受度的影响机理如何？在分析 EIA 影响因素的基础上，通过实证分析研究 EIA 对垃圾焚烧发电项目公众接受的影响机理，是本章拟解决的第三个关键问题。

6.2 文献综述

6.2.1 垃圾焚烧发电项目社会风险表现形式

社会风险是导致社会冲突，危及社会稳定、平衡与可持续发展的不确定性因素。邻避型基础设施项目的社会风险及其应对受到学术界和实务界越来越多的关注。

早在 19 世纪 70 年代中期，受能源危机的影响，垃圾焚烧发电技术在美国、日本、丹麦、瑞典、瑞士等发达国家迅速发展，有关垃圾处理设施选址的邻避冲突也随之爆发。同时，荷兰、瑞典、英国等欧洲国家又因核处理设施选址问题卷入邻避风波。此后，邻避运动相继在韩国、日本、中国等多个国家出现，成为一种普遍现象（Song 等，2017；娄胜华和姜姗姗，2012。）

由邻避型基础设施项目引发的风险事件是目前最显著的社会风险之一。夏塑杰等（2018）的研究中将邻避型基础设施项目社会风险事件按危害性程度划分为不同的风险等级。而侯光辉和王元地（2015）则自制了一套邻避风险链评估指标体系，将社会稳定风险分为线上组织、线下抗议和外界关注三种形式。谭爽和胡象明（2013）将我国现阶段邻避型基础设施项目的社会风险特征概括为制度内沟通协商、争取社会支持、网络平台抗议和暴力冲突四类。姜建成（2012）认为社会风险包含现实风险与非现实风险，前者一般包括罢工、请愿、妨碍正常交通等显性风险，后者是指隐含的社会风险，在成熟条件下会向显性风险转化。何艳玲（2009）基于具体案例分析将社会风险表现形式划分为五个阶段，最初是以当面协调理论、信访等个体理性抗议方式为主；随着邻避项目逐渐为人们所熟知，抗议群体由个体发展为群体，但仍然为理性抗议；为避免事件发酵，项目暂停施工，公众停止抗议；由项目复工导致的群体性非理性抗议；暴力冲突被消解后抗议群体分流，最终留下部分个体坚持多形态抗议。李德营（2015）在其研究中提到，公众会通过在政府办公大楼、交通要道等地方大量聚集以表示不满，以示抗议，从而引发暴力冲突。黄杰等（2015）指出，在群体性事件中，民众行为包括通过媒体发布信息质疑政府行为、其余民众发出声援和街头聚众抗议等个体与集体行动。

近年来，全国各地的反焚烧运动此起彼伏，垃圾焚烧发电项目已经引发了大量的公众反对，群体性事件更是成了垃圾焚烧发电项目社会风险最为常见的表现形式，例如江苏吴江垃圾焚烧发电厂的静默抗议、南京江北垃圾焚烧发电厂的群体抗议、广东番禺垃圾焚烧发电厂的大规模抵制运动、杭州九峰垃圾焚烧发电厂的群体性事件等。

6.2.2 垃圾焚烧发电项目社会风险影响因素

根据侯光辉和王元地（2015）的邻避风险链评估指标体系，社会风险在预评价阶段以实在风险的形式存在，后演变为中评价阶段的感知风险，最终在后评价阶段表现为外显社会风险。本章主要从感知影响的角度综述国内外社会风险影响因素。

王佃利和王庆歌（2015）认为我国邻避困境形成的主要原因是政府封闭式决策、公民诉求无门、专家面临社会信任危机等，各相关方对邻避型基础设施项目的风险感知存在巨大的差异且无法得到有效沟通。而刘冰（2015）将邻避设施选址公众接受度的影响因素归结为风险感知、政府信任、经济动机、人口学特征和其他诉求五个维度，重点考量前三者对某市 PX 项目公众接受度的影响，研究表明公众对不同经济补偿方案均表现出抵触情绪，政府信任对塑造公众态度起正向作用，而风险感知则相反，且政府信任与公众态度的相关性较风险感知更强。刘冰后期的实证研究探讨了风险感知、预期收益、政府信任、程序公正对公众邻避态度的影响，研究结果表明风险感知、预期收益和公众对政府的信任度直接影响公众态度，而程序公正通过影响风险感知和政府信任间接影响公众态度。

朱德米等（2013）对环境风险转变社会风险的演化机制进行了论述，指出 EIA 的有效性大打折扣会导致环境风险演变为社会风险。吴云清等（2017）认为公众对环保认识的深入以及环境补偿机制的不到位，邻避效应会日益加剧。Chung 和 Kim（2009）总结了当地居民接受潜在危险设施的影响因素，包括风险、利益、需求、公平、信任等的感知以及公众参与、科学知识、文化背景、政治态度、人口特征等，并利用结构方程模型分析了竞争、经济利益、信任和风险感知对邻避设施选址过程中公众接受度的影响，结果显示风险感知表现出最强的负向影响，经济利益感知表现出最强的正向影响。Kim 等（2014）考察了知识、信任、风险和利益等相关因素对 19 个国家核能公众接受度的影响，研究结果表明在核能接受度较低的国家，公众普遍认为了解核检验知识比信任检验机构更重要，而对于核能接受度较高的国家，公众把对检验机构的信任比对核检验知识的认知看得更重。Daphne 等（2014）对核能的认知风险、关键利益相关者的信任程度和公众参与进程的有效性进行考察，通过 logistic 回归分析，得到人口统计、信任和公众参与的有效性是影响核能公众接受度的主要因素，解释了公众反对核能源的原因，研究还指出尽管公众参与度被冠以极高的重要性，但公众参与的有效性并不可观。Ross 等（2014）的研究开发并测试了饮用水再利用项目的信任、风险和公众接受度社会心理模型，结构方程模型分析表明，程序公平（例如提供准确的信息等）能增强社区成员对水管理局的认同感，共同的社会认同反过来又通过增加来源可信度影响信任，即信任度越高，风险感知越低，接受程度越高。

具体到垃圾焚烧发电领域，杨雪锋和孙震（2016）研究发现公众接受度受利益感知、信任感知和风险感知等因素的直接影响，受公众参与的间接影响，决定垃圾焚烧发电项目的建设能否顺利推进，其中利益感知和信任感知对接受态度起正向影响，风险感知起负向影响，并指出社会文化背景、人口统计变量等因素也会对公众接受态度产生一定的影响。刘强（2017）指出如果政府在解决"邻避困境"时采用了不当的处理方式，则会导致公众对政府的不信任贯穿整个邻避冲突过程。邓旭（2017）认为在垃圾焚烧发电行业实践中忽视社会因素对项目的影响、忽视利益相关者的参与是导致 WTE 项目建设受阻的重要因素。

因此，Moy 等（2018）提议将经济和社会影响、环境正义、公平感知等因素纳入城市固体废弃物管理的决策，以此提高 WTE 设施的公众接受度。Liu 等（2018）的研究证实公众参与可以提高当地居民对政府和其他相关部门的信任，降低居民的风险感知，进而提升 WTE 项目的公众接受度，且距离垃圾焚烧发电厂较近的低学历长者对 WTE 项目表现出最为强烈的抵触情绪。

6.2.3 垃圾焚烧发电项目社会风险应对策略

熊光清（2006）认为化解社会风险的重点在于建立健全利益分配与协调机制，可以从全民角度树立利益公平分配观念、合理化利益分配机制、提高国家能力与公民社会能力、加强国际安全合作等方面一步步强化。谭爽和胡象明（2013）为我国邻避型基础设施项目社会风险防控提出了五条针对性对策，包括法律保障体系的完善、债责分配机制的推进、信息沟通平台的巩固、应急保障水平的提高以及专家咨询系统的搭建。

何羿和赵智杰（2013）从 EIA 角度提出了规避邻避效应的对策建议：增强参与主体之间的信任，完善法律法规制度建设，优化环评顶层设计和操作平台，提高公众参与的工作级别和内容要求，加强环评技术研究以及多方协作配合。Achillas 等（2011）认为环境管理人员要说服公众相信他们一直在为风险控制而努力，以此提高居民对当地政府的信任度。郁金国（2017）认为 EIA 在规避邻避效应中起了"强化公众参与度"的作用，同时指出，EIA 会因"技术水平不高、难以取得公众的深度认知和信任"等问题难以缓解邻避效应。

王佃利和王庆歌（2015）则借鉴美国、日本、韩国、澳大利亚、丹麦等国的经验，提出通过共识会议实现公民的有效参与是规避邻避效应的重要举措。胡象明和王峰（2013）通过分析中国式邻避事件的成因和发展过程，提出应秉持自愿、预防、公平和沟通等防治原则改变封闭式立项决策程序、健全利益补偿机制、做好相关知识的宣传普及、强化利益主体间的沟通联系，做到主动调解邻避冲突。胡象明（2016）还结合具体案例分析，得到应对敏感性工程社会稳定风险的关键在于通过提高信息透明度和公众参与度、优化利益补偿方案以减轻公众的感知风险。陈佛保和郝前进（2013）则认为风险削减机制和公众参与机制等减轻设施风险的措施是缓解或消除公众邻避情结最直接的方式，从经济学角度来看，构建合理的回馈和补偿机制是解决邻避冲突最有效的办法。

具体到垃圾焚烧发电项目领域，Song 等（2013）从政治、经济、社会、技术、环境和法律等角度分析了我国垃圾焚烧发电行业宏观环境，针对不同方面提出了缓解公众反对的有效办法，例如改进现有的政策和规章，建立有效的监督与合作机制，调查和评估项目引起的问题，向当地居民公开更多的运营信息等，借此提高垃圾焚烧发电项目的透明度。张向和等（2011）从人性公平视角出发，指出解决 WTE 邻避冲突的根本在于对人性公平的坚持，并设计了基于人性公平原则的 WTE 邻避问题化解机制，即通过健全相关法律法规、规范个体行为以确保人性公平、完善立项决策的相关程序满足人性最大化需求、设计针对性的邻避冲突解决方案维护人性制度的稳定。刘强（2017）指出如果政府在选址决策、EIA 环节加大力度，成效会比在后续环节采取事后补救式处理大得多，同时建议通过大力推进公众参与环评、完善听证会制度、保证专家参与中性化等措施缓解邻避效应。邓旭（2017）认为要降低垃圾焚烧发电项目的社会影响和风险，就要做好财务评价、技术评价、EIA 以及社会影响评价。

6.2.4　现有研究综合评述

目前国内外关于垃圾焚烧发电项目社会风险的相关研究主要表现为以下几点：首先，在全球化背景下，国际社会的社会风险表现出极强的一致性和相通性，由邻避设施选址问题引发的群体性事件已成为跨越政治、地理边界的社会风险主要表现形式。其次，学者们已普遍达成共识：信任感知、利益感知和风险感知是影响垃圾焚烧发电项目公众接受度的主要直接因素，其中信任感知和利益感知对提高公众接受度有正向作用，风险感知起反向作用。但是从各因素对公众接受的影响程度来看，研究结论尚有分歧。此外，还有少数学者分析了环境影响评价、程序公正、人口统计变量、竞争等因素对垃圾焚烧发电项目公众接受度的影响，但是还未得到广泛讨论。因此，本章将从 EIA 视角，提炼环境影响评价质量的影响因素，分析环境影响评价对垃圾焚烧发电项目社会风险的影响机理。

6.3　环境影响评价与垃圾焚烧发电项目公众接受度：理论分析

6.3.1　环境影响评价概述

1. 环境影响评价简述

环境影响评价是指对规划和建设项目、区域开发计划及国家政策实施后可能造成的环境影响进行分析、预测和评估，从而提出预防或者减轻不良环境影响的对策和措施。环境影响评价的对象包括大中型工厂、大中型水利工程、矿山、港口及交通运输建设工程、大面积开垦荒地、围湖围海的建设项目，对珍稀物种的生存和发展产生严重影响，或对各种自然保护区和有重要科学研究价值的地质地貌产生重大影响的建设项目。目前环境影响评价已成为环境决策中的一项基本制度，是实现科学决策的依据和前提。

我国的环境影响评价制度是在借鉴国外、结合我国国情的基础上逐步发展起来的。美国于 1969 年最先提出"环境影响评价"的概念，并在《国家环境政策法》中将它定为制度，随后西方各国陆续将这项制度推广开来。1979 年，我国颁布的《中华人民共和国环境保护法（试行）》首次规定了这项制度。1981 年，国务院有关部门出台《基本建设项目环境保护管理办法》，并于 1986 年颁布修改补充文件，对我国的环境影响评价制度做了具体的规定：凡从事对环境有影响的建设项目，都必须进行环境影响评价，实行环境影响报告书或报告表的审批制度；未经审批的项目，一律不准上马。

2. 环境影响评价流程

环境影响评价的工程程序主要包括分析判定建设项目选址选线、规模、性质和工艺路线等与国家和地方有关环境保护法律法规、标准、政策、相关规划、规划环境影响评价结论及审查意见的符合性，并与生态保护红线、环境质量底线、资源利用上限和环境准入负面清单进行对照，作为开展环境影响评价工作的前提和基础。环境影响评价工作一般分为三个阶段，即调查分析和工作方案制定阶段、分析论证和预测评价阶段、环境影响报告书（表）编制阶段，具体流程见图 6-2。

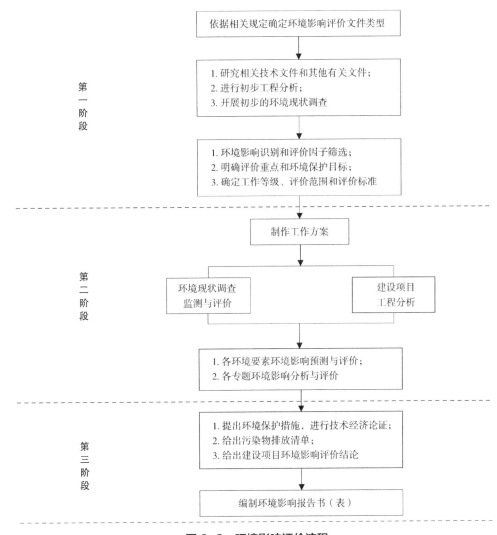

图 6-2　环境影响评价流程

6.3.2 环境影响评价质量影响因素

1. 实施程序

关于环境影响评价实施程序，Ortolano 等（1987）将环境影响评价的有效性分成五个维度进行测量，分别为程序的规范性、环评文件准备的充分性、环评方法的正确性、对决策的影响程度以及对环境和经济平衡的考量。Loomis 等（2018）在其分类的基础上进行优化，并通过大量文献综述，将环境影响评价的有效性定义为程序性、实质性、交易性及规范性四个维度。刘冰（2016）、Smart 等（2014）均认为程序有效是 EIA 成效的保证。

Pölönen 等（2011）对影响芬兰 EIA 成效的因素进行了剖析，研究表明利益相关者之间的不正当联系会严重损害环评效果其至阻碍环评工作的有序开展，而公众参与可以大幅度提升环评决策的质量，加强环境影响评价方面的立法和指导则是改善环评成效的关键因素。此外研究还指出，芬兰的高质量环评得益于地方政府对环评过程的严格把控和对环评质量的严密监督，地方权威法律机构的参与也使得芬兰的环评制度凸显出明显的优势。同时，环评机构对环评过程透明度和客观性的把控，以及提高公众参与过程透明度在很大程度上影响环评质量。何羿和赵智杰（2013）指出环境影响评价除了存在体制不健全、技术不完善的问题外，还有不被公众信任、不为社会熟知等因素影响 EIA 过程和降低 EIA 成效，使得邻避效应无法得到及时有效的规避。此外，环评有效性还会受到环评报告篇幅和技术性质、环评目的明确性、工作范围界定、利益相关者的关系、公众感知偏见等因素的影响（Smart 等，2014）。

2. 环评机构

Swangjang（2018）认为由专业的机构执行环评过程可以提高决策过程的质量。何羿和赵智杰（2013）的研究表明民众对环评报告书（全面性、准确性、严谨性、实践性）、环评数据与依据、环评机构的资质和权威性以及公众参与情况等都存在不同程度的疑虑。杨美临等（2017）对影响环评效果的因素进行了分析，认为建设单位环境法律意识和责任感亟待增强，环评机构能力建设和质量管理仍然不到位，环评评估队伍和专家考核机制尚待完善，环评机构管理和审批部门能力建设仍待加强，环境监测及基础研究等第三方支撑能力不足，上层规划和项目设计未能有效地融入环境理念，环评信息交流和信息共享不充分。同时明确指出各相关方（建设单位、环评机构、专家团队、审批和监测部门）具备的专业能力和责任感是影响环评成效的关键因素。

山东省生态环境厅印发了《山东省建设项目环境影响评价文件质量考核办法》，规定将选址、布局、规模等不符合法律法规、基础数据资料不实、评价方法不当的环评文件判定为零分，强调了对环评机构弄虚作假、环保部门工作人员和评审专家违法违规等行为的相应处理，对参与环评的各单位和部门起到一定的警醒作用。

3. 信息公开

王峥（2010）对我国环评信息公开情况做了总结，认为现阶段的环评信息公开质量普遍偏低，主要体现在信息公开体制不健全、公开节点不明确、公开效果不显著、公开形式单一、公开内容不全面等多方面，因此确保信息公开环节的质量是促进环评工作顺利推进的重中之重。换言之，信息公开的质量决定着环境影响评价的质量。钟卫红和王翠红（2013）研究信息公开方式的科学性（深度、广度、实效性）对公众参与有效性起直接决定作用，只有保证信息公开的形式多样性、信息可及性、内容全面性和反馈高效性，才能为环境影响评价的高质量奠定坚实的基础。

4. 公众参与

环境影响评价的有效性取决于公众参与的程度。Swangjang 等（2018）都认为公众参与是环评不可或缺的组成部分，O'Faircheallaigh（2010）称，环境影响评价程序的成功很大程度上取决于公众参与的水平，Hasan 等（2018）对这一观点表示支持。他们指出确保公众参与不同阶段的环境影响评价至关重要，公众参与的类型、性质和过程对项目的成败起着决定性作用。Aung（2017）认为缺乏公众参与的 EIA 有效性较低，Cashmore 等（2014）提出公众通常会因为无法参与环评而对其结果产生怀疑，所以公众参与是环评工作中很重要的一部分。朱德米和平辉艳（2007）的研究表明公众参与在深度、广度、形式以及有效性等方面决定着环评报告的质量。此外，黄荷（2007）在其研究中指出，规范的程序、健全的制度、公开透明的信息、便捷的沟通机制、畅通的民意表达渠道以及公众对环评的认知度都能确保公众的有效参与。在法规制度方面，我国《环境影响评价公众参与办法》（生态环境部令第 4 号）于 2019 年 1 月 1 日起施行，亦进一步强调了公众参与环评的重要性。

6.3.3 环境影响评价对垃圾焚烧发电项目公众接受的影响机理

Larsen 等（2018）指出环境影响评价是一个重要的因素，决定了邻避型基础设施项目的实施是否会引起邻避冲突。环境影响评价通过评估人为活动可能对环境产生的重大影响，提出预防或减轻不良环境影响的对策和措施，确保项目的可持续发展，其本质在于减轻影响而非报告规划决策（Barker 和 Wood，1999）。

邻避型基础设施项目公众接受度低的一个具体表现就是邻避型群体事件的相继爆发。杨美临等（2017）指出，环评质量和效果不高会影响项目的正常推动，甚至引发群体性事件。强婧等（2017）明确表示提高 EIA 水平、确保 EIA 成效，可以有效地抑制邻避型基础设施项目群众抗议事件。胡小雨（2015）的调研结果表明，政府通过严格监管 EIA 工作，可以从根本上遏制邻避事件的发生。

黄锡生和何江（2016）在描述邻避型基础设施项目环评制度的功能定位时表示，环评制度依托民主决策化解邻避冲突，当环评结果由公众参与形成时，他们会更愿意接受选址决策。王沛雯（2015）认为选址决策过程不公开、运行信息不透明导致的环评报告失真是邻避问题的一个重要成因。王惠等（2017）以加拿大邻避型基础设施项目为例，认为环评报告的涉及面不够广以及环评程序、环评信息的透明度不够都是引起邻避冲突的主要原因。顾莹（2014）研究发现邻避冲突得以形成，社会第三方（环评机构）难辞其咎，根本原因在于其编制的环评报告仅限于形式，缺少实地调研、民众参与等核心环节。低质量的环评报告无法取得公众的信任，爆发邻避冲突也是民众的无奈之举。王蕾（2016）认为高质量的 EIA 要求环评机构做到客观、公正、可靠，这也意味着环评人员不仅要积累丰富的工作经验，还要有足够高的思想道德素质，这些都是提升邻避型基础设施项目公众接受度的关键所在。

Li 等（2012）指出，虽然《中华人民共和国环境影响评价法》遵循了公众参与环境影响评价的原则，但公众的程序权利在 EIA 实践中是否有效履行尚存争议。总体来说，民众之所以对邻避设施表现出十分抵触的情绪，很大程度上是因为环评工作并没有帮助他们获取更多的社会资源和知识科普，公众参与的效果也无法从根本上得到改善。Pölönen（2011）等指出环境影响评价具有一定的隐蔽性，尽管环评已经应用于越来越多的项目，但在很多方面其影响都是间接的。基于此，本章认为 EIA 对垃圾焚烧发电项目公众接受度影响机理见图 6-3。

图 6-3　EIA 对垃圾焚烧发电项目公众接受度影响机理

6.3.4　研究假设

1. 环境影响评价、信任感知和公众接受度

Siegrist 和 Cvetkovich（2000）认为信任是一种依赖关系，是指在技术、政策应用过程中，相信制定决策、具体实施的主体责任人的一种主观信念。Warkentin 等（2002）和 Cho 等（2015）指出在信任关系中，委托人会认定受托人将以自身利益最大化为目的行事，故而自愿承担风险。Siegrist 和 Cvetkovich(2000)，Sjöberg(2009)以及 Liu 等（2018）称，多数行业外个体会因难以获取足够多的有关邻避型基础设施项目的信息而选择根据行业专家的意见确定自己的接受水平。Chung 和 Kim（2009）、Mah 等（2014）、Ross 等（2014）、Molnar 等（2018）通过对核电、垃圾处理与化工行业的研究表明当地居

民对政府、行业专家与运营商的信任程度对邻避型基础设施项目公众接受度有着正向的影响关系。

环境影响评价是一项在全球范围内实施的政策工具，用于规划大型项目时确保对环境和社会影响程度，以及对民主决策过程的综合考虑。Larsen 等（2018）分析了环境影响评价在可再生能源项目实施冲突中的作用，认为低质量的环境影响评价会降低公众对政府的信任，从而导致邻避冲突的产生。王凯民和檀榕基（2014）也提到加强环评信息公开可以提升公众对政府的信任值。为了进一步探讨环境影响评价如何影响当地居民对地方政府、环评机构、评审专家等的信任感知以及垃圾焚烧发电项目的公众接受度，本章提出以下研究假设：

H1a：当地居民信任感知对垃圾焚烧发电项目公众接受有显著的正向影响；

H2a：垃圾焚烧发电项目环境影响评价对当地居民信任感知有显著的正向影响。

2. 环境影响评价、风险感知和公众接受度

风险感知（Risk Perception）是公众对邻避型基础设施项目负面影响的概率与后果的综合判断。Slovic 等（1991）称，在心理学上风险感知是形成公众态度的基础性因素，公众（个体）通常对未知的、不可控的、灾难性的风险因素产生更深的担忧。Siegrist 和 Cvetkovich（2000）认为个体风险感知受个人经验、文化知识和价值观的影响，在专家与普通群众之间有所不同。黄杰等（2015）认为社会风险之所以会演化为社会冲突，根源在于不同主体之间存在风险感知的差异。Ross 等（2014）、Chung 和 Kim（2009）的研究表明：在核电、垃圾处理设施、废水处理厂等邻避型基础设施项目建设过程与运营中，居民的风险感知越高，则公众接受度越低。Lima 等（2004）认为人们对风险的感知是影响垃圾焚烧发电项目公众接受度的重要因素。同时，侯光辉和王元地（2014）早期的研究指出环评的制度缺陷是造成公众感知风险累积的导火索，其后期研究中提及环评公示内容、时限、范围的不合理会诱发公众的不满情绪，加重公众的风险感知。因此，本章提出以下研究假设：

H1b：当地居民风险感知对垃圾焚烧发电项目公众接受有显著的负向影响；

H2b：垃圾焚烧发电项目环境影响评价对当地居民风险感知有显著的负向影响。

3. 环境影响评价、公平感知和公众接受度

张向和（2011）提出人性公平概念，指出人在经济社会活动中不仅会关注自身所得与他人利益，还会表现出倾向于平等、互惠、互利的一系列行为，对整体的公平感知会左右他们对邻避型基础设施项目的接受度。Rahardyan 等（2004）在研究中提出承担其他城镇产生的垃圾造成的负担和在受访者所处社区建设垃圾处理设施均会妨碍公众对社会的公平认知，从而降低垃圾焚烧发电设施的公众接受度，这一点得到王亭（2012）的印证。Gross（2007）的研究结果显示，公平是人们在日常交往中所期待的，但关于基础

设施发展选址或使用自然资源的决定往往因损害公众利益而被认为是不公平的，容易引发群体性抗议。Bruhn-Tysk（2002）指出正确执行环境影响评价能有效地促进代内和代际公平。因此，本章提出以下研究假设：

H1c：当地居民公平感知对垃圾焚烧发电项目公众接受有显著的正向影响；

H2c：垃圾焚烧发电项目环境影响评价对当地居民公平感知有显著的正向影响。

4. 公平感知和风险感知

公平是决定公众对风险接受程度和忍耐程度的关键因素，Keller 和 Sarin（1988）指出当人们感知到风险被公平分配时，他们将更加乐意接受风险。王威（2018）认为可以通过萨德曼的"移动跷跷板"理论引导民众的情绪，因为在风险传播过程中，公众对风险发生的可能性与危害程度的判断会左右他们的情绪，当危害性与可能性达到平衡时，公众感知的风险便会降低，促使其做出更加高效、合理的决策行为。为验证上述研究结论，本章提出以下研究假设：

H3：垃圾焚烧发电项目当地居民公平感知对风险感知有显著的负向影响。

5. 信任感知和风险感知

信任是一个复杂的概念，具有多重性和多面性，Brecher 和 Flynn（2002）、Poortinga 和 Pidgeon（2003）都认为信任是风险管理的先决条件。Alhakami 和 Slovic（1994）、Finucane 等（2000）、Bearth 和 Siegrist（2016）在各自的研究中指出，人们在面临抉择时会基于基本认知和私人情感对风险作出相应的判断。公众由于缺乏专业知识而基于对政府、行业专家的信任判断邻避型基础设施项目带来的风险与收益（Cha，2004）。因此，Chung 和 Kim（2009）、Stebbing 等（2006）的研究都将信任作为影响居民风险感知的关键指标之一，认为公众对其他主体的不信任会导致他们在对风险感知的理解上出现偏差。因此本章提出以下研究假设：

H4：垃圾焚烧发电项目当地居民信任感知对风险感知有显著的负向影响。

EIA 作为垃圾焚烧发电项目建设要过的头道关卡，既是保障公众参与和程序公正的核心环节，也是提高公众信任感知的关键所在，对 EIA 进行高质量管理在垃圾焚烧发电项目邻避冲突的规避中起着决定性作用。在 EIA 实践中，实施程序规范性、环评机构权威性、信息可及性和公众参与有效性四个方面作为 EIA 成效的评价标准，总结得到公众参与在深度、广度、形式及有效性等多方面决定着环评报告质量；信息共享不充分、公开方式过于单一、公开时间不及时、可获取程度低等也会降低 EIA 成效；环评机构的资质和权威、环评工作人员的专业素养、环评程序的正义性、环评体制与司法保障机制的完善程度等都对 EIA 质量有着不可忽视的影响。综上所述，本章整合上述研究假设，建立如图 6-4 所示的理论模型。

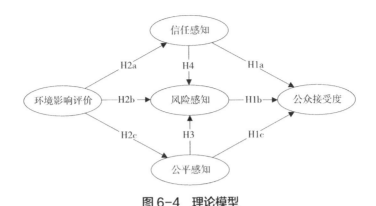

图 6-4　理论模型

6.4　环境影响评价与垃圾焚烧发电项目公众接受度：实证分析

本节在已构建的理论模型的基础上，设计实证分析的调查问卷，详细描述问卷调查的抽样方法、范围与过程、案例项目概况以及调研的具体实施过程，在对收集的问卷数据做了信度和效度分析和初步描述性统计分析的基础上，用结构方程模型分析验证理论模型，做出合理修正后分析不同群组调查对象对垃圾焚烧发电项目接受态度的差异，并对分析结果进行讨论。

6.4.1　问卷设计与量表品质分析

1.问卷设计

本研究的调查问卷由两部分构成（调查问卷见附录 D），第一部分由受访者性别、年龄、受教育程度、住所（工作场所）与垃圾焚烧发电项目的距离等基本信息构成；第二部分调查受访者对环境影响评价、公众接受度、公平感知、风险感知和信任感知的主观感受。问卷测量条款设计主要参考朱红昆和崔胜利（2011）、朱德米和平辉艳（2013）、杨美临等（2017）、Pölönen 等（2011）、Wolsink（2010）和 Liu 等（2018）的研究。其中，环境影响评价从环评程序规范性、环评机构权威性、环评信息可获取性、信息共享及时性、公众参与多样性及参与结果有效性等方面进行测量；公平感知考虑他人对项目的接受程度、为他人承担负担的意愿、对项目在附近建设的理解程度、对接受项目行为的批判程度、接受项目建设的勉强程度、被论据说服的容易程度、与自身平等观的相符程度和对项目建设在别处的渴望程度；风险感知从身体健康、生态环境、房产价值、社会声誉、心理压力、传统产业等角度展开测量；信任感知通过公众感知到的选址过程公平性、设备技术安全性、环评结果可靠性、专家评审公正性、企业运营合法性及政府监管到位程度展开测量；公众接受度的测量工作从建设项目是否必要可行、自身是否支持项目建设、能否说服亲友支持项目建设这三个指标着手。各潜变量的观测指标构成见表 6-1。

潜变量及观测指标构成　　　　　　　　　表 6-1

潜变量	观测指标	因素载荷量	Cronbach's α	CR
环境影响评价	体制健全程序规范（S1）	0.590***	0.737	0.736
	环评机构权威可靠（S2）	0.545***		
	信息可获取程度高（S3）	0.564***		
	环评信息共享及时（S4）	0.529***		
	公众参与形式多样（S5）	0.503***		
	公众参与结果有效（S6）	0.557***		
公平感知	其他人也不会接受（S7）	0.511***	0.804	0.834
	不愿承担他人负担（S8）	0.548***		
	在附近建设不公平（S9）	0.581***		
	接受建设是愚蠢（S10）	0.607***		
	必须建设故不拒（S11）	0.644***		
	论据充分就会接受（S12）	0.527***		
	不同于我的平等观（S13）	0.631***		
	应当建在其他地方（S14）	0.617***		
风险感知	危害居民身体健康（S15）	0.627***	0.778	0.787
	导致本地环境恶化（S16）	0.676***		
	房产经济价值下降（S17）	0.604***		
	影响居民社会声誉（S18）	0.560***		
	造成居民心理压力（S19）	0.575***		
	损害传统文化产业（S20）	0.593***		
信任感知	选址过程公平公正（S21）	0.548***	0.747	0.780
	设备技术环保安全（S22）	0.535***		
	环评结果真实可信（S23）	0.524***		
	专家评审诚实公正（S24）	0.570***		
	运营企业循规合法（S25）	0.607***		
	政府监管工作到位（S26）	0.677***		
公众接受度	建设项目必要可行（F1）	0.738***	0.832	0.874
	支持本地项目建设（F2）	0.848***		
	说服亲友支持建设（F3）	0.793***		

备注：**** 表示 P<0.001。

2. 信度分析

信度（Reliability），表示使用相同的方法重复测量某一固定对象所得结果的一致性程度，也称为可靠性。本章采用 Cronbach's α 系数作为各潜变量的信度指标检验问卷信度。一般来说，在社会科学研究中 Cronbach's α 系数高于 0.7 表示量表信度较好，处于 0.6 ～ 0.7 也可接受，如低于 0.6 不予接受。笔者通过 Cronbach's α 系数对变量进行可靠性检验，结果见表 6-1，所有分量表的 Cronbach's α 值均在 0.7 以上，可见本量表具有良好的内部一致性。

3. 效度分析

测量模型结构效度检验一般包括内容效度、收敛效度、区分效度和法则效度。本问卷除环境影响评价分量表的测量指标为文献分析所得外，其余分量表均来自已有研究的成熟量表，可以认为问卷具有较好的内容效度，故研究直接对总体样本进行验证性因子分析（Confirmatory Factor Analysis，CFA）。收敛效度（Convergent Validity，又称为聚敛效度或聚合效度）是指相同潜在特性的观测变量之间具有高度的相关性，并在同一潜变量层面表现出较高的因素负荷量，观测变量的同构性越高，模型收敛效度越好（吴明隆，2013）。本章从因素负荷量与组合信度两方面评估收敛效度。

根据 Amos 分析结果中的标准化因素负荷量及观测变量的误差方差计算出各潜变量的组合信度（Composite Reliability，CR）（表 6-1），从表 6-1 中可以直观地看出，5 个潜变量的 CR 值都在 0.7 以上，对应的标准化因素负荷量均在 0.5 以上，且在 0.001 水平下全部显著，因此，可以认为模型的收敛效度较好。同时，对各维度进行 KMO 检验和 Bartlett 球形度检验，得到所有潜变量的 KMO 值均在 0.7 以上，且 Bartlett 球形度值显著（表 6-2），表明各变量之间存在相关关系，适合做因子分析。

因子分析结果 表 6-2

		环境影响评价	公平感知	风险感知	信任感知	公众接受度
KMO 值		0.807	0.856	0.825	0.815	0.703
Bartlett 球形检验	χ^2	410.151	753.910	535.983	440.574	481.313
	dr	15	28	15	15	3
	$Sig.$	0.000	0.000	0.000	0.000	0.000

区别效度（Discriminant Validity）是指任一潜变量对应的观测变量与其余观测变量之间存在显著的差异或较低的相关性。AMOS 中一般采用卡方差异检验法（Chi-square difference test）检验量表的区分效度，比较限制模型（潜变量间协方差限制为 1）与未限制模型（潜变量间协方差为自由估计参数）的卡方值差异量，当卡方值差异量大且显著，说明两个潜变量之间的相关性较低，反之，说明测量模型区分效度不理想。此外，

还可以将两个潜变量的测量变量反映成单一因素，通过比较原模型与新模型的卡方值差异量判断潜变量间的区分效度。但最严谨的检验方法是比较潜变量间相关系数的平方与平均方差提取量（AVE）的大小，若两个潜变量间的相关系数均大于各自的 AVE，则模型具有良好的区分效度（吴明隆，2013）。

根据 AMOS 分析结果中的因子荷载（标准化路径系数）和测量误差计算出各潜变量的 AVE 值，由表 6-3 可知，每两个潜变量间的相关系数（绝对值）均小于单个潜变量 AVE 的平方根，由此判定各潜变量的内部相关性均高于外部相关性，即各潜变量间的区分效度良好。

由上述分析可知，本研究调查问卷信度、效度检验均符合要求。

潜在变量区分效度测量表（协方差矩阵）　　　　　　　　表 6-3

	环境影响评价	公平感知	风险感知	信任感知	公众接受度
环境影响评价	0.564	—	—	—	—
公平感知	0.206***	0.622	—	—	—
风险感知	−0.239***	−0.290***	0.619	—	—
信任感知	0.210***	0.246***	−0.259***	0.632	—
公众接受度	0.23***	0.239***	−0.291***	0.289***	0.835

备注：矩阵的对角线数值为 AVE 平方根，其他为潜变量间的相关系数，*** 表示 $P<0.001$。

6.4.2　样本选择与数据收集

1. 抽样方法与范围

垃圾焚烧发电项目在全国范围内广泛实施，且涉及居民众多，通过对所有垃圾焚烧发电项目邻避居民进行社会调查进行实证研究，既不经济也无必要。因此，在综合考虑实证调查成本、内容及数据精度要求的基础上，本章决定采用抽样的方法进行问卷调查。从统计学的角度来说，垃圾焚烧发电项目社会风险调查可以近似看成是无限总体的不重复抽样。统计学中有关抽样的调查方法大体上分为四类，且其特点与适用范围均不相同，需要根据实证调查目的和总体相关特性确定，不同抽样方法的含义与特点为：①简单随机抽样（Simple Random Sampling）。根据随机原则直接从总体（N）中抽取样本（n），是抽样的最基本方法。②分层抽样（Stratified Random Sampling）。将母体按照某种统计特征分成 n 个不同且互不重叠的类型，成为总体的 n 层，在不同抽样层中按照不同的抽样率进行抽样，并将各层样本组合成总的抽样样本。③系统抽样（Systematic Sampling），又称为等距抽样，是指在抽样前以某种标准将所有单元（个体）依次编号，在规定的范围内随机抽取 1 个单元作为起点，以后每间隔 t 个单元抽取 1 个单元。④整群抽样（Duster Sampling），先按某种特征将总体分成若干个群体，再以上述分群作为抽样单位，从中抽取一部分群体进行群体总量分析。

四种抽样方式优缺点对比

表6-4

抽样方法	优点	缺点
简单随机抽样	实施简单，误差分析比较容易	前期需要了解的信息比较全面，所需样本规模较大且误差较大
分层抽样	通过分层将各层个体之间的差异变小，抽样精度比较有保障	抽样过程比较复杂，样本数量较大的社会调查一般采用该抽样方法
系统抽样	实施简单，只有起始单元需要随机抽取，不容易出现差错	方差分析难度大，抽样误差不稳定
整群抽样	操作简单，方便组织且可节省时间与成本	误差比简单随机抽样更大，样本代表性比其他抽样方法稍差

从表6-4中可以看出，不同抽样方法各有利弊，在实际应用中，应当秉持"误差满足要求、资源投入适中"的基本原则，并综合考虑样本抽取的代表性、抽样调查的可实施性和对总体特征的了解程度进行选择。垃圾焚烧发电项目社会风险调查的抽样方式，应根据抽样调查目的、抽样对象的特征以及调查程序与工作组织的特点，进行系统的分析与设计。因此，本章对垃圾焚烧发电项目邻避居民的总体特征进行分析，以选取更加科学的社会调查抽样方法。

居民特征方面，因垃圾焚烧发电项目大多建设在大城市的郊区，人口密度较小，发展较为缓慢，年轻人多外出务工，因此当地常住居民以50岁以上年龄段人群为主，学历普遍在初中及以下，甚至有可能存在不识字的情况。此外，因信息获取的路径较少及邻避设施相关知识的匮乏，还会出现"以讹传讹"的情况，容易导致部分居民的意见不客观。此外，距离垃圾焚烧发电项目的远近也可能导致公众意见的不同。

地域影响方面，垃圾焚烧发电项目大范围应用于我国地区，在进行垃圾焚烧发电项目社会风险调查时，地域影响同样不可忽视。一方面，不同地域的经济发展状况、WTE项目发展程度等不尽相同；另一方面，地域不同会造成受访者对垃圾焚烧发电项目的社会认知存在显著差异。

基于此，为了最大限度地契合社会调查总体的相关特征，确保抽样调查样本与总体的一致性，本章参照李金昌（1994）、陈军（2006）有关分层抽样与整群抽样相结合使用的相关理论，确定本章实证样本的抽样方法——分层整群抽样法（分层抽样与整群抽样相结合）。主要步骤为：①将中国所有垃圾焚烧发电项目作为总体，根据地域归属将其划分成不同的子抽样母本；以地级市作为群体划分依据，将每个子抽样母本划分成不同的群体；②利用随机原理及整群抽样的相关规则，抽取每个子抽样母本的抽样调查群体；③以邻避居民距离项目的远近为分层标准，按照分层抽样的相关原理与规则进行不同抽样层的抽样，并将各层样本组合成总的抽样样本。

2. 抽样过程

科学的研究应从研究目的出发，遵循科学的抽样程序，选取合适的样本数量与数据收集方法，确保科学研究结论的科学性与可靠性。研究基于前文确定的抽样方法与范围进行抽样调查与数据收集，确定以下抽样过程：

（1）确定调查对象。本章旨在考察垃圾焚烧发电项目社会风险中环境影响评价对公众接受度影响关系的作用机制，而垃圾焚烧发电项目公众接受度受居民特征和地域特征影响因素的制约，在这两个维度上呈现出非均匀分布形态。因此，在确定实证调查对象时，所有垃圾焚烧发电项目邻避居民均可以作为本次实证研究的调研对象；同时在进行样本选取时，居民特征和地域特征的影响会对实证调查结果产生直接影响，必须予以重点考虑。

（2）随机抽样。基于上述分析结果，利用分层整群抽样法对研究对象（母本）进行样本抽取，确定杭州市、宁波市、南京市、上海市四地各一个垃圾焚烧发电项目的邻避居民作为抽样子母本，在抽样子母本邻避居民中进行随机抽样。四个垃圾焚烧项目分别是上海天马生活垃圾焚烧发电厂、江北垃圾焚烧发电厂、杭州九峰垃圾焚烧发电厂项目、宁波市海曙区明州生活垃圾焚烧发电项目。选择上述四个项目的原因为：从所处年代来看，四个项目均处于近三年内开始运行的项目，周边居民对其敏感度较高，若年代久远则环境影响评价尚未得到普及，研究价值不大，得到的结论对今后的政策建议可能存在较大的差异；从区域来说，本次调研选择长三角地区的四个典型一、二线城市，均属于我国垃圾焚烧发电项目启动较早、应用较为广泛的区域，关于环境影响评价的政策与应用相对完善。

杭州九峰垃圾焚烧发电厂项目为本书第 4 章分析的案例，其余三个案例简介如下。

上海天马生活垃圾焚烧发电厂由上海环境集团投资成立的上海天马再生能源有限公司负责建设和运营。该项目是上海市年度重点建设项目，位于上海市松江区佘山镇以西，占地面积 13 公顷，红线内总投资 13.5 亿元，于 2012 年正式立项，2015 年顺利点火投产。其中，一期工程日处理垃圾 2000t，年发电量超过 3 亿度，预留二期工程日处理垃圾 1500t。主要接收松江区、青浦区生活垃圾，对其进行减量化、资源化和无害化处理，现已正式进入商业运营。本研究调研地点位于朱家角镇，朱家角镇下辖 28 个村民委员会、11 个居民委员会，调研选取了距离垃圾焚烧发电项目 3km 范围内的白米湾、长桥村和界泾村。朱家角镇是上海市保存最完整的江南水乡古镇，也是中国第一批特色小镇，1991 年被上海市政府命名为四大历史文化名镇之一，同时享有"上海威尼斯"的美誉。在天马生活垃圾焚烧发电厂建设与运营过程中，由于青浦区部分受影响居民未获得拆迁安置，又担心垃圾焚烧发电厂在附近建设会波及自身健康及房产价值，因此多次爆发小规模的群体性事件（李长江，2003）。

江北垃圾焚烧发电厂原计划在 2009 年兴建，后因选址不合理而被否决，后迁至南京市浦口区，于 2012 年正式上马。该项目由南京环境再生能源有限公司投资，建设规模为日处理生活垃圾 2000t，年可焚烧处理垃圾 66 万 t，项目位于浦口区星甸街道，占地约 218 亩，焚烧线采用 4 台 500t 的往复式机械炉排焚烧炉，设置 4 台最大连续蒸发量为 46.2t/h 的余热锅炉，2 台装机容量为 20MW 的凝汽式汽轮发电机组，年发电量约为 $2.1 \times 108kW \cdot h$，总投资约 10.7 亿元，目前一期工程已投入运行。调研地点位于星甸街道，下辖 9 个村、5 个社区、219 个居（村）民小组、总面积 $141.19km^2$，毗邻老山国家森林公园，有华严庵古文化遗址、华严寺、九峰寺、斩龙桥、晾夹庙等旅游景点。江北生活垃圾焚烧发电厂在建设和运营过程中，严格执行了 3km 范围内村庄拆迁安置的政策，除了极少量"钉子户"因拆迁款问题不愿意搬走外，绝大多数村民被安置在星甸镇政府旁的安置小区，当地居民对补偿力度较为满意。

宁波市海曙区明州生活垃圾焚烧发电项目由宁波明州环境能源有限公司投资建设，于 2014 年 6 月动工，2017 年 6 月落成，是垃圾焚烧行业的标杆项目，有"浙江省工业旅游示范基地"之称。项目总投资 14 亿元，占地面积 8.2 万 m^2，总建筑面积 5.47 万 m^2，其中主厂房建筑面积 4.86 万 m^2，一期工程装有 3 台 750t 的焚烧炉，日处理生活垃圾 2250t，可以处理宁波每天生活垃圾的三分之一，发电装机容量为两台 25MW 凝汽式汽轮发电机组和两台 30MW 的发电机。截至 2017 年 12 月 14 日，这座生活垃圾焚烧发电厂共接纳生活垃圾约 35 万 t，极大地缓解了宁波海曙、鄞州等区垃圾环保处置压力，同时发电 1.3 亿千瓦时，实现了生活垃圾真正意义上的无害化、减量化和资源化。

（3）样本规模分析。在样本调查与数据分析之前，确定合适的样本数量至关重要。Bagozzi 和 Yi（2012）认为样本量至少为 100 且 200 以上结果更加可靠，否则样本非正态性风险会影响测量结果的准确性。Boomsma（1982）认为 400 以上的样本数才适合线性结构方程模型。综合以上观点，同时考虑实证调查成本以及无法避免的不能及时回收与不合格问卷，本研究拟发放 500 份调查问卷，并将有效样本数量拟定在 400 份左右。

3. 调研实施

调研时间为 2018 年 5 ~ 6 月，四个城市的调研在两个月内完成，确保问卷结构在时间维度上的一致性。针对多数居民年龄偏高、学历偏低的特点，本次调研采取入户走访的形式，对当地居民进行一对一问卷调查，为不识字的居民讲解问卷题项，尽可能保证每一份问卷结果都在受访者充分理解题项后得出，提高问卷的回收率和有效率。同时，为了避免一家人或邻居出现完全相同的不客观选项，一个家庭中尽量只选择一人填写问卷。

此次调研总计发放问卷 500 份，回收 427 份，回收率为 85.4%。剔除存在缺失值、打分不客观或过于极端、同质（互斥）题项打分不协调等问卷后，回收有效问卷 401 份，有效回收率达 80.2%，明显高出一般类似研究问卷调查的有效回收率，但同 Huang 等（2013）、Ren 等（2016）的问卷有效率相当，符合社会学研究的回收率标准。各地问卷发放量、回收量、有效回收量、回收率及有效回收率见表 6-5，受访者人口特征信息统计见表 6-6。

问卷发放与回收量统计 表 6-5

统计变量	城市				总体
	上海市	南京市	杭州市	宁波市	
发放量（份）	138	112	123	127	500
回收量（份）	109	110	105	103	427
回收率	78.0%	98.2%	85.4%	81.1%	85.4%
有效回收量（份）	95	105	101	100	401
有效回收率	68.8%	93.8%	82.1%	78.7%	80.2%

受访者人口特征统计 表 6-6

统计变量	分类	人数（人）（占比）			
		上海市	南京市	杭州市	宁波市
性别	男	57（60%）	47（44.76%）	55（54.46%）	52（52.00%）
	女	38（40%）	58（55.24%）	46（45.54%）	48（48.00%）
年龄段	18～25 岁	3（3.16%）	9（8.57%）	7（6.93%）	12（12.00%）
	26～35 岁	13（13.68%）	20（19.05%）	17（16.83%）	21（21.00%）
	36～44 岁	25（26.32%）	22（20.95%）	17（16.83%）	27（27.00%）
	45～60 岁	38（40%）	28（26.67%）	30（29.7%）	22（22.00%）
	60 岁以上	16（16.84%）	26（24.76%）	30（29.7%）	18（18.00%）
受教育程度	初中及以下	68（71.58%）	57（54.29%）	44（43.56%）	57（57.00%）
	高中或中专	22（23.16%）	36（34.29%）	35（34.65%）	25（25.00%）
	大专	4（4.21%）	11（10.48%）	18（17.82%）	12（12.00%）
	大学本科	1（1.05%）	1（0.95%）	3（2.97%）	4（4.00%）
	硕士及以上	—	—	1（0.99%）	2（2.00%）
与 WTE 设施的距离	500m 以内	6（6.32%）	—	10（9.9%）	—
	500～1000m	5（5.26%）	30（28.57%）	24（23.76%）	—
	1000～2000m	34（35.79%）	47（44.76%）	26（25.74%）	52（52.00%）
	2000～3000m	50（52.63%）	18（17.14%）	38（37.62%）	37（37.00%）
	3000m 以上	—	10（9.52%）	3（2.97%）	11（11.00%）

从表6-6中可以看出，受访者男女比例适中，年龄分布符合总体人口特征，亦与确定抽样方法时所做的调研区域居民特征分析相符。同时，由于本次调研对象的住所（工作场所）与WTE设施的距离集中在3km以内，而该范围内分布的多为村落，留守的人群以低文化程度的青壮年、中老年为主，因此，受访者受教育水平普遍在高中及以下，大专及以上学历仅占14%。从整体上来看，可以认为样本分布符合总体相关特征且具有代表性。

6.4.3　数据分析与处理

1. 数据处理

本研究的数据分析与处理主要分为三个步骤：首先通过对调查数据的描述性统计分析，分析数据整体分布趋势与分布特点，为下一步的结构方程模型分析奠定基础；其次通过拟合调查数据与预设理论模型分析验证垃圾焚烧发电项目社会风险发生机理，从环境影响评价视角探索公平感知、风险感知和信任感知对垃圾焚烧发电项目公众接受度的影响；最后，根据受访者的性别、年龄、受教育程度、住所（工作场所）与WTE设施的距离等特征，通过两独立样本U检验分析不同群组受试者对WTE设施接受态度的差异。数据分析所用的软件为SPSS 22.0与AMOS 22.0。

2. 描述性统计分析

表6-7中给出了所有变量的描述性统计结果。从表6-7中可以看出，环境影响评价、公平感知、信任感知的均值区间分别为2.12～2.3、1.78～2.26、2.06～2.18，说明环评质量不尽如人意，政府、运营单位等主体的行为能力也无法服众，当地居民的公平观与WTE设施的选址原则亦少有契合之处，总体来说他们并不看好垃圾焚烧发电项目的建设，故而在对WTE设施的公众接受度方面，表现出极低的接受水平（1.62～1.78）。同时，风险感知均值介于3.79～4.14，表明公众难以承受邻避风险之重。

另外，结构方程模型要求研究数据必须服从正态分布，即样本数据中值与中位数相近，偏度系数小于2且峰度系数小于5。表6-7中的描述性统计结果显示，问卷中所有观测变量的峰度系数与偏度系数均满足要求，表明样本数据结构符合多变量正态性假定（Multivariate Normality），可以用最大似然估计法（Maximum Likelihood Estimation，MLE）对模型进行参数估计。

描述性变量统计结果　　　　　　　　　　　表6-7

因素	指标	峰度系数	偏度系数	均值	标准差
环境影响评价	S1	−0.344	0.345	2.28	0.982
	S2	−0.3	0.198	2.3	0.906

续表

因素	指标	峰度系数	偏度系数	均值	标准差
环境影响评价	S3	−0.218	0.545	2.24	1.048
	S4	−0.613	0.279	2.23	0.962
	S5	−0.363	0.450	2.12	0.919
	S6	−0.083	0.546	2.19	0.959
公平感知	S7	−0.802	0.439	2.05	0.958
	S8	−0.094	0.793	1.78	0.818
	S9	−0.598	0.455	2.02	0.898
	S10	−0.749	0.341	2.26	0.982
	S11	−0.039	0.784	1.8	0.838
	S12	−0.866	0.202	2.03	0.809
	S13	−0.367	0.701	2.06	1.003
	S14	−0.51	0.549	2.02	0.958
风险感知	S15	0.341	−0.931	4.14	0.902
	S16	0.372	−0.964	4.11	0.960
	S17	−0.389	−0.716	4.07	0.962
	S18	−0.472	−0.697	3.95	1.051
	S19	−0.237	−0.704	4.02	0.958
	S20	−0.416	−0.471	3.79	0.994
信任感知	S21	−0.041	0.602	2.06	0.898
	S22	−0.528	0.293	2.09	0.864
	S23	−0.699	0.139	2.12	0.829
	S24	−0.435	0.314	2.16	0.899
	S25	−0.451	0.323	2.11	0.843
	S26	−0.225	0.443	2.18	0.915
公众接受度	F1	1.219	1.088	1.78	0.848
	F2	2.278	1.438	1.71	0.872
	F3	1.536	1.379	1.62	0.872

3. 结构方程模型分析

参考 Xiong 等（2015）、Liu 等（2018）的研究确定 χ^2 检验统计量、df、P、残差分析指标 RMR 和 $RMSEA$、绝对适配度指标 GFI 和 $AGFI$、增值适配度指标 CFI、NFI 和 TLI 等拟合度评价指标对模型进行综合评价。

结构方程模型匹配结果如表 6-8 所示。从表 6-8 中可以看出，除卡方显著度数值 $P=0.000$ 不满足大于 0.05 的预设阈值外，其余适配度指标都处于拟合度优良指标临界值以上。根据 Kline（2011）的总结，P 值受到样本数量的影响，在大样本的情况下通常很难满足要求。因此，本次调查问卷数高达 401 份，可以采用 χ^2/df 作为替代指标评价模型的适配性，当 $\chi^2/df < 3.0$ 时说明模型的拟合度良好。因本模型 $\chi^2/df = 1.697 < 3.0$，故可以认为预设模型契合度较佳。

模型适配结果（N=401）   表 6-8

适配度指标	临界值	预设模型检验值	修正模型检验值
Chi-square	—	626.264	626.860
$d.f.$	—	369	370
P	> 0.05	0.000[b]	0.000[b]
Chi-square/$d.f.$	< 3.0	1.697[a]	1.697[a]
RMR	< 0.05	0.041[a]	0.041[a]
$RMSEA$	< 0.05	0.042[a]	0.042[a]
GFI	> 0.9	0.903[a]	0.903[a]
$AGFI$	> 0.8	0.885[a]	0.885[a]
CFI	> 0.9	0.929[a]	0.929[a]
NFI	> 0.8	0.845[a]	0.844[a]
TLI	> 0.9	0.922[a]	0.922[a]

备注：a 表示达到标准值，b 表示未达到标准值。

从预设模型的运行结果（图 6-5）来看，环境影响评价对公平感知、风险感知和信任感知均显著，其中 EIA 对风险感知（H2b）的显著性水平为 0.05，对信任感知（H2a）和公平感知（H2c）的显著性水平为 0.001，且信任感知对公众接受度（H1a）也在 0.001 水平上表现出显著的正向影响，而风险感知对公众接受度（H1b）在 0.01 水平上表现出显著的负向影响。此外，公平感知对风险感知（H3）、信任感知对风险感知（H4）也表现出不同显著性水平的负向影响。因此，除公平感知对公众接受度起显著正向影响的假设（H1c）外，其余假设均已得到验证。

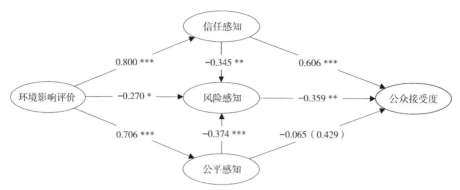

备注：* 表示 *P*<0.05；** 表示 *P*<0.01；*** 表示 *P*<0.001。

图6-5　预设模型分析结果

为了更好地厘清潜变量之间的影响关系，研究剔除被拒绝假设 H1c 对预设模型进行修正，修正模型适配结果见表 6-8，得到运行结果如图 6-6 所示。就模型拟合结果来看，修正前后几乎没有差异。但删除的不显著路径对其他路径的显著性提升略有帮助，例如信任感知对风险感知、风险感知对公众接受度的显著性水平由预设模型的 0.01 提高到 0.001，即修正模型中除假设 H2b 外，其余路径均达到高水平显著。

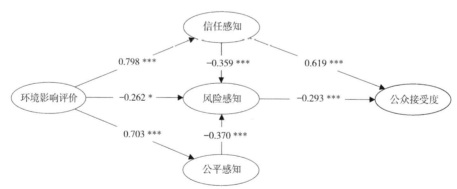

备注：* 表示 *P*<0.05；** 表示 *P*<0.01；*** 表示 *P*<0.001。

图6-6　修正模型分析结果

4. 人口统计学特征差异分析

本章根据人口统计特征（性别、年龄、受教育程度、与 WTE 设施距离），将受访者分成 8 个群组（表 6-9），通过两独立样本的 U 检验分析不同群组受试者对 WTE 设施接受态度的差异。检验结果显示，受访者的年龄和受教育程度对公众接受度的影响差异显著，相较于年长者（35 岁以上）和低教育程度（高中及以下学历）的居民而言，年轻人（35 岁以下）和高教育程度（大专及以上学历）的居民更容易接受 WTE 设施在当地的建设，但总体接受度仍处于较低水平。性别和受访者住所（工作场所）与 WTE 设施的距离对当地居民的接受态度并没有显著的差异，同样人口统计特征下两独立样本之间的平均值差值仅为 0.01 ~ 0.18，说明各自变量的两个样本对项目建设的必要性、支持项目建设的程度、劝说朋友支持项目建设的可能性均表现出较为一致的看法。

两独立样本 U 检验结果 表6-9

人口统计特征		公众接受度					
		F1		F2		F3	
		平均值	Z	平均值	Z	平均值	Z
性别	男	1.77	-0.903	1.68	−1.290	1.60	0.505
	女	1.78		1.75		1.65	
年龄	≤ 35 岁	1.98	-2.658**	2.01	−3.580***	1.83	−2.408*
	> 35 岁	1.71		1.61		1.55	
受教育程度	高中及以下	1.71	3.463**	1.64	3.188**	1.56	2.763**
	大专及以上	2.18		2.12		2.00	
与 WTE 设施的距离	≤ 2km	1.74	0.407	1.62	1.725	1.55	1.193
	> 2km	1.82		1.84		1.72	

备注：* 表示 $P<0.05$；** 表示 $P<0.01$；*** 表示 $P<0.001$。

6.4.4 讨论

第一，基于 401 个有效样本的结构方程模型分析表明，环境影响评价对公众风险感知、信任感知和公平感知的影响均为显著，其中对信任感知和公平感知表现为显著的正向效应，对风险感知表现为显著的负向效应，验证了 Larsen 等（2018）、王凯民和檀榕基（2014）、侯光辉和王元地（2014）、Lima 等（2004）关于环评要素对邻避设施公众感知的研究。当地居民的信任感知对垃圾焚烧发电项目公众接受度具有显著的正向影响关系，风险感知对公众接受度具有显著的负向影响关系。这一研究结论与 Chung 和 Kim（2009）、Ross 等（2014）、Liu 等（2018）、Owusu 等（2012）、Mah 等（2014）、Molnar 等（2018）、Eiser 等（2002）、Siegrist 等（2007）、Wolsink（2010）关于邻避型基础设施项目公众感知相关的研究结论一致。

第二，关于公众感知之间的相关影响，本研究证实了信任感知和公平感知都对风险感知有着显著的负向影响，从而与 Cha（2004）、Chung 和 Kim（2009）、Stebbing 等（2006）达成共识。此外，年轻人受教育程度普遍高于年长者，因此年龄和受教育程度对公众接受度的影响存在必然的联系。本研究的观点与之相符，由两独立样本 U 检验结果可知，年龄和受教育程度对公众接受度的影响均为显著，且年轻人与高学历者对垃圾焚烧发电项目的接受度总体高于年长者与低教育学历的人。

第三，公平感知对公众接受度的显著负向效应在本研究中未能得到验证，但并不表示问卷调查显示的当地居民的低接受度与其公平感知无关。在本研究中，公平感知虽然不直接作用于公众接受度，但会通过影响风险感知从而影响公众接受度。

在不同人口统计特征对公众接受度影响方面，检验结果显示性别差异对居民的接受态度并无显著影响，尽管大多数研究认同男性、女性对风险的接受能力的确有显著差异，且女性明显低于男性，但也有学者提出不同社区压力对男女感知风险的差异程度存在影响，生活在无压力社区的居民会有显著的性别差异，而居住在重压社区的男性、女性感知到的风险相似，这就很好地解释了性别差异对公众接受度的不显著影响（Harris 和 Jenkins，2006；Greenberg 和 Schneider，1995）。

至于受访者的住所（工作场所）与 WTE 设施的距离对其接受度并无显著影响，一方面因为本次收集的问卷中，距离 WTE 设施 3km 以上的样本仅有 24 份，不足以充分说明远距离居民对 WTE 设施的接受态度。另一方面，以 2km 为界进行两独立样本 U 检验，未发现显著差异，说明距离 WTE 设施 3km 的居民均对 WTE 设施的建设持有强烈的反对态度，可见在 WTE 设施近距离范围内公众接受度并无明显差异。张乐和童星（2014）指出，远离邻避设施的居民往往会因相关知识的欠缺与切身体验的不足而依赖于间接经验对风险做出判断，这种假想式的判断会夸大项目的风险、扭曲事实的真相，最终导致邻避情节过分强烈。人们对邻避设施的态度往往是积极的，但当项目选址距离自己过近而可能产生环境风险时，公众往往出于私心而进行抵制。项目的突然投产使得公众不得不重新考量其利弊，但这并不意味着反对动机的产生仅是由于邻避设施对人体安全距离的越来越近。因此，受访者的住所（工作场所）与 WTE 设施的距离对其接受度不显著也有理可依。

第四，在公众接受度影响因素的相对重要性上，本研究得到信任感知是居民接受态度的最大影响因素，进一步印证了之前的研究结论，意味着公众对垃圾焚烧发电项目的接受程度更容易受到其主观信任度的影响。因此，垃圾焚烧发电项目社会风险应对的重点应放到构建政府的公众信任上，因为当地居民信任度的提高能明显降低其风险感知的水平，亦可显著提升其对垃圾焚烧发电项目的接受度。

6.5 本章小结

本章构建了环境影响评价、风险感知、信任感知、公平感知与公众接受度之间的机理模型，探讨了环境影响评价是否以及如何影响公众接受度，得到的研究结论为：

（1）研究所列环境影响评价的测量指标对 EIA 的影响均为显著，按因素负荷量由大到小对各观测变量进行排序，依次为环评程序规范性、公众参与结果有效性、环评信息可获取性、环评机构权威性、信息共享及时性、公众参与多样性。

（2）研究表明环境影响评价对信任感知和公平感知表现为显著的积极效应，对风险感知表现为显著的负面效应，信任感知和公平感知对风险感知均表现为显著的负向影响。

（3）风险感知对公众接受度表现为显著的负向影响，而信任感知对提高垃圾焚烧发电项目的公众接受度具有明显的促进作用。

（4）受访者的性别和住所（工作场所）与 WTE 设施的距离对其接受度并无显著影响，年龄和受教育程度对其接受度的影响均为显著，年轻人和高学历者相比年长者和低学历者接受程度更高。

第7章

垃圾焚烧发电项目社会风险影响机理：
经济补偿、利益感知与公众接受

7.1 引言

7.1.1 本章研究内容

本章主要分析经济补偿、利益感知对垃圾焚烧发电项目社会风险的影响机理，具体的研究内容为：

（1）经济补偿、利益感知与垃圾焚烧发电项目公众接受：理论分析。

通过查阅国内外相关文献，对邻避型基础设施项目公众接受度影响因素进行梳理，深入分析经济补偿、利益感知、风险感知、信任感知与垃圾焚烧发电项目公众接受之间的影响关系，提出研究假设并构建经济补偿影响垃圾焚烧发电项目公众接受的理论模型。

（2）经济补偿、利益感知与垃圾焚烧发电项目公众接受：实证分析。

基于上述理论模型进行实证研究假设；利用文献分析、基础理论分析等设计调查问卷并进行信度、效度分析；将第6章所选的垃圾焚烧发电项目作为调查案例进行问卷调查，并进行结构方程模型分析验证假设。

（3）经济补偿方式与垃圾焚烧发电项目公众接受：差异性分析。

在明确经济补偿对垃圾焚烧发电项目公众接受的影响机理的基础上，通过ANOVA检验，比较与分析采取不同补偿方式的城市生活垃圾焚烧发电项目公众接受的差异性，为政府相关决策提供理论支撑。

7.1.2 本章研究方法

本章主要采用定量的实证研究方法，探索经济补偿对垃圾焚烧发电项目公众接受度的影响机理，比较与分析不同经济补偿方式对垃圾焚烧发电项目公众接受度的影响程度差异，具体研究方法为：

（1）文献综述＋案例分析。本章通过检索和查阅"邻避效应""公众反对"和"垃圾焚烧厂"相关文献，对国内外相关学者的研究进行梳理和总结，归纳垃圾焚烧发电项目社会风险的表现形式、影响因素与应对策略。同时选取近年来国内外关于经济补偿对垃圾焚烧发电项目设施选址运行造成较大影响的案例，分析其选址过程中公众对经济补偿额的接受度，提出公众利益感知对垃圾焚烧发电项目公众接受度的影响。

（2）理论分析＋文献分析。通过环境管理、公共管理等领域的已有模型，结合现有文献中关于邻避型基础设施项目选址的相关文献，分析研究经济补偿、利益感知与垃圾焚烧发电项目公众接受之间的作用路径与影响机理，构建经济补偿影响垃圾焚烧发电项目公众接受的理论模型。

（3）问卷调查＋数据统计分析。利用文献借鉴、理论分析等设计调查问卷；利用四个垃圾焚烧发电项目作为调查案例，进行大规模问卷调查。采用 SPSS 22.0 软件进行数据的信度和效度分析来进行初步的检验和处理，再进行描述性分析、因子分析；运用结构方程模型，建模分析各因子之间的关系，检验研究假设。在明确经济补偿对垃圾焚烧发电项目公众接受的影响机理的基础上，采用 ANOVA 检验，比较与分析不同经济补偿方式对垃圾焚烧发电项目公众接受的影响程度差异，本章的技术路线见图 7-1。

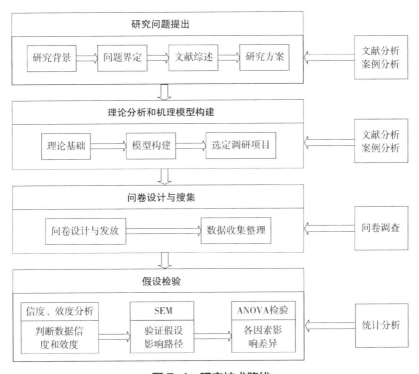

图 7-1　研究技术路线

7.1.3　本章拟解决的关键科学问题

本章从不同的经济补偿方式入手，以公众利益感知作为桥梁，研究垃圾焚烧发电项目的公众接受度。首先要明确利益感知与公众接受度是否存在直接关系，在此基础上构建假设模型，分析不同的经济补偿方式如何影响公众利益感知，从而如何影响居民的公众接受度。此外，不同的经济补偿方式的影响程度是否存在差异、存在哪些差异也是本章考虑的问题。综上所述，本章拟解决以下三个问题：①公众利益感知是否影响垃圾焚烧发电项目的公众接受度？②不同经济补偿方式如何通过影响公众利益、信任和风险感知影响居民的公众接受度？③不同的经济补偿方式在提升公众接受度方面是否存在显著差异？

7.2 文献综述

7.2.1 国外邻避型基础设施经济补偿与公众接受相关研究

经济补偿是有效解决邻避型基础设施项目公众反对问题的方法之一，受到国内外学者的广泛关注。Bacow（1982）等从经济学角度出发，认为邻避型基础设施项目的建设会导致周边不动产价值下降、投资企业撤离和当地居民利益受损，从而引发周围群众反对。Baumol 和 Oates（1988）对经济补偿的结果进行研究，提出若造成的影响为常见的负外部性，则不应该补偿负外部性承受者，因为若负外部性承受者受到补偿，则会减少其防卫行为，那么负外部性影响范围和程度将会扩大，从而使更多的人成为负外部性承受者。针对这一观点，Saha 和 Mohai（2005）从补偿外部性承受者的理论基础出发，证明对非负外部性承受者进行经济补偿具有合理性。

Aldrich（2005）基于政策学提出了强制、参与、补偿和劝服四种用于解决邻避现象的方式，并指出美国和新加坡提倡使用以结构类与补偿类相结合的做法。Chung 和 Kim（2009）通过研究韩国庆州的案例，得出居民的利益感知对公众接受度的影响大于风险感知和信任感知。案例研究发现庆州市的居民选择接受潜在的危险设施，因为该设施潜在的经济利益巨大，即当地居民认为风险危害程度不高，不足以掩盖设施可能带来的经济效应。

然而还有一部分国外学者研究认为，经济补偿与当地居民对邻避型基础设施的接受度之间并无确定的因果关系，而是受到其他因素的影响。Kunreuther（1996）等发现大部分邻避型基础设施项目的补偿制度都能够达到预期，但对于具有高风险的设施，其补偿措施的作用微乎其微。Garrone（2012）提出补偿金会被视为对当地受影响群众的一种"贿赂"，从而导致邻避居民产生更强烈的反弹式抗议，达不到预期的效果。Frey（1996）等通过对瑞士某放射性废物处理场的研究，发现居民支持度随着补偿金额度的上升出现了下降→稳定→上升的 U 形结构现象。这种现象表明，经济补偿对居民支持度会在不同阶段呈现提高和降低两种截然不同的作用，而经济补偿与居民支持度的复杂关系正是这两种效应叠加的结果。

7.2.2　国内邻避型基础设施经济补偿与公众接受相关研究

在我国邻避型基础设施项目相关研究中，台湾和香港学者开始得比较早。黄燕如（1988）等学者总结出邻避型基础设施的特点，这类公共设施的特征是利益为全体公民所有，但需要项目附近居民承担成本，且一般来说距离越远的居民对邻避型基础设施的接受度越高。李永展和何纪芳（1996）以台北城市圈为研究范围，从环境行为的角度计算出邻避指数（表 7-1）。关于邻避现象的治理，台湾和香港学者的研究主要涉及经济补偿、公众参与等途径。李国平（2013）、萧代基（1996）、丘昌泰（2002）、谭鸿仁等（2005）从社区的角度分析邻避现象，强调以社区作为媒介，能够体现共同的生活空间和高度的社会凝聚感，并用以解决邻避现象，同时要注意避免国家利益和个人利益的冲突。香港学者 Lam（2007）等通过对香港地区邻避型基础设施项目的实证研究，得出建立信任和加强风险沟通有利于提高公众对邻避型基础设施项目的接受度。李永展（1998）提出，空间冲突在于政府部门与公众认知不同、利益分配不均、资源分配不均以及信息传播不准确，建议从补偿回馈、民众参与及风险减轻三个方面管理冲突问题。汤京平和陈金哲（2005）认为应从"多赢"的角度解决垃圾处理场的社会冲突，将垃圾处理场的日常建设和运营私有化，能够降低风险危害程度。

邻避型基础设施的邻避效应等级指数　　　　　　　　表 7-1

等级	邻避效果	邻避指数	设施名称
一级	不具有邻避效果	0	图书馆、博物馆、公园等
二级	具有轻度邻避效果	0 ~ 18	学校、车站、医院等
三级	具有中度邻避效果	18 ~ 44	高速公路、抽水站、自来水厂等
四级	具有高度邻避效果	44 ~ 100	垃圾焚烧厂、飞机场、核能发电厂、变电所、加油站等

随着垃圾焚烧厂等邻避型基础设施的大量修建而引发的群体性事件逐年增多，近年来国内对邻避现象的研究逐渐引起重视，尤其是 2010 年以来相关期刊文章数量开始增多。当前国内学者对邻避现象的研究主要集中在理论分析，即邻避效应的定义、产生原因等，关于邻避现象治理的实证研究较少（汤汇浩，2011）。

邻避危机通常是通过网络传播到小规模组织再到大规模抗争的过程，呈现高度的复杂性和不稳定性，是各方利益和非利益博弈的结果（侯光辉和王元地，2015）。何艳玲（2006）通过实证研究，建议政府通过保持中立和建立沟通渠道解决邻避冲突。张岚（2008）以博弈论为理论基础，描述了政府与不同利益相关者之间不平等的博弈过程和博弈结果。吴云清等（2012）国内学者都提到用经济补偿来弥补邻避型基础设施的负外部效应。直接的货币补偿包括减征居民的房地产税和减收垃圾处理费，这些方式在美国已经得到广泛应用。间接的非货币补偿又可以分为 5 类：实物补偿，应急基金，财产保险，效益保障，经济激励。

也有学者表示对经济补偿持不赞成观点，Ren 等（2016）通过对上海江桥垃圾焚烧厂的实证研究发现，反对率高表现了公众对环境和健康的关心，距离垃圾焚烧厂越近，补偿和获益对公众接受度的影响越小。最有效地降低反对率的方法是让公众参与进来，主动了解和认知风险。当地居民对总体补偿的兴趣较低，而被调查者是否接受或接受多少补偿金额与公众接受度之间关联较低，这与激烈抗议的态度相一致。然而具有较高教育水平的受访者或住在距离垃圾焚烧发电项目较近的受访者往往拒绝接受经济补偿。在对比愿意接受和反对接受的受访者后，发现反对者同样也有补偿的需求。

7.2.3　现有研究综合评述

目前国内外关于邻避现象的研究证实，经济补偿、公众参与和降低风险等已成为解决邻避现象的重要方式，而经济补偿因其较早被用来解决邻避现象且已有实例证实，已经成为国内学者进行邻避现象研究不可忽视的一点。但同时现有文献在经济补偿方面的研究也存在着不足，具体描述为：

（1）针对经济补偿是否影响以及如何影响邻避型基础设施公众接受度，研究结论并不一致。Bacow（1982）、李永展（1998）、吴云清等（2012）多数国内外研究者认为经济补偿能够显著提高公众接受度。与之相反，Garrone（2012）、Frey（1996）、Ren 等（2016）学者通过研究发现，经济补偿对提高公众接受度并无明显作用。

（2）不同经济补偿方式对公众参与的影响是否存在差异，这一问题并未获得实证研究的有效验证。国外学者提出针对邻避现象常用的经济补偿措施问题，并未分析不同经济补偿的作用；杨雪峰等（2016）、吴云清等（2012）国内学者也都提到用经济补偿弥补邻避型基础设施的负外部效应，间接的非金钱补偿可以分为实物补偿，应急基金，财产保险，效益保障，经济激励五类，但同样没有具体分析每种补偿措施的影响差异。

综上所述，本章将从经济补偿、利益感知的视角分析其对垃圾焚烧发电项目公众接受的影响机理，并分析不同经济补偿方式的影响差异。

7.3　经济补偿对垃圾焚烧发电项目公众接受度的影响：理论分析

7.3.1　经济补偿在邻避冲突的作用概述

国外学者对经济补偿影响邻避效应公众接受度的作用非常重视。在"经济人"的假设下，人类的根本诉求是追求自身利益最大化，经济补偿能够有效地减小冲突发生的概率（Kunreuther 等，2010）。但对于高污染、高风险的设施，经济补偿的作用往往微乎其微，公众反对甚至会因为"贿赂"效应产生强烈的反弹作用（Fehr 等，2010）。在英国的邻避效应相关研究中，经济补偿额度和公众参与度较低是导致发生邻避冲突的重要因素（Burningham 和 O'Brien，1994）。政府部门在邻避型基础设施建设的选址决策之前，应做好与周边居民、企业等利益相关者的沟通与对话（Saha 和 Mohai，2005），应采取"参与/自愿/合作"等方式减少邻避设施建设的阻力（Moysiadis，2015）。

不同于国外邻避现象飙升的直线演变路径，国内邻避现象的演变更加曲折，可以看作"螺旋式"上升（孟卫东和佟林杰，2013）。目前，我国解决邻避效应的思路是避免冲突，尽量在潜伏阶段或个人理性抗争阶段等大规模邻避冲突发生前期解决问题，这种情况下最重要和最有效的手段就是经济补偿。

7.3.2 经济补偿对邻避型基础设施公众接受的影响：演化博弈分析

针对垃圾焚烧发电项目的邻避效应，国内外学者大多采用博弈论、利益相关者理论、风险评估理论等进行理论分析，本章主要介绍博弈论的相关内容及其在经济补偿视角解决垃圾焚烧发电项目邻避效应方面的应用。

博弈论（Game Theory）用来解决决策主体行为之间发生直接相互作用时的决策以及决策的均衡问题，也是研究理性主体的决策者之间冲突及合作的基础理论（张维迎，2004）。1928 年，冯·诺伊曼证明了博弈论的基本原理，正式向世界宣告博弈论的诞生。20 世纪 50 年代，纳什发表的非合作博弈等论文对博弈论的发展起了很大的推动作用。此后，博弈论逐渐应用于经济学、管理学、生态学、政治学等多学科领域。

博弈论起源于数学，发展于经济学领域，因此造就了其理论的普适性，除了经济学以外，也广泛应用于管理学、政治学和环境科学等领域。中国经济学家张维迎认为，博弈论提供了一种通用的数学方法，用于分析涉及两个或两个以上参与者的情况，这些参与者的决策影响彼此的利益。博弈理论有三个著名的公共选择分析模型，即公地悲剧、囚徒困境和集体行动逻辑模型。这三种模型在本质上都是个人理性和集体非理性之间的博弈，而垃圾焚烧发电项目的邻避效应产生的负外部效应就属于这种博弈，因此许多学者将博弈论引入邻避冲突相关研究中。

叶民强和林峰（2001）通过研究发现，博弈论是解决因资源分配不均导致的区域内矛盾和冲突的有效工具。刘登（2009）对我国建筑垃圾资源管理中的社会冲突问题进行了理论研究，引入博弈论和利益相关者理论。张鹏（2009）从农村的秸秆焚烧问题切入，使用纳什均衡分析了政府和村民之间的博弈情况，并提出对居民进行适当的补偿和惩罚是处理秸秆焚烧问题最重要的手段。学者们同样从博弈论的视角分析了垃圾焚烧发电项目的博弈情况，尹淑坤等（2004）运用博弈论对比各种博弈情况下企业收益的变化，以城市生活垃圾的处理系统为例进行冲突的化解模型构建，从信息传播和利益博弈协同演化的视角解构了环境污染群体性突发事件的演化规律。徐寅峰（2004）、罗成琳（2009）等从利益博弈角度剖析了群体性事件的产生机理、演化过程以及地方政府的处理手段等问题。

通过文献研究发现，邻避现象的演进呈螺旋式上升态势，因此邻避现象的解决也应该是一个动态的过程。伴随着邻避冲突的演进，本章选取演化博弈思想构建邻避效应演化模型，以此判断经济补偿对解决邻避现象是否具有积极作用。

1. 博弈方及其角色定位

康伟等（2018）认为，政府、建设运营企业和周边居民无法达成有效共识，或者经常出现邻避现象的原因在于三方分别从自己的立场出发，关注的都是自身利益，因其自身利益得不到满足而出现邻避效应，因此项目最终被停建。其中地方政府的角色是决策者。一般来说，邻避型基础设施的建设和运营需要获得当地政府的批准和支持，尤其是垃圾焚烧发电项目。因此，本章认为邻避冲突的决策参与者可以简化为地方政府 i 和邻避居民 j。

现实中地方政府和邻避居民并非完全理性，他们的理性意识和分析能力也存在不同程度的差异（夏志强和罗书川，2015）。其次，邻避居民的能力和理性行为是有限的。目前，我国各种公民社会组织发展程度较低，在信息不足和面临危机的情况下，邻避居民自发性的抗议有明显的试探性和有限理性的特点，其考虑问题并不完善，与进化博弈论的基本假设一致（刘德海，2013）。

2. 博弈方的收益变量定义

在群体性事件中，城市社会弱势群体的有限理性，亦能在演化博弈论的收益预期上有所体现（朱紫民，2010；朱德米，2015），而这种收益预期变化与当地行政部门公信力缺失、不公平感与被剥夺感累积等因素有关（Tan 和 Zizzo，2008）。通过相关文献佐证，本章确定邻避因子 $\delta_m^n = (t_m^n \cdot q_m^n \cdot l_m^n) / (t_0 \cdot q_0 \cdot l_0)$，与居民对地方政府信任度 t_m^n、法律公正性 q_m^n 及企业风险管理水平 l_m^n 相关（朱阳光，2014），其中 m 为邻避居民的策略选择行为，分为 P（抗议斗争）、A（妥协接受）两种；n 为博弈模型的类别，$n=1$ 为未引入经济补偿，$n=2$ 为进入经济补偿，t_0、q_0、l_0 为特定参数值，分别代表在特定区域内的邻避居民对地方政府信任度、法律公正性及企业风险管理水平这 3 个变量所达到的期望值。一般情况下，有 $t_m^n \leqslant t_0$、$q_m^n \leqslant q_0$、$l_m^n \leqslant l_0$、$K_1 > K_0$、$C_1 > C_2$，如表 7-2 所示。

博弈方收益变量的定义　　表 7-2

V	—	地方政府的社会经济利益
F	—	经济补偿
B	B_1	未引入经济补偿下，群体性事件对地方政府形象的外部影响成本
	B_2	引入经济补偿下，群体性事件对地方政府形象的外部影响成本
C	C_1	未引入经济补偿下，居民进行抗议活动的成本
	C_2	引入经济补偿下，居民进行抗议活动的成本

续表

E	E_1	未引入经济补偿下，遇到抗议后继续建设需要承担的社会风险成本
	E_2	引入经济补偿下，遇到抗议后继续建设需要承担的社会风险成本
K	K_0	邻避型基础设施选址时，居民预期承担的风险成本
	K_1	邻避型基础设施建成运营后，未来邻避居民的风险损失成本
D	—	邻避型基础设施中途停建或拆迁时已投入的成本

3. 博弈模型演化分析

（1）政府决策中不引入经济补偿（图7-2）。

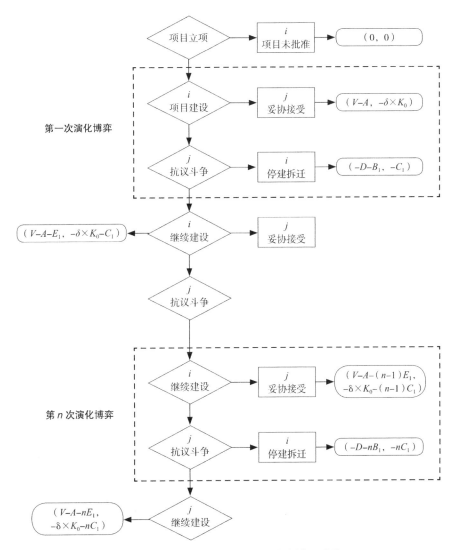

图 7-2　未引入经济补偿时的博弈模型演化

（2）当引入经济补偿 F 后，第 n 次演化博弈阶段，居民选择妥协接受双方的收益为 $(V-A-(n-1)E_2-F, F-\delta\times K_0-(n-1)C_2)$，政府选择停建拆迁双方的收益为 $(-D-nB_2, -nC_2)$，政府选择继续建设时双方的收益为 $(V-A-nE_2-F, F-\delta\times K_0-nC_2)$，如表 7-3 所示。

引入经济补偿前后第 n 次演化博弈阶段双方收益 表 7-3

演化博弈阶段	引入经济补偿前	引入经济补偿后
居民选择妥协接受	$V-A-(n-1)E_1, -\delta\times K_0-(n-1)C_1$	$V-A-(n-1)E_2-F, F-\delta\times K_0-(n-1)C_2$
政府选择停建拆迁	$D-nB_1, -nC_1$	$-D-nB_2, -nC_2$
政府选择继续建设	$V-A-nE_1, -\delta\times K_0-nC_1$	$V-A-nE_2-F, F-\delta\times K_0-nC_2$

当 $n\to\infty$ 时，由朱阳光等（2018）运用动态方程计算博弈双方的一般化选择可知：

①引入经济补偿前，当地居民最终会演化为抗议斗争策略，直到政府改为停建拆迁后才会停止抗议，而政府最终会演化为停建拆迁策略；

②引入经济补偿后，当地居民最终会演化为妥协接受策略，政府最终会演化为继续建设。

可以看出，当未引入经济补偿时，邻避冲突随着博弈的演化会愈演愈烈，造成冲突的升级，而政府在面对民众抗议的巨大压力下，项目最终会被迫停止。宁波枫林垃圾焚烧发电工程在建设和运行期遭到当地居民的强烈反对，且冲突从村民协商到村民拦路再到堵住工厂大门等强烈的群体性事件逐渐升级，最终项目不得不停产。经济补偿的引入会使居民和政府的博弈策略均发生改变，居民得到合理的经济补偿后不会继续反对，消除了邻避现象，而政府也得以继续推进邻避型基础设施项目的建设和运行。

7.3.3 经济补偿对生活垃圾焚烧发电项目公众接受的影响路径

1. 经济补偿、利益感知和公众接受度

目前对于邻避现象经济补偿的研究，基本遵循着经济学的收益—成本逻辑，而成本—收益不均衡是所有邻避效应产生的重要原因，普遍认为只要是邻避效应的发生都会涉及这个因素。邻避型基础设施的负外部性给周边居民带来成本与收益分配的不均衡（李晓晖，2009），因此需要进行经济补偿。

邻避型基础设施在为公众提供产品或服务的同时，牺牲了邻避居民的部分利益，导致邻避居民使用产品的成本增加，由此产生了负外部性，从而引发冲突（Edelstein，2004）。邻避型基础设施项目对当地居民利益的损害，还包括一些隐性的不能直接测量的因素，例如不动产价值减少和居住舒适度下降等。如果不采取经济补偿，则当地居民只能通过房屋置换或被动的搬离家乡来降低损害程度，造成居民成本的极大增加，受益寥寥无几（Saha 和 Mohai，2005）。如图 7-3 所示，邻避型基础设施周边居民的"成本—收益"分析显示，预期成本与距离呈负相关，而在各个距离上预期收益都是相同的。因此，当距离较近时，居民预期成本大于预期收益，此时居民为了维护利益往往会选择抗争，容易导致因徒困境（Michael，2006）。

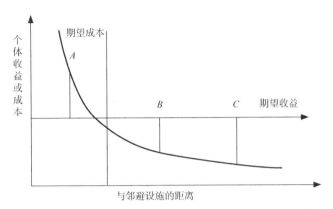

图 7-3　邻避型基础设施决策中居民的成本—收益分析示意图

和马洛斯的需求理论相同，垃圾焚烧发电项目的邻避居民在满足生理需求后，会考虑精神层面的需求，也就是说在基本生活有所保障下，邻避居民也会考虑环境、生活品质等保障（Slovic 等，1997）。从经济角度来看，如今良好的环境已成为稀缺资源，作为一种商品进入人们的日常生活（孙文靖，2013）。因此，国内越来越多的邻避现象是因环境利益受到威胁而出现，这也符合现阶段公众的需求。西方学者对邻避现象的解决方式主要可以分为程序公正和结果公平两类。程序公正和结果公平逐渐成为指导政府解决邻避现象的重要理论（刘冰和苏宏宇，2013），程序公正包括增加居民的参与度、提高信息公开度（Kunreuther 等，1993），结果公平体现在确定合理的经济补偿方案，让不同诉求的邻避居民都能得到合理的补偿（蔡定剑，2009）。在经济层面，邻避居民对垃圾焚烧项目进行抵抗的主要原因可以总结为邻避型基础设施带来的利益不足以弥补其损失，也就是利益低于成本（Garrone 和 Groppi，2012）。

国内外学者通过研究发现，对周边居民生活产生的负面影响进行一定的经济补偿，包括直接补偿和间接补偿，将有利于邻避型基础设施项目选址和实施的顺利进行。Bacow（1982）、李永展（1998）等学者认为利益感知能够显著提高公众接受度。针对不同的补偿方式对利益感知的影响，Slovic（1991）等证实，人们对地区形象的认知与对度假地点的偏好紧密相关，因此当地形象的变化被认为会显著影响利益感知。Bacot（1994）等通过对美国某邻避型基础设施项目研究后得出结论，提供经济补偿后，居民的支持率比在未提供补偿前 30% 的基础上几乎翻了一倍。可以说，经济补偿被用来解决社会风险问题由来已久，且国内外大量实证研究也已经证明，经济补偿对邻避型基础设施的公众接受度有着显著的影响（周丽旋等，2012）。综上所述，可以进行以下假设：

H1a：经济补偿对当地居民利益感知有显著的正向影响；

H2a：当地居民利益感知对垃圾焚烧发电项目公众接受度有显著的正向影响。

2. 经济补偿、信任感知和公众接受度

信任可以被分为两种形式：基于运算的信任（Calculus-based）和基于认同的信任（Identification-based），在经济学视角下分析问题时，可以将"经济人"之间的信任解读为基于运算的信任（Lewick 等，1996）。基于认同的信任是从感性的角度出发，而基于运算的信任则是以市场为导向，理性的"经济人"会在明确的利益下确立信任，当然这个信任带来的利益一定会高于风险和成本（Lewicki 和 Bunker，1995）。

在经济交流的环境下，个人的信任建立在可信计算的基础上，尤其是在这种关系驱动的实际结果取决于人际关系的情况下，因此可以说经济补偿是信任修复的有效手段之一（Lewicki 等，2005；Ren 和 Gray，2009）。例如电商大多推行的补差价政策，当消费者认为他以较高的价格购买了商品，而且商品在购买后价格突然下跌可以进行投诉，从而获得一定的补偿，正是这个经济补偿政策修复了消费者对商家的信任（De Cremer，2010）。不仅是电商，当垃圾焚烧发电项目企业或政府向居民提供经济补偿，降低或消除邻避居民的经济损失，可以在很大程度上将各方之间的冲突降至可控程度，甚至可以修复邻避居民对垃圾焚烧发电项目及政府的信任。国内外的学者通过对经济补偿和信任感知的研究，得出的结论是经济补偿可以有效地对分配不均造成的信任降低进行有效的修复（Okimoto 和 Tyler，2007）。然而同时也有研究表明，经济补偿的作用存在"天花板"，如果经济补偿已经足以弥补邻避居民的经济损失，那么继续提高经济补偿额度并不能更好地修复信任，也就是说当经济补偿达到一定额度后，超出的补偿额度对信任修复可能没有作用（Pillutla 和 Murnighan，2016；Haesevoets 和 Folmer，2013）。通过对现有文献的梳理发现，一般来说经济补偿额度越大，对信任的修复效果就越好，但并不是简单的线性关系，当经济补偿过大时，信任反而不会被修复。

信任是一个复杂的概念，因为它具有多方面的性质（Mah 等，2014），并被定义为愿意依赖那些制定政策并负责决策的人（Siegrist，2010）。个人很难获得关于邻避型基础设施潜在风险的知识，因为他们与邻避型基础设施的行业没有直接关系，所以他们中的许多人通过信任有关当局和专家的意见和声明决定他们的接受程度（Liu 等，2008；Sjöberg，2009）。根据以往的文献，公众对许多潜在危险设施的接受态度受当地居民对地方政府和当局信任的影响，例如核技术、WTE 焚化厂和化学工业（Upreti 和 Dan，2004；Ross 等，2014）。为了探讨公众信任对垃圾焚烧发电项目的公众接受程度的影响和进一步验证以往的研究成果，本章假设公众对政府和建设经营企业者等当局的信任会正向影响公众接受度：

H1b：经济补偿对当地居民信任感知有显著的正向影响；

H2b：当地居民信任感知对垃圾焚烧发电项目公众接受度有显著的正向影响。

3. 经济补偿、风险感知和公众接受度

邻避型基础设施项目的风险和收益之间的认知平衡是影响公众接受度的重要因素。一般来说，接受邻避型基础设施项目的人比较乐观，认为邻避设施可以给地方和个人带来更多的经济效益。反对的人则倾向于悲观，并将邻避型基础设施与更高的风险联系起来。在核电设施中，能源费用降低对公众而言是一种经济补偿，在瑞士进行的一项针对核设施的调查中发现（Visschers 等，2011），公众对核设施的接受度主要受能源费用补偿额的影响，反而风险感知对公众接受度的影响较小。在中国台湾的一项研究中发现（Huang 等，2010），未收到经济补偿的受访者大多认为邻避型基础设施是一个高风险的项目，但受到经济补偿的被访者针对邻避型基础设施的态度则缓和很多。杨雪峰等（2018）通过构建邻避效应风险感知模型，提出邻避感知风险放大—消解演化链，将影响风险感知的因素分为风险加成和风险消解两类，其中风险消解包括补偿多元合理和民主决策等因素。总体来说，公众对风险和利益的认识在公众接受度方面起着重要作用，当经济补偿足够满足公众的需求时，会降低风险感知因素对公众接受度的影响，也就是说，经济补偿能够对风险感知进行消解。

H1c：经济补偿对当地居民风险感知有显著的负向影响；

H2c：当地居民风险感知对垃圾焚烧发电项目公众接受度有显著的负向影响。

4. 利益感知和信任感知

在垃圾焚烧发电项目中，信任感知被描述为当地居民对政府提供的有关风险准确信息的认知态度（Afullo，2015）。刘冰（2016）指出公众对政府管理部门的信任分为一般信任和具体信任两种，前者指公众对政府的信任水平，而后者指公众对政府部门处理某件具体事务的"意图"和"能力"的信任水平。杨雪峰（2016）等通过对杭州九峰垃圾焚烧发电厂项目群体性事件的研究得出信任感知和利益感知有显著的正向相关性。而通过对中国邻避事件的梳理也可以看到，当居民利益感知增强以后，对政府的态度明显好转，更加信任政府，也更加信任政府对邻避型基础设施选址的处理"意图"和"能力"。

H3：当地居民利益感知对信任感知有显著的正向影响。

5. 信任感知和风险感知

由于缺乏具体的知识，公众对与潜在危险设施有关的风险的看法如何取决于他们对当地政府和项目建设运营企业的信任（Xie，2015）。以前的研究表明加强公众信任可以有效地降低公众对与潜在危险设施相关或类似的不同风险的感知，例如新技术（Eiser 等，2010）、核动力设施和转基因食品。一些研究甚至认为，对权威的信任与风险感知之间是相互作用的而不是因果关系（Stebbing 等，2006）。因此，虽然没有专门支持垃圾焚烧发电项目的文献，但是可以推断出更多的信任感知可以最终降低公众对风险的感知。根据这些推论，提出以下假设：

H4：当地居民信任感知对风险感知有显著的负向影响。

综上所述，影响路径假设内容汇总见表7-4、图7-4。

假设内容汇总 表7-4

假设分类		假设内容
H1	a	不同的补偿方式对利益感知有显著的正向影响
	b	不同的补偿方式对信任感知有显著的正向影响
	c	不同的补偿方式对风险感知有显著的负向影响
H2	a	利益感知对公众接受度有显著的正向影响
	b	信任感知对公众接受度有显著的正向影响
	c	风险感知对公众接受度有显著的负向影响
H3		利益感知对信任感知有显著的正向影响
H4		信任感知对风险感知有显著的负向影响

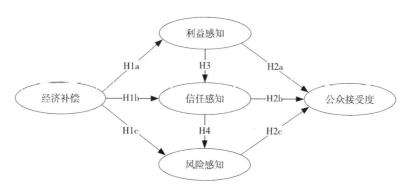

图7-4 经济补偿对公众接受度的影响路径假设

7.4 经济补偿对垃圾焚烧发电项目公众接受度的影响：实证分析

在本书7.3节经济补偿对公众接受度的影响机理研究的基础上，本节通过问卷调研、SEM和ANOVA检验等进行数据收集和假设验证。

7.4.1 问卷设计与量表品质分析

本章在对垃圾焚烧发电项目邻避现象产生原因及解决方式进行理论分析的基础上，确定经济补偿、利益感知、信任感知、风险感知作为公众对垃圾焚烧发电项目接受态度的影响因素，结合国内相关政策和规定，确定了经济补偿调查问卷的构成指标，因素的指标构成见表7-5（调查问卷详见附录E）。

不同的补偿方式测量了政府对当地居民补偿的力度。现金补偿和房屋的置换与拆迁是政府最常使用的两种方式，是公众"看得到"的补偿，在我国的国情下具有其特殊的优势。在上海天马生活垃圾处理厂3km范围内有青浦区和松江区两个区的村庄，因青浦区的居民未能得到和松江区居民同样的房屋置换补偿方式，导致其公众反对的现象更加强烈。利益感知测量了本地公众接受垃圾焚烧厂建设的成本或收益额度。其中地区形象和房产价值在国内外相关研究中均有大量体现，随着人们生活水平的提高，当地居民更加关注居住社区的形象，而如今房价已达到高位，房产是大多数家庭最大的财产，房产价值的波动对居民的利益感知影响巨大。风险感知测量了公众对垃圾焚烧发电项目能对自己造成危害的感知程度。这种危害程度包括对当地公众自身健康的危害，同时也包括对当地经济、环境和形象等与邻避居民息息相关的各种维度。信任感知测量了公众对政府和垃圾焚烧发电项目的信任程度，包括对项目的信任，也包括对政府和企业能否处理好邻避现象的能力的信任。

问卷指标构成及文献来源　　　　　　　　　　　　　表 7-5

因素	代码	指标	来源文献
经济补偿	A1	以家庭为单位一次性或连续性每月补偿现金	根据我国相关制度政策自选设计
	A2	政府补助房屋的置换与搬迁	
	A3	对项目附近教育、医疗条件或生态环境的改善	
	A4	当地税费减免以及养老、社保力度的增加	
	A5	承诺扶持当地的产业发展，提供更多的就业机会	
利益感知	B6	对本地区形象的影响	Slovic，1991；Chung 和 Kim，2009；Bearth 和 Siegrist，2016；Siegrist，2000；etc
	B7	对本地区房产价值的影响	
	B8	对当地居民就业机会的影响	
	B9	对当地文娱医疗设施建设的影响	
	B10	对当地居民收入的影响	
风险感知	C11	对当地居民身体健康的影响	Achillas 等，2011；Mah 等，2014；Ross 等，2014；etc
	C12	本地区环境的恶化	
	C13	对本地区房产、农产品等经济价值的影响	
	C14	对本地区居民社会声誉的影响	
	C15	给当地居民心理暗示并最终形成心理压力	
	C16	该设施会对本地传统产业或者文化造成伤害	

续表

因素	代码	指标	来源文献
信任感知	D17	是否信任政府的选址决策过程是公正、公平的	Slovic 等，1991；Chung 和 Kim，2009；Achillas 等，2011；etc
	D18	是否信任垃圾焚烧发电设备与技术是环保且安全的	
	D19	是否信任环境影响评价数据结果是可信的	
	D20	是否信任决策过程中聘请的专家是诚实、公正的	
	D21	是否信任企业会遵守相关法律法规与标准	
	D22	是否信任政府有意愿、有能力履行好监管职能	
接受度	F1	是否认为建设垃圾焚烧发电项目是必要可行的	Chung，2009；Rolf Wustenhagen，2007；Liao，2009
	F2	是否支持在本地建设垃圾焚烧发电 PPP 项目	
	F3	是否说服他人接受建设垃圾焚烧发电项目	

问卷调查是社会科学领域收集数据和统计分析的首选方式。因此，问卷设计是否合理将直接影响收集数据和分析结果的可靠性。一般来说，信度系数大于 0.7 说明问卷是可行的。对问卷的第一项指标——经济补偿未能找到相关文献支撑，来源于国内外相关文献及政府公开的各种补偿方式，因此选取 102 份问卷进行信度和效度的检验：通过 SPSS 22.0 软件，得出 Cronbach's α 为 0.741，大于 0.7，由此可得题项内在信度较为理想，具有较好的一致性和稳定性。

对经济补偿因素进行 KMO 球形度检验得出 KMO 值 0.824，Bartlett 球形度值显著，提取出一个因子，方差解释率为 63.891%，超过 60%，因此可以确定本问卷题项结构效度良好，如表 7-6 所示。

经济补偿的 KMO 球形度检验 表 7-6

经济补偿		
KMO 值	0.824	
Bartlet 球形检验	χ^2	105.537
	dr	10
	$sig.$	0.000
总方差解释率	63.891%	

7.4.2 调研样本描述

本章选择与第 6 章相同的抽样方法、抽样范围和抽样过程，并在 2018 年 5 ～ 6 月对四个垃圾焚烧发电项目当地居民进行问卷调查和数据收集，数据初步分析使用 SPSS 22.0。

本次调研共发放问卷 500 份，回收 427 份，回收率为 85.4%。在回收的 427 份问卷中，问卷前两题项经济补偿和利益感知有 41 份问卷出现选项极端或前后不一致的情况，完全不符合客观情况，确认其无效后予以删除，最终保留有效问卷 386 份，问卷有效率为 90.4%。从样本的性别分布来看，男性略多于女性 5 个百分点，男性占比 52.8%，女性占比 47.2%；从样本的年龄分布来看，45 岁以上人群占到样本的一半，其中 45 ～ 60 岁占比 29.5%，60 岁以上占比 21.5%；从学历来看，高中 / 中专及以上人群占比 44%。从人口统计学得出，被调查者的社会人口数据符合当地的样本总体分布，如表 7-7、表 7-8 所示。

被调查者的社会人口数据　　　　　　　　　　表 7-7

描述	类别	频率（%）
性别	男性	204 人（52.8）
	女性	182 人（47.2）
年龄	18 ～ 25 岁	29 人（7.5）
	26 ～ 35 岁	71 人（18.4）
	36 ～ 44 岁	89 人（23.1）
	45 ～ 60 岁	114 人（29.5）
	60 岁以上	83 人（21.5）
学历	初中及以下	216 人（56）
	高中或者中专	114 人（29.5）
	大专	44 人（11.4）
	大学本科	9 人（2.3）
	研究生及以上	3 人（0.8）
距离	500m 以内	14 人（3.6）
	1km 以内	33 人（8.5）
	2km 以内	98 人（25.4）
	3km 以内	138 人（35.8）
	3km 以上	103 人（26.7）

样本均值和标准差 表7-8

影响因素	N	最小值	最大值	均值	标准差
现金补偿	386	1	5	3.04	1.230
房屋置换	386	1	5	3.11	1.162
配套改善	386	1	5	2.93	1.488
养老医保	386	1	5	2.99	1.303
产业就业	386	1	5	2.89	1.300
形象危害	386	1	5	1.99	0.955
房价下降	386	1	5	2.05	0.994
工作机会	386	1	5	2.12	0.990
文娱医疗	386	1	5	2.25	1.072
收入下降	386	1	5	2.23	0.974
危害健康	386	1	5	3.62	0.950
环境恶化	386	1	5	3.65	1.035
农产价值	386	1	5	3.65	1.072
社会声誉	386	1	5	3.64	1.068
心理压力	386	1	5	3.61	1.123
传统文化	386	1	5	3.61	1.039
决策公正	386	1	5	2.13	0.978
技术安全	386	1	5	2.34	0.994
数据可靠	386	1	5	2.26	0.992
专家可信	386	1	5	2.40	0.974
遵守法规	386	1	5	2.26	1.038
政府尽职	386	1	5	2.26	1.035
理论支持	386	1	4	1.67	0.675
实践支持	386	1	3	1.64	0.696
说服他人	386	1	3	1.67	0.759

7.4.3 数据信度效度分析

1. 信度分析

本问卷的所有题项数据 Cronbach's α 均大于 0.7，由此可得数据具有良好的信度，如表 7-9 所示。

问卷的题项信度汇总　　　　　　　　　　　　　　表 7-9

项目	Cronbach's Alpha	观测变量数量
不同补偿方式	0.711	5
利益感知	0.798	5
风险感知	0.772	6
信任感知	0.848	6
接受态度	0.731	3
总体	0.762	25

2. 影响因子的效度分析

本章使用因子分析法检验数据的结构效度，KMO 值均超过 0.7，Bartlett 球形度显著，因此本问卷数据具有良好的结构效度，在问卷中共设置 22 个能够影响垃圾焚烧发电项目公众接受度的选项，归为 4 个因子，从表 7-10 可以看出，这些测量指标的 KMO 值是 0.912，在 0.001 的水平下显著。

影响因素的 KMO 球形度检验　　　　　　　　　　表 7-10

选项	1（不同补偿方式）	2（利益感知）	3（风险感知）	4（信任感知）
KMO 值	0.912			
Bartlet 球形检验	χ^2	3151.365		
	dr	231		
	$Sig.$	0.000		

从表 7-11 中可以看出，绝大多数评价指标经过提取之后的共同度在 0.6 以上，这说明这些测量指标与因子之间联系紧密，可以采用这些测量指标进行因子分析。

影响因素指标的共同度（Communalities）　　　　　表 7-11

影响因素	初始	提取
现金补偿	1.000	0.767
房屋置换	1.000	0.735
配套改善	1.000	0.718
养老医保	1.000	0.887
产业就业	1.000	0.643
形象危害	1.000	0.657

续表

影响因素	初始	提取
房价下降	1.000	0.690
工作机会	1.000	0.513
文娱医疗	1.000	0.611
收入下降	1.000	0.702
危害健康	1.000	0.749
环境恶化	1.000	0.662
农产价值	1.000	0.690
社会声誉	1.000	0.577
心理压力	1.000	0.511
传统文化	1.000	0.620
决策公正	1.000	0.633
技术安全	1.000	0.739
数据可靠	1.000	0.673
专家可信	1.000	0.658
遵守法规	1.000	0.590
政府尽职	1.000	0.626

表 7-12 显示的是测量公众对垃圾焚烧发电项目接受态度的 4 个指标的累积方差贡献率。可以看出，因子分析共提取出 4 个特征值在 1 以上的指标，这 4 个指标的特征值分别为 6.342、2.316、1.946、1.107，而 4 个因子的方差解释度累加已达 61.628%，超过 60%，可以认为问卷的结构效度良好。本章使用 Kaiser 正态化最大方差法对成分进行旋转，分析结果见表 7-13。可以明显地看出，从属于同一个因子的系数除少量接近 0.6 以外，均大于 0.6，可以认为数据的效度是较好的。

影响因素总方差解释 表 7-12

因子	起始特征值			提取平方和载入			循环平方和载入		
	总计	方差解释率（%）	累加（%）	总计	方差解释率（%）	累加（%）	总计	方差解释率（%）	累加（%）
1	6.342	33.374	33.374	6.342	33.374	33.374	3.679	19.996	19.996
2	2.316	12.188	45.562	2.316	12.188	45.562	3.481	18.920	38.916
3	1.946	10.241	55.802	1.946	10.241	55.802	2.377	12.919	51.835
4	1.107	5.825	61.628	1.107	5.825	61.628	1.802	9.794	61.628

续表

因子	起始特征值			提取平方和载入			循环平方和载入		
	总计	方差解释率（%）	累加（%）	总计	方差解释率（%）	累加（%）	总计	方差解释率（%）	累加（%）
5	0.863	4.541	66.169						
6	0.712	3.747	69.916						
7	0.653	3.436	73.352						
8	0.616	3.242	76.594						
9	0.574	3.021	79.615						
10	0.455	2.394	82.009						
11	0.417	2.194	84.203						
12	0.392	2.063	86.266						
13	0.363	1.910	88.176						
14	0.348	1.831	90.008						
15	0.325	1.710	91.718						
16	0.277	1.458	93.176						
17	0.264	1.389	94.565						
18	0.231	1.216	95.781						
19	0.214	1.126	96.907						
20	0.206	1.084	97.991						
21	0.195	1.026	99.017						
22	0.187	0.984	100						

影响因素的旋转后成分矩阵　　　　　　　　　　表7-13

	成分			
	1	2	3	4
现金补偿			0.752	
房屋置换			0.715	
配套改善			0.620	
养老医保			0.598	
产业就业			0.780	
形象危害		0.754		

续表

	成分			
	1	2	3	4
房价下降		0.744		
工作机会		0.650		
文娱医疗		0.750		
收入下降		0.659		
危害健康				0.656
环境恶化				0.676
农产价值				0.586
社会声誉				0.773
心理压力				0.716
传统文化				0.776
决策公正			0.670	
技术安全			0.701	
数据可靠			0.642	
专家可信			0.728	
遵守法规			0.711	
政府尽职			0.726	

提取方法：主成分分析法。

旋转方法：凯撒正态化最大方差法。

旋转在 5 次迭代后已收敛。

3. 接受态度的效度分析

评估公众对邻避型基础设施接受态度的题项共有三题，进行检验后结果见表 7-14 ～ 表 7-16，根据结果可以看出其适合进行因子分析，总方差解释率也达到要求。

公众接受度的 KMO 球形度检验 表 7-14

KMO 值		0.630
Bartlet 球形检验	χ^2	123.839
	dr	3
	Sig.	0.000

公众接受度指标的共同度（Communalities） 表 7-15

影响因素	初始	提取
理论支持	1.000	0.688
实践支持	1.000	0.710
说服他人	1.000	0.582

公众接受度总方差解释 表 7-16

因子	起始特征值			提取平方和载入		
	总计	方差解释率（%）	累加（%）	总计	方差解释率（%）	累加（%）
1	1.680	66.008	66.008	1.680	66.008	66.008
2	0.528	20.745	86.753			
3	0.337	13.241	100.00			

偏度（skewness）是统计数据分布偏斜方向和程度的度量，偏度定义中包括正态分布（偏度 =0）、右偏分布（也称为正偏分布，其偏度 >0）、左偏分布（也称为负偏分布，其偏度 <0）。峰度（kurtosis）又称为峰度系数，直观来看，峰度反映了峰部的尖度。峰度包括正态分布（峰度值 =3）、厚尾（峰度值 >3）、瘦尾（峰度值 <3）。本章所有观察变量的偏度系数和峰度系数均小于 2，说明所有变量均符合正态分布，见表 7-17。

数据的偏度和峰度 表 7-17

观察变量（题项）	样本数理	偏度	峰度
A1	386	−0.049	−0.954
A2	386	−0.063	−0.850
A3	386	0.026	−1.454
A4	386	0.003	−1.098
A5	386	0.094	−1.054
B6	386	0.879	0.557
B7	386	0.891	0.413
B8	386	0.723	0.214
B9	386	0.680	−0.151
B10	386	0.706	0.172
C11	386	−0.265	−0.130
C12	386	−0.315	−0.548

观察变量（题项）	样本数理	偏度	峰度
C13	386	−0.336	−0.703
C14	386	−0.329	−0.596
C15	386	−0.522	−0.529
C16	386	−0.404	−0.492
D17	386	0.787	0.250
D18	386	0.506	0.040
D19	386	0.541	−0.064
D20	386	0.289	−0.196
D21	386	0.525	−0.216
D22	386	0.667	0.046
F1	386	0.559	−0.513
F2	386	0.617	−0.771
F3	386	0.637	−0.997

7.4.4 公众接受度差异分析

通过使用多独立样本的非参数检验——Kruskal–Wallis 检验，可以看出四个城市在"心理上接受""实践中接受"和"说服他人接受"三方面的分布不完全相同。就概率检验 P 值而言，"心理上接受"和"实践中接受"分布的 P 值均等于 0.000，小于水平值 0.001，表明差异达到非常显著的程度；而"说服他人接受"分布上的 P 值为 0.02，小于 0.05，也达到显著程度，如表 7–18 所示。

四个城市在公众接受度上的差异 表 7–18

序号	零假设	显著性	决策者
1	在城市类别上，"心理上接受"的分布相同	0.000***	拒绝零假设
2	在城市类别上，"实践中接受"的分布相同	0.000***	拒绝零假设
3	在城市类别上，"说服他人接受"的分布相同	0.020*	拒绝零假设

备注：* 表示 $P<0.05$；** 表示 $P<0.01$；*** 表示 $P<0.001$。

由图 7–5 可以看出，南京市和上海市在三组数据中都存在显著差异，在调研中也发现两个城市垃圾焚烧发电项目对周边居民的补偿措施和力度截然不同；而上海市和杭州市、宁波市和南京市调研的垃圾焚烧发电项目周边居民在"心理上接受"存在显著差异；南京市和杭州市调研的垃圾焚烧发电项目周边居民在"说服他人接受"存在显著差异，见表7-19～表7-22。

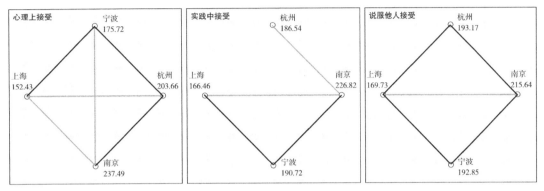

图7-5 四个城市调研项目周边居民在接受程度上的项目差异

（灰线代表两个城市在某种接受度上存在显著差异）

四个城市调研项目周边居民在"心理上接受"的差异 表7-19

样本1—样本2	检验统计	标准错误	标准检验统计	显著性	调整显著性
上海—宁波	−23.288	14.774	−1.576	0.115	0.690
上海—杭州	−51.233	14.812	3.459	0.001	0.003[a]
上海—南京	−85.062	14.598	−5.827	0.000	0.000[a]
宁波—杭州	−27.945	14.575	−1.917	0.055	0.331
宁波—南京	61.774	14.357	4.303	0.000	0.000[a]
杭州—南京	33.829	14.396	2.350	0.019	0.113

备注：a表示在0.05的水平上显著。

四个城市调研项目周边居民在"实践中接受"的差异 表7-20

样本1—样本2	检验统计	标准错误	标准检验统计	显著性	调整显著性
上海—宁波	−20.080	14.832	−1.354	0.176	1.000
上海—杭州	−24.255	14.795	−1.639	0.101	0.607
上海—南京	−60.357	14.618	−4.129	0.000	0.000[a]
宁波—杭州	4.175	14.595	0.286	0.775	1.000
宁波—南京	40.277	14.416	2.794	0.005	0.031[a]
杭州—南京	36.102	14.377	2.511	0.012	0.072

备注：a表示在0.05的水平上显著。

四个城市调研项目周边居民在"说服他人接受"的差异　表 7-21

样本 1—样本 2	检验统计	标准错误	标准检验统计	显著性	调整显著性
上海—宁波	−23.120	114.853	−1.557	0.120	0.717
上海—杭州	−23.436	14.890	−1.574	0.116	0.693
上海—南京	−45.906	14.675	−3.128	0.002	0.011[a]
宁波—杭州	−0.316	14.652	−0.022	0.983	1.000
宁波—南京	22.787	14.343	1.579	0.114	0.686
杭州—南京	22.471	14.472	1.553	0.120	0.723

备注：a 表示在 0.05 的水平上显著。

南京市和上海市所选项目对周边居民的补偿政策差异对比　表 7-22

补偿方式	南京市浦口区星甸镇	上海市青浦区佘山镇
补偿现金	无	无
政府补助房屋的置换与搬迁	等面积置换在星甸镇政府旁的安置小区，不足面积按市场价 3500 元 /m² 购买	无
对项目附近教育、医疗条件或生态环境的改善	无	无
当地税费减免以及养老、社保力度的增加	农村户口转为城镇户口，享受社保	无
承诺扶持当地的产业发展，提供更多的就业机会	企业提供就业机会，无产业发展	企业提供就业机会，无产业发展

来源：实地调研访谈。
备注：上海天马垃圾焚烧发电项目位于上海市松江区佘山镇，但与青浦区交界，处于松江区的居民收到房屋置换等补偿，但青浦区居民因政府财政、政策等原因，部分位于项目 3km 左右的居民仍居住在项目周边，此次调研以仍未搬迁的项目周边居民为主。

在垃圾焚烧发电项目的补偿上目前尚无统一标准，因为每个垃圾焚烧发电项目所在地区、村庄距离、污染物排放量不同，甚至同一个项目处于上下风口的村庄居民反对程度也存在差异，因此现行的补偿措施都是因地制宜、因人而异。在实地调研中，南京江北生活垃圾焚烧发电项目所在的星甸镇董庄，项目 3km 范围内的居民全部以相同面积安置到距离项目 3km 外的星甸镇玉兰苑、秋枫苑等小区，居民农村户口转为城镇户口，享受国家社保，实际上大大提升了安置居民的生活水平，当地居民对项目的接受度较高。上海天马垃圾焚烧厂位于青浦区和松江区交界处，松江区实行了类似于南京江北生活垃圾焚烧发电项目的补偿政策，对 3km 内的居民实行房屋置换，而青浦区则因种种原因未能将项目 3km 内的居民全部安置，造成仍然居住在项目 3km 附近居民的强烈反对。

可以看出，在距离项目 3km 内的居民中，两地政府采取的补偿方式有两点差异：房屋置换及税费减免和养老、社保力度的增加。这两点差异导致南京市星甸镇的公众接受度高于上海市佘山镇。在采访中也发现，居民对房屋置换的敏感度较高，原因在于中国的房地产行业发展迅猛，不动产的价值是我国大多数家庭最大的财富。此外，虽然两地的垃圾焚烧发电项目都承诺提供就业机会，但是无论是上海市还是南京市，两地居民到垃圾焚烧项目的就业意愿都不高，当地村民表示"那个垃圾焚烧厂有害健康，我们宁愿干别的也不愿意接近那个地方"。不过，两地居民均对政府发展当地其他产业表示出强烈的期望，一方面是为了自身的生活水平提高，另一方面也可能是为了依靠其产业的发展抵消垃圾焚烧发电厂对本地区的形象影响。

7.4.5 结构方程模型的验证

本节采用 AMOS 22.0 软件中的最大似然估计法（ML）对假设模型的潜变量进行验证性因素分析（Confirmatory Factor Analysis，CFA），分析其模型拟合度、收敛效度等。

适配度指标结果　　　　　　　　　　　　　　表 7-23

适配度指标	标准值	结构模型
P 值	> 0.05	0.000[b]
χ^2（卡方值）	—	559.902
自由度（df）	—	267
χ^2/df	< 3	2.097[a]
RMR	< 0.08	0.080[b]
RMSEA	< 0.08	0.053[a]
GFI	> 0.90	0.897[b]
AGFI	> 0.80	0.875[a]
CFI	> 0.90	0.913[a]
NFI	> 0.80	0.848[a]
RFI	> 0.80	0.829[a]
IFI	> 0.90	0.914[a]
TLI	> 0.90	0.903[a]

备注：a 表示达到标准值；b 表示未达到标准值。

从表 7-23 可以看出，测量模型的适配度指标除 P 值、RMR 和 GFI 以外，其他指标均达到标准要求。在使用结构方程模型（SEM）进行大样本分析时（$N > 200$），P 值几乎都是显著的，所以一般不报告此指标。因此，测量模型的适配度是非常理想的。

图7-6显示的是结构模型的结果。H1a：经济补偿对利益感知有显著的正向影响是成立的（0.424***）；H1b：经济补偿对信任感知有显著的正向影响是成立的（0.182**）；H1c：经济补偿对风险感知有显著的负向影响是成立的（-0.251***）；H2a：利益感知对公众接受度有显著的正向影响是成立的（0.219**）；H2b：信任感知对公众接受度有显著的正向影响是成立的（0.483***）；H2c：风险感知对公众接受度有显著的负向影响是成立的（-0.309**）；H3：利益感知对信任感知有显著的正向影响是成立的（0.662***）；H4：信任感知对风险感知有显著的负向影响是成立的（-0.645***）。

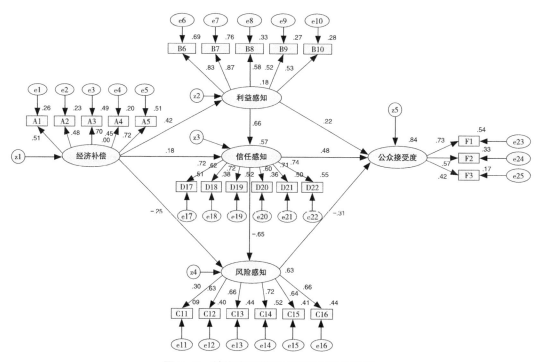

图7-6 结构方程模型的标准化估计结果

假设检验结果及路径系数　　　　　　　　　　　　　　表7-24

假设	标准化路径系数	非标准化路径系数	S.E.	C.R.	P值
H1a：经济补偿→利益感知	0.424***	0.534***	0.093	5.737	***
H1b：经济补偿→信任感知	0.182**	0.221**	0.072	3.087	0.002
H1c：经济补偿→风险感知	-0.251***	-0.276***	0.072	-3.833	***
H2a：利益感知→公众接受	0.219**	0.136**	0.052	2.639	0.008
H2b：信任感知→公众接受	0.483***	0.310***	0.077	4.040	***

续表

假设	标准化路径系数	非标准化路径系数	S.E.	C.R.	P值
H2c：风险感知→公众接受	−0.309**	−0.220**	0.068	−3.252	0.001
H3：利益感知→信任感知	0.662***	0.639***	0.061	10.413	***
H4：信任感知→风险感知	−0.645***	−0.582***	0.066	−8.856	***

备注：* 表示 $P<0.05$；** 表示 $P<0.01$；*** 表示 $P<0.001$。

直接、间接和总体影响效应　　　　　　　　　　表 7-25

路径描述	直接影响效应	间接影响效应	总体影响效应
经济补偿→利益感知	0.424***	—	0.424***
经济补偿→信任感知	0.182**	0.281**	0.463**
经济补偿→风险感知	−0.251***	−0.299***	−0.550***
H2a：利益感知→公众接受	0.219**	0.451**	0.670**
H2b：信任感知→公众接受	0.483***	0.199***	0.682***
H2c：风险感知→公众接受	−0.309**	—	−0.309**
H3：利益感知→信任感知	0.662***		0.662***
H4：信任感知→风险感知	−0.645***		−0.645***

备注：* 表示 $P<0.05$；** 表示 $P<0.01$；*** 表示 $P<0.001$。

从表 7-24、表 7-25 中可以看出，信任感知对公众接受度有最大的直接影响效果（0.483），但总体上信任感知和利益感知的影响相近（0.670 和 0.682）。风险感知因素在本章中的表现并不突出，总体影响效应只有 −0.309，远远落后于利益感知因素和信任感知因素，可能和案例选取有关，当地居民对垃圾焚烧发电缺少专业的知识，对垃圾焚烧发电项目的态度更多地取决于获得的补偿程度和政府的公信力、执行力。不过经济补偿对风险感知的总体影响效果最大（−0.550），因为信任感知和利益感知都会影响到风险感知。

7.5　本章小结

本章研究目的是深化经济补偿在解决邻避效应时的作用及路径，并找出不同的经济补偿方式对公众接受度的差异之处。得出的主要结论有以下几点：

（1）本章在国内外学者研究的基础上，选取经济补偿、利益感知、信任感知和风险感知作为研究要素，梳理各因素之间的相互影响关系，结合动态博弈的相关理论，阐明经济补偿影响公众接受度的真实性和可靠性。同时通过大量的文献分析，提出经济补偿对利益感知、信任感知和风险感知的影响，将本章的假设路径补充完整。最终得出 8 条假设用以构成经济补偿对公众接受度的影响路径假设。

（2）通过实证研究得出以下结果：经济补偿通过对利益感知、信任感知和风险感知的影响，最终作用于公众接受度，且影响路径并不唯一，公众接受度是各因素之间相互作用下的结果；信任感知对公众接受度直接影响效果最大（0.483）；总体影响效果信任感知和利益感知的影响相近（0.670 和 0.682）；经济补偿对信任感知的直接影响最小（0.182）。

（3）通过对南京市和上海市两地选取的垃圾焚烧项目进行对比研究，发现不同的补偿方式对垃圾焚烧发电项目的公众接受度影响程度不同，其中房屋置换处于关键地位，其对公众接受度的影响最大，给予邻避居民房屋置换的项目，公众接受度有显著的提升。

第 8 章
垃圾焚烧发电项目社会风险应对：政策机制

城市生活垃圾焚烧发电项目社会风险成因复杂，公众接受影响因素多元化。结合项目特征，在前述社会风险发生机理和影响机理研究结论的基础上，本章将从公众参与、经济补偿、环境影响评价、信息公开与程序透明、竞争等角度提出社会风险应对的政策机制框架（图 8-1），以期为提高城市生活垃圾焚烧发电项目社会风险治理水平和促进经济社会持续健康发展提供参考和依据。

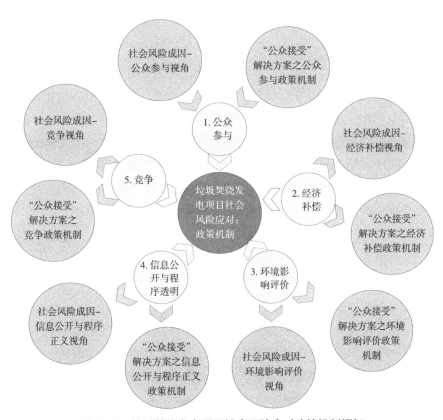

图 8-1　垃圾焚烧发电项目社会风险应对政策机制框架

8.1 公众参与

党的十九届五中全会明确提出要使人民平等参与、平等发展权利得到充分保障，不断增强人民群众安全感。2021 年全国"两会"政府工作报告中同样明确指出要切实增进民生福祉，注重解民忧、纾民困，及时回应群众关切，不断提高社会建设水平。根据国家发展改革委发布的《国家发展改革委重大固定资产投资项目社会稳定风险评估暂行办法》规定，针对与人民群众利益密切相关的重大改革措施、重大工程建设项目等重大事项在制定出台、审批审核或组织实施前，对可能影响社会稳定的因素开展系统的调查，科学的预测、分析和评估，制定风险应对策略和预案。并且由项目所在地人民政府或其有关部门指定的评估主体组织对项目单位做出的社会稳定风险分析开展评估会、听证会等多种方式听取各方面意见，进一步分析判断并确定风险等级，旨在有效规避、预防、控制重大事项实施过程中可能产生的社会风险。对公众来讲，尽管存在听证会等渠道表达主张和意见，然而垃圾焚烧发电项目公众有效参与依然存在薄弱环节，社会风险仍不容小觑。基于公众参与视角下政策机制的需求，本章构建垃圾焚烧发电项目社会风险应对"公众参与"政策机制框架，如图 8-2 所示。

8.1.1 社会风险成因—公众参与视角

1. 公众参与主体

虽然从程序上来说，公众参与已然成为垃圾焚烧发电项目立项决策的必须环节，然而公众参与主体的代表性依然存在社会风险隐患。首先，在实践中公众代表的产生往往是由政府和建设单位"自上而下"指定的结果，缺乏对公众基层意见的充分征询，由此产生的公众代表难以表达全体相关公众的利益诉求，加上公众参与的人数较少，导致其代表性受限。其次，地方政府对于拟建项目地理影响区域的认知存在缺陷，通常按行政区划分和直线距离对项目周围居民进行调研，未考虑人口密度、人口流动等因素的影响，使得相关公众界定的范围出现偏差，直接影响公众代表界定的合理性。同时，垃圾焚烧发电项目专业化程度较高，要想真正实现公众参与规划决策的效果，需要参与者具有良好的专业知识。然而现实中部分参与的公众因专业知识缺乏而盲目夸大其污染性，极有可能引发公众恐慌。

2. 公众参与程度

在城市生活垃圾焚烧发电项目公众调查环节，公众由于相关专业知识不足，在填写调查表时容易被调查人引入事先设定的情境中，做出的选择缺乏深思熟虑。同时，部分项目的公众参与环节设置在规划决策基本定型以后，使公众参与流于形式，公众意见很难对最终规划决策产生实质性影响。此外，部分地方政府对公众提出的关于项目审批和选址的合法性、污染排放标准及其治理措施、经济补偿措施等诸多方面的意见未给予足

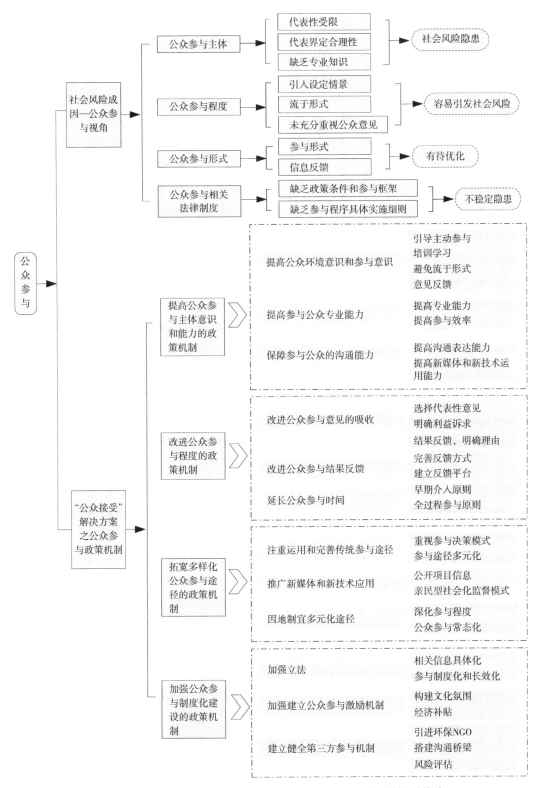

图 8-2　垃圾焚烧发电项目社会风险应对"公众参与"政策机制框架

够的重视，从而导致公众参与程度较低。公众参与程度低使得公众意见得不到充分表达或者表达后得不到充分重视，极易引起公众不满，从而产生社会风险。

3. 公众参与形式

公众参与过程的关键在于其参与形式，公众参与形式不仅包括公众信息的来源，而且涵盖公众反馈的路径。在垃圾焚烧发电项目决策立项过程中，常用的公众参与形式包括电话、网络公示、座谈会、调查表等形式，既符合相关法律关于立项程序的规定，又能使公众较便捷地获得项目相关信息。然而公众参与的调查结果很少对公众公开，仅以佐证材料的形式出现在环评报告书中，成为技术评审的依据。由于政府和建设单位通常不会将建议采纳的消息、意见驳回的理由和调查表的统计数据等参与结果及时地反馈给公众，容易导致公众产生所提意见得不到及时、充分回应的感知，从而对项目产生误解。鉴于公众参与的常见形式在意见沟通交流和反馈渠道上存在的障碍，使参与者缺乏获取参与结果相关信息的畅通渠道，因此公众参与形式和信息反馈渠道还有待优化。

4. 公众参与相关法律制度

现有的法律体系和公众参与制度虽然可以满足公众参与活动的基本需求和保障公众参与程序的实施，但并不能保证公众意见得到足够重视。由于缺乏公众参与法律法规体系的支撑，未能给垃圾焚烧发电项目的公众参与提供良好的政策条件和参与框架，公众只能被动地了解项目规划建设的进展情况和主张自己的意见。同时，现有的制度规定未能形成系统的参与程序，缺乏具体的实施细则，因此公众参与过程中存在太多的不确定性和可操作性，存在社会不稳定的隐患。

8.1.2 "公众接受"解决方案之公众参与政策机制

根据前述章节关于垃圾焚烧发电项目中公众参与对公众接受度影响作用的研究结论可知，改善公众参与对提高公众接受、减少社会风险具有重要的作用。根据公众参与主体代表性受限和专业知识缺乏的风险成因，要想改善邻避型基础设施项目规划建设中的公众参与状况并切实提高公众接受程度，政府有关职能部门需要建立增强公众代表性和改善公众专业知识匮乏的政策机制，例如提高公众参与主体意识和能力的政策机制、改进公众参与程度的政策机制、拓宽多样化公众参与途径的政策机制、加强公众参与制度化建设的政策机制等。

1. 提高公众参与主体意识和能力的政策机制

提高公众参与主体意识和能力，主要通过提高公众环境意识和参与意识、提高参与公众的专业能力、保障参与公众的沟通能力等政策机制实现。

首先，提高公众环境意识和参与意识。提高公众环境意识（尤其是公众代表）方面，因为垃圾焚烧发电项目可能会直接对社会公众的生产生活造成一定的影响，所以要引导公众代表主动了解生态环境保护知识和主动维护生态环境，加强社会公众在生态环境保护、环境污染及治理方面的培训学习，促使公众形成正确的环境价值观，从而有助于提高公众参与的生态环境意识。改善公众代表参与意识方面，要避免项目决策实施过程中公众参与流于形式，政府有关职能部门和社区基层组织应当培养公众代表的参与意识，使参与的公众代表意识到主动参与对邻避设施项目的决策和监督具有重要的意义，并让其形成定期和非定期参与垃圾焚烧发电项目意见征集和反馈的习惯。

其次，提高参与公众的专业能力。一方面需要政府加以组织引导专业技术知识培训，普及垃圾焚烧发电等相关专业技术知识，以此提升参与主体对拟建项目可能造成的污染、污染物排放控制措施、环境影响评价等的理解，减少因专业知识缺乏造成的盲目性，以提高参与公众的专业能力。另一方面，参与公众还需要对我国基础设施项目决策流程、项目管理规范、社会管理等相关知识有所了解，使得公众更好地履行参与权利，提高公众参与程度和参与效率。

同时，保障参与公众的沟通能力。公众有效地表达自己的利益诉求，对于提高垃圾焚烧发电项目决策绩效以及改善政府和公众之间的信任关系非常重要。提高公众参与的沟通能力，一方面可以从提高公众沟通表达能力入手，基层政府组织可以定期组织群众开展学习，以提升公众参与能力为导向，对群众如何有效、及时地表达自我利益诉求和观点建议开展专门的技术培训工作，以提高公众在听证会、咨询委员会、公众辩论会等场合的表达能力。另一方面，可以从提高公众新媒体和新技术运用能力入手，地方政府或项目建设企业搭建基于微信、微博等新媒体的公众参与平台，拓宽公众诉求表达的渠道，形成快捷有效的社会监督。同时引导公众以合法的方式在新媒体表达诉求和思想，不信谣、不传谣，提高公众参与效率，改进公众参与质量。

2. 改进公众参与程度的政策机制

公众参与程度的改善可以通过建立公众参与意见的吸收、公众参与结果的反馈和公众参与时间的延长等政策机制实现。

首先，在改进公众参与意见吸收的政策机制层面，一方面对公众主体意见的采纳和吸收应客观公正，对互有歧义的公众意见要通过加大调研范围和进一步逻辑推理等方式进行深度论证，从而选择并吸收最能代表广大社会公众主张的意见。另一方面，地方政府和相关建设企业增加与公众代表实时互动交流环节，明确社会公众的利益诉求，慎重理性地结合当前实际情况采纳有效意见。此外，对不予采纳的建议要进入结果反馈机制，明确给出不予采纳的理由。

其次，在改进公众参与结果反馈的政策机制层面，建议政府有关职能部门可以建立完善的参与结果反馈方式，具体包括设立专员接待、来访信访、电子政府、论坛、微博等，通过这些方式及时处理公众的意见和诉求，并明确反馈处理意见。同时，建议对社会公众意见尤其是反对意见的处理，不能只停留在采纳与否的层面，而应当结合信息公开机制，建立稳定的垃圾焚烧发电项目政府信息反馈平台，将政府有关职能部门和相关建设企业的反馈信息纳入公开反馈的范畴，并附带反馈意见的详细说明及提供公众申诉的渠道。

最后，在延长公众参与时间的政策机制层面，一方面基于早期介入的原则，政府相关部门应当将垃圾焚烧发电项目决策立项中公众参与的时间节点予以适当提前，这样不仅有利于充分增加社会公众对项目的了解程度，而且有助于降低社会公众对邻避型基础设施项目的风险感知，缓解公众反对情绪，提高公众接受度。另一方面基于全过程参与的原则，适当延长公众每个阶段的参与时间。垃圾焚烧发电项目的专业性和技术性特征导致公众做出理性价值判断的时间要比一般项目长得多，建议政府适当延长公众在各个环节的参与时间，引导其做出全面、客观、理性的判断，使公众关注的问题能够得到充分论证，保证公众诉求得到申诉和反馈，从而保证公正参与程度。

3. 拓宽多样化公众参与途径的政策机制

相较于发达国家，我国垃圾焚烧发电项目的公众参与途径比较单一，参与渠道和形式也比较有限，在一定程度上限制了公众参与的范围，制约了公众参与的实施效果。拓宽多样化公众参与途径对畅通公众参与流程、改善公众参与效果具有重要的作用，可以从注重运用和完善传统公众参与途径、运用网络技术参与途径、因地制宜的多元化参与途径等角度进行政策机制设计。

首先，注重运用和完善传统公众参与途径。在垃圾焚烧发电项目决策过程中，由于传统的座谈会、听证会等公众参与方式中存在信息公开不及时、结果得不到及时反馈等问题，需要对传统的公众参与方式进行完善。一方面，政府需要重视公众参与的决策模式，保证项目信息公开的完整性和信息反馈的及时性，使公众能够获取及时有效的信息并得到针对性反馈。另一方面，政府应该考虑传统公众参与方式与其他多元化途径相结合的组合形式，以确保公众参与过程的有效性。

其次，积极推广新媒体和新技术的应用。基于网络平台的新媒体和新技术的应用，可以有效地将信息公开范围、公众参与范围扩大至垃圾焚烧发电项目规划建设的全过程。一方面，在项目规划阶段应采取定期和不定期的方式客观公开项目特征、规划建设的相关信息，加强项目通俗化科普教育，增强公众对邻避型基础设施的了解程度，同时通过微博、微信等平台建立邻避型基础设施意见征询板块，充分收集社会公众意见，并对项目环境影响评价、安全风险评估等过程的开展情况予以全过程公示。另一方面，在项目建设阶段应主动引入社会公众自下而上和亲民型的社会化监督模式，使公众及时获取垃圾焚烧发电项目的施工建设和环保措施使用情况等信息。例如可以采用基于建筑信息化模型（building information modeling，BIM）平台的可视化监管途径，既可以使公众获得项目实时信息，又能通过可视化模拟了解项目对周边环境的影响。新技术便于社会公众对垃圾焚烧发电项目实现全程跟踪和全面监督，实现公众参与渠道的便捷化和畅通化。

最后，基于组合化思路对不同地区垃圾焚烧发电项目不同阶段的特征，有针对性地选择多方式相结合的参与途径，以达到代表程度高、参与成本低、参与通道快捷的结果。在项目决策立项阶段，在民意调查程序的基础上，应引入"公民陪审团"或"公共辩论会"等参与途径深化公众参与程度。同时通过选择政府、企业、专家、社会公众代表围绕垃圾焚烧发电项目的决策议题进行公开讨论或辩论，积极听取各方意见，从而避免忽视社会公众切身利益的问题发生。在项目实施和运营阶段，为了实现公众参与常态化，应该对垃圾焚烧发电项目建设和运营过程中各阶段面临的问题定期开展现场讨论会，或者建立基于网络平台的定期意见征询渠道，征询公众代表对一般问题的意见。此外，各地方政府需结合地域经济环境、人文环境、民风民俗、科教水平等特征，建立因地制宜的公众参与途径和组合方式，确保实现垃圾焚烧发电项目公众参与的规范化和常态化。

4. 加强公众参与制度化建设的政策机制

建立完善的公众参与制度是公众参与的前提条件，是提高公众参与自我效能和公众参与便利性的重要保障。

首先，应加强立法，为公众参与邻避型基础设施规划建设过程提供法律依据。一方面，建议国家有关职能部门尽快编制专门的邻避型基础设施公众参与管理办法、公众参与条例，明确公众参与在邻避型基础设施规划建设活动中的法律地位，并将公众参与的主体、程序、范围、阶段等关键性内容具体化；另一方面，建议各级地方政府尽快研究制定适合于本地区的针对邻避型基础设施公众参与的规章制度，明确政府不同职能部门对公众参与问题的职能范围和法律责任，促使邻避型基础设施公众参与工作有法可依和有章可循，确保公众参与的制度化和长效化。同时，对公众参与规划建设各个阶段的程序、内容、方法、时间等进行细化，形成操作性强、指导性强的公众参与实施细则，从根本上为公众参与提供保障。

其次，加强建立公众参与的激励机制，通过构建文化氛围和经济补贴的方式激发公众参与的积极性，满足公众参与意愿。构建文化氛围方面，政府应当基于"小政府、大社会"的理念，构建全民参与、全社会参与的垃圾焚烧发电项目公众参与的文化氛围。经济补贴方面，建议政府有关部门建立比较完整的公众参与补贴和奖励办法，明确公众参与民意调查、参与听证会、参与咨询会、网络问政等不同形式的货币补贴、物质奖励和非物质的奖励办法（如颁发荣誉市民称号）。从而加大公众的参与程度，激发公众参与的积极性，改被动参与为主动参与。

最后，建立健全第三方参与机制。由于规划过程是保障垃圾焚烧发电项目顺利实施的前提，所以在规划选址决策过程中尤其需要引进环保 NGO 来加强对政府、公众参与权益方面的监督，保证参与过程的规范，同时搭建公众与政府沟通的桥梁，促进公众参与的有效性。同时，政府应引入第三方机构定期对项目进行风险评估，或由社区居民通过选举居民代表成立风险感知小组，与第三方专业机构共同对项目的风险情况进行评估，以确定一个准确合适的风险等级，降低公众的风险感知。

8.2 经济补偿

2016 年 10 月出台了《住房城乡建设部等部门关于进一步加强城市生活垃圾焚烧处理工作的意见》，其中强调了配套设施、就业补贴等面向长期的补偿措施，意图推进补偿从一次性的直接经济补偿方式转变为可持续发展的、长期性的补偿方式。2016 年 12 月国家能源局发布《生物质能发展"十三五"规划》（国能新能〔2016〕291 号），其中强调了加强宣传和舆论引导，强化对经济补偿的重视。2017 年 10 月国家发展改革委、财政部等联合发布《关于推进资源循环利用基地建设的指导意见》，明确指出资源循环利用基地是新型城市建设的功能区，是破解垃圾处置"邻避效应"的主要途径之一。从近年来接连出台的相关政策中可以看出，国家对邻避效应的治理愈发重视，既强调"舆论导向"，也在推行"经济补偿"。但是，面对不同地域不同阶段的邻避现象，现阶段的政策略显笼统，对不同补偿方式及其补偿力度均未提出一个明确的指导方向和标准，导致在落实经济补偿过程中出现种种问题。根据实证研究结论和实践需求，本章构建垃圾焚烧发电项目社会风险应对"经济补偿"政策机制框架如图 8-3 所示。

8.2.1 社会风险成因—经济补偿视角

垃圾焚烧发电项目具有公共产品和环境负外部性特征，项目的产出效益被社会大众享有，但环境污染的负担却由当地居民承担。基于利益平衡和环境保护的目的，垃圾焚烧发电项目一般通过经济补偿的方式减少对当地居民的负面影响。然而传统的补偿方式只能弥补当地居民因为垃圾焚烧发电项目建设产生的损失，例如房价价值损失、生产损失、搬迁损失、机会成本等利益损失等，当地居民健康、心理及生态问题则不能通过传统的补偿方式解决。所以经济补偿视角同样存在的潜在社会风险，主要包括生态破坏与经济补偿、公众心理与经济补偿、政府信任与经济补偿等。

1. 生态破坏与经济补偿

垃圾焚烧发电项目的生态破坏主要体现在自然环境污染和生活环境改变。垃圾焚烧发电过程中容易产生废水、废气、噪声及固体废弃物等，成为周围自然环境的污染源，从而造成恶劣影响。冷凝塔、除盐系统、渗滤液处理系统、机械冲洗等废水的排放容易污染当地水源；焚烧系统、垃圾储存系统及渗滤液处理装置产生的废气，如果未经处理排放造成大气污染会危及当地居民的身体健康。同时，垃圾焚烧发电项目还有可能造成噪声污染和固体废弃物污染。面对污染风险如此大的项目，当地居民一方面寄希望于政府采取有效的环境保护措施减少污染以及合理的补偿措施减少损失，另一方面对其他形式生态补偿抱有希望。

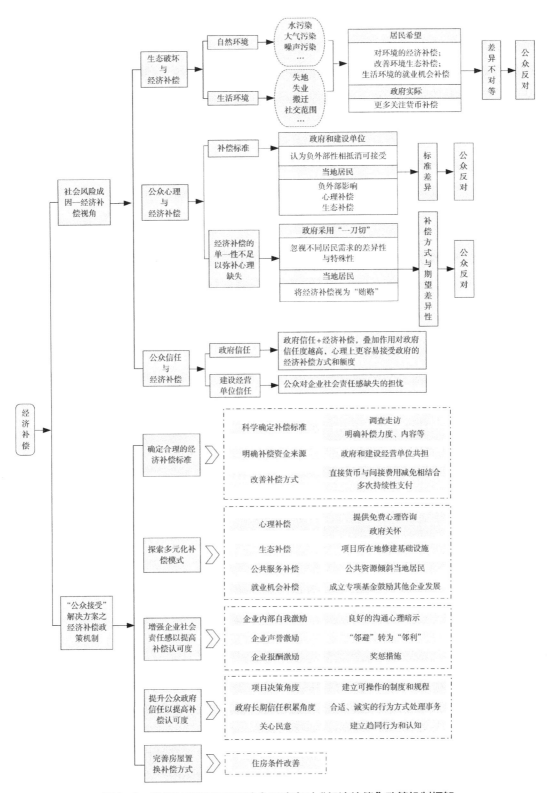

图 8-3 垃圾焚烧发电项目社会风险应对"经济补偿"政策机制框架

原有生态的失衡对当地居民的生产生活造成巨大的影响，使原有生活环境发生翻天覆地的改变。被征地居民要面临失地、失业、搬迁等一系列的问题，生产生活环境、社交范围、家庭收入结构都发生直接的改变。垃圾焚烧发电项目建设还有可能冲击当地产业结构，从而影响城市整体产业布局、交通条件等，间接影响居民生活环境。面临此类影响，当地居民期望政府能够通过补偿性政策调整当地产业布局、增加家庭收入、改善生活环境。

由于当地居民面对生态破坏时，对补偿的期望涵盖了对环境污染的经济补偿、改善环境的生态补偿、改善生活环境的就业机会补偿等多个方面，政府常用的经济补偿却更多地只关注货币补偿，这种差异和不对等往往成为公众反对的一个成因。

2. 公众心理与经济补偿

公众心理与经济补偿方面的社会风险成因之一源于当地居民对补偿标准不满意。在传统的自上而下的决策模式下，垃圾焚烧发电项目所在地政府和项目建设单位通常认为，只要给当地居民的补偿金额能够与其所遭受的负外部性相抵消，就能说服当地居民欣然接受。从当地居民的角度，垃圾焚烧发电项目的负面影响使自己原有的生活环境、收入结构、生活状态等产生巨大的改变，通常会期待除了要覆盖环境负外部性影响的经济补偿以外，还要包含心理补偿、生态补偿等。当地居民与政府对于经济补偿态度的不一致性，使得公众不满意经济补偿标准的事件时有发生。甚至在现实中存在承诺的经济补偿落实不到位的情况，从而导致公众更加强烈的不满甚至愤怒。当地居民对补偿标准满意度低成为垃圾焚烧发电项目社会风险的成因之一。

公众心理与经济补偿方面的另一个社会风险成因源于经济补偿的单一性不足以弥补当地居民的心理缺失。公众反对垃圾焚烧发电项目的初衷并非获取补偿，而是对自己身心健康的追求和美好生活环境的期盼。地方政府和建设单位忽视了当地居民需求的差异性与特殊性，简单地采用单一的"一刀切"经济补偿并不能得到当地居民的理解和认同。当地居民认为政府经济补偿的行为是在用金钱"购买"他们的身体健康甚至是几代人的健康，所以将经济补偿视为一种"贿赂"而拒绝接受。甚至当地居民认为经济补偿是政府对其人格上的蔑视，所以经济补偿方式与当地居民期望的差异性成为公众反对的一大诱因，甚至会引起抗议或者冲突。

3. 公众信任与经济补偿

垃圾焚烧发电项目中当地居民的公众信任主要体现在对政府和对建设经营单位的信任。由前述研究结论可知，当地居民对政府信任水平越高，越容易接受垃圾焚烧发电项目，当地居民对政府的信任水平越低，越可能对垃圾焚烧发电项目持负面态度，可见政府信任可以直接影响公众接受度。从经济补偿的角度，当地居民对政府信任度较高时，从心理上更容易接受政府的经济补偿方式和补偿额度，同时也更容易相信政府能够采取有效措施控制污染、保护环境、保障当地居民的身心健康；当地居民对政府的信任度不足时，从心理上越容易对项目本身、对经济补偿措施持负面态度，从而加剧公众反对的程度。可见，政府信任与经济补偿的叠加作用成为引起公众反对甚至公众冲突等社会风险的诱因。

公众对建设经营单位的信任度低主要原因在于对企业缺失社会责任感的担忧。部分垃圾焚烧发电厂运营企业为实现经济利益最大化，不惜以牺牲环境为代价直接排放未经处理的污染物以降低成本。这种缺失社会责任感的行为不仅对周边的大气、水质、土壤等造成相当大的污染，还可能使当地居民的身体健康受到不可逆的损伤。社会责任感的缺失可能会造成审核不当、监管不力等不严谨和不负责的行为，也增大了污染物排放的可能性，增加了当地居民对环境污染的担忧。由于社会责任感的缺失，当地居民感知到风险时，企业沉默、回避、漠视等处理问题的态度增加了当地居民对环境污染的敏感度；由于社会责任感的缺失，当地居民对垃圾焚烧发电项目产生怀疑时，企业认为当地居民存在刻板印象而拒绝沟通和解释等，往往会令公众心生反感。正是由于公众对建设经营单位的不信任，加剧了当地居民将经济补偿视为"贿赂"和"收买"的认知，不利于公众接受垃圾焚烧发电项目。

8.2.2 "公众接受"解决方案之经济补偿政策机制

经济补偿若想成为垃圾焚烧发电项目治理的有效方式，尚需确定合理的经济补偿标准、探索多元化补偿模式、增强企业社会责任感和公众政府信任等方面的政策机制，以提高经济补偿的公众认可度和垃圾焚烧发电项目的公众接受度。

1. 确定合理的经济补偿标准

合理的经济补偿能够在一定程度上降低垃圾焚烧发电项目给当地居民带来的负外部性影响，是缓解邻避型基础设施项目公众反对的一种比较有效的方式。确定合理的经济补偿标准主要通过以下三种途径。首先，要科学确定对当地居民的补偿标准。详细的补偿标准需要政府通过有针对性的调查走访、了解公众需求后明确，明确的内容包括补偿力度、内容、方式、范围、时限及受偿资格等，使绝大多数当地居民满意。其次，要明确经济补偿资金来源。在政府大力推行 PPP 模式开展垃圾焚烧发电项目的背景下，经济补偿来源可以由政府和建设经营企业共担。政府和建设经营企业共同出资构成专项资金，用于当地居民的直接货币补偿或者产业结构调整的启动资金。同时，要改善补偿方式。一方面补偿方式可以将直接货币补偿和间接费用减免补偿相结合，直接的经济补偿主要用于补偿当地居民房屋财产损失和环境污染的负面影响，间接费用减免可以包括减轻土地相关赋税、水电煤气费、垃圾处理费、热力取暖费、物业电梯费等涉及居民日常生活的合理费用。另一方面，直接货币补偿目前多为一次性支付方式，可以通过多次持续性支付方式使当地居民形成持续的被关注感，更有利于公众接受项目实施。

2. 探索多元化补偿模式

除经济补偿外，多元化补偿模式更加强调长效补偿和精神补偿的优势特点，体现政府对垃圾焚烧发电项目当地居民的关心和关注，具体可以从心理补偿、生态补偿、公共服务补偿、就业机会补偿等方面实现。

首先在心理补偿方面，政府一方面应该为当地居民提供免费的心理咨询服务，疏导因垃圾焚烧发电项目建设造成的心理压力，缓解排斥情绪。另一方面通过公共服务补偿等其他方式体现政府关怀，加强当地居民与其他居民的交流，消除当地居民的受歧视感，使公众切身体会到归属感和获得感，从而减少当地居民对垃圾焚烧发电项目的敌对情绪。其次在生态补偿方面，在垃圾焚烧发电项目规划所在地适当地进行生态规划补偿，例如修建公共绿地、生态公园等环境项目，同时建设城市图书馆、健身中心、体育馆、游泳馆、球场、游乐场等学习、娱乐、健身等公共设施等，以转移公众注意力，降低公众对垃圾焚烧发电项目的消极情绪。再次在公共服务补偿方面，政府可以有计划地将公共服务、医疗、教育等资源向垃圾焚烧发电项目当地居民倾斜，比如向被征地的公众提供住房补贴，向受影响的当地居民提供水电气暖补贴、购买健康保险等，通过这些切身的公共服务赢得当地居民的认同和好感。最后在就业机会补偿方面，因项目建设改变了当地居民原有的工作和生活状态，政府和项目建设运营单位可以通过成立专项基金鼓励当地其他产业发展，在提供更多就业机会的同时提高家庭收入，从而降低公众反对情绪。

3. 增强企业社会责任感，以提高补偿的认可度

在垃圾焚烧发电项目中，企业社会责任是指社会大众和当地居民期望企业履行保障公众权益的义务，同时也是改善公众对项目信任、认可补偿、接受项目的主要方式。增加企业社会责任感，可以通过企业自我实现的内部激励、对企业的声誉激励和报酬激励等方式实现。

在企业自我实现内部激励中，根据马斯洛需求层次理论，自我实现属于高层次需要，不能通过外部条件实现，而是需要内部因素的激发才能实现。在垃圾焚烧发电项目中，对项目建设运营企业来说，尽管面临公众反对的风险，但他们认为自己积极地与公众进行风险沟通并配合一系列补偿措施就能得到公众的认可，这种判定会产生非常大的内部激励作用，激励项目建设运营企业以积极的态度进行项目管理。在与当地居民沟通过程中，一旦在某次沟通中取得良好结果，这种激励效果还会影响到后续工作中对期望值的判定，从而激励项目建设运营企业以持续积极的态度参与项目。在对企业的声誉激励方面，杭州九峰项目建设运营企业通过采取措施将"邻避项目"转型为"邻利项目"，不仅改变了当地居民强烈反对的局面，还通过项目治理使当地居民从项目中获益，真正实现了当地居民的欣然接受。项目的成功得益于企业前期的声誉积累，同时此次声誉构建也对后续项目的实施存在显著的影响。在对企业的报酬激励方面，政府可以通过采取奖惩措施激励企业履行社会责任，企业为了获取奖励、避免惩罚，明智地选择通过努力工作提高项目绩效的同时，履行社会责任以获取更多支持。

可见，企业自我实现的内部激励有助于企业树立良好的形象，良好的声誉可以吸引公众等其他利益相关者的关注并获取他们的信任，报酬激励则可以直接影响企业经济效

益，这种社会责任的内部激励、声誉激励和报酬激励可以改善企业与公众沟通的态度和效果，获取公众信任，为当地居民接受垃圾焚烧补偿和接受项目实施奠定基础。

4. 提升公众政府信任，以提高补偿的认可度

因为垃圾焚烧发电项目关系到项目所在区域的社会经济发展，是具有全局性和战略性的公共基础设施项目。从项目决策的角度，政府应以项目所在地社会经济的可持续发展为主要目标，由政府主导，从项目可研、环评、规划设计和论证实施等环节建立一整套开放、透明、与地方实际相适应的可操作的制度和规程，从而从制度上降低项目的"邻避效应"，提高公众的政府信任感。从政府长期信任积累的角度，政府在一系列执政领域应注重公众信任的积累，通过合适、诚实的行为方式处理公共事务获取公众信任。同时，还要注重关心民意，建立彼此趋同的行为和认知，通过构建信任关系建立合理预期和认同。通过提高当地居民对政府的信任度，有助于减少公众的敌对情绪，公众更容易接受经济补偿，从而接受垃圾焚烧发电项目。

5. 完善房屋置换补偿方式

房屋置换是我国垃圾焚烧发电行业运用最广泛的补偿方式，结合近年来我国房地产行业房价逐步上涨的国情，当地居民对房屋置换的敏感度高、接受度强。在住房条件改善方面，北京门头沟的鲁家山垃圾焚烧处理厂将鲁家滩村 2300 多户居民搬迁至政府集中建设的新楼房，人均住房面积 45m²，实现集中供暖，提供自来水和天然气。而南京江北垃圾焚烧项目也将董庄村附近居民全部搬迁至镇政府旁的安置小区，迁居后的当地居民生活条件得到改善，农村户口转为城镇户口，满意度极高。

本书第 7 章中，房屋置换是经济补偿中影响因子较大的因素，在不同补偿方式中均值较大，由此看出公众对不动产的价值比较看重。房屋置换涉及居民当下的利益，居民对房屋置换更加敏感，进行房屋置换的项目公众接受度较高。政府在制定政策时尽可能包括房屋置换条款，比如项目 3km 以内的居民以家庭为单位搬迁至政府建设好的安置小区，或者给予当地居民置换房屋等价的拆迁款，自由选择搬迁地点。在进行房屋置换时，一般可以进行等面积置换，若安置面积大于居民原有住房面积，可以按照市场价或略低于市场价的价格收取房款差额。通过改善当地居民居住条件，有助于提高公众的归属感，降低不安全感，从而接受垃圾焚烧发电项目。

8.3　环境影响评价

自 1979 年我国颁布《中华人民共和国环境保护法》以来，环境影响评价就作为对环境存在潜在影响的建设项目的准入评价机制。2003 年施行的《中华人民共和国环境影响评价法》规定坚决贯彻落实环境影响评价制度，对规划和建设项目实施后可能造成的环境影响进行分析、预测和评估，提出预防或者减轻不良环境影响的对策和措施，进行

跟踪监测。为降低社会风险和提高公众接受程度，根据前述实证研究结论，构建垃圾焚烧发电项目社会风险应对"环境影响评价"政策机制框架，如图8-4所示。

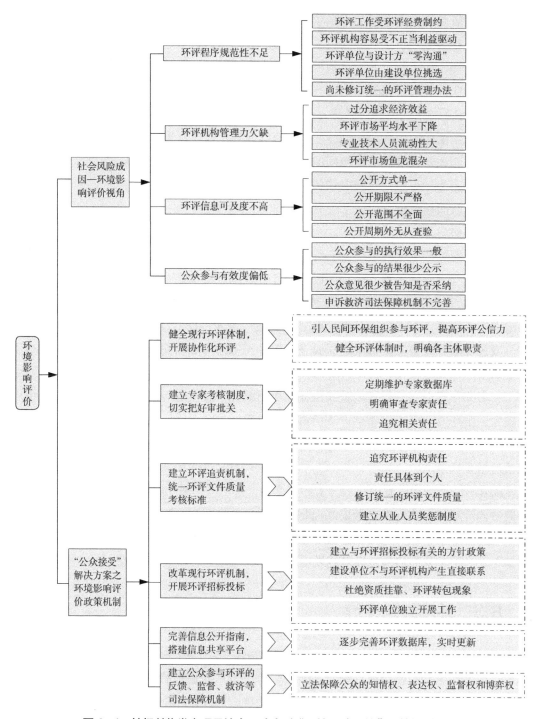

图8-4　垃圾焚烧发电项目社会风险应对"环境影响评价"政策机制框架

8.3.1　社会风险成因—环境影响评价视角

在垃圾焚烧发电项目环境影响评价的实践中，依然存在环评程序规范性不足、环评机构管理力欠缺、环评信息可及度不高、公众参与有效性偏低等问题，不利于当地居民接受垃圾焚烧项目，容易引起公众反对的社会风险。

1. 环评程序规范性不足

环境影响评价虽然被公认为环境风险规制的有效工具之一，但仍存在体制单一、机制不合理等影响程序规范的问题。一方面，环评机构工作的开展受到环评经费制约，而环评经费的拨付又受制于建设单位，这就意味着环评机构整体上由建设单位牵制，无法独立于建设单位开展工作。无论建设单位提出多么荒谬的附加要求，环评机构都只能勉强迁就。此外，环评机构本身容易受不正当利益驱动，从而与建设单位发生失当的利益关系，唯建设单位是从，使得环评质量大打折扣，导致环评文件失去其应有的作用。再者就目前来看，环评机构在环评工作开展过程中，与设计方几乎"零沟通"，合力协作完成环评的情况更是少有。一旦环评机构的专业技能薄弱，环评质量便无法从根本上得到保障。另一方面，环评工作一般由建设单位自主挑选环评单位开展，而建设单位往往以环评费用作为取舍标准。因此，在环评机构的选择上同样存在不公正、不客观、不合理的情况。

此外，我国尚未修订统一的环评文件质量管理办法，低质量环评文件严重降低了环评的审批效率，高压下的环评审批工作质量难以得到保证。环评过程参与方的短缺、环评机构独立性的不足和环评审批的力不从心均源于环评程序规范的缺失，容易形成环评工作的武断决策，加深利益相关者之间的不正当联系，会严重损害环评效力甚至阻碍环评工作的有序开展，最终影响环评质量。

2. 环评机构管理力欠缺

同其他咨询行业相比，环评单位存在专业技术储备无保障、人员流动性大等通病，同时，环评报告编制的委托费用低于咨询行业平均水平，而从业人员需要承担的责任和需要承受的压力却远远超出业界的一般水平，因此环评机构的管理愈发突显出不足。

其一，过分追求经济效益的环评机构不顾专业人员的超负荷工作量，一味承接大量的环评任务，导致环评文件无法被逐一认真对待，故环评转包、分包现象数见不鲜，环评文件质量堪忧。其二，环评工程师在规划环评和建设项目环评中不可或缺，挂靠行为的出现使得原本对环评工程师供不应求的环评市场平均水平急剧下降。专业技术人员流动性大，欠缺专业能力的环评从业人员无法满足环评单位内部构建有效质控体系的需要，因而无从保障环评文件的质量，也无法对环评文件进行系统管理。其三，鱼龙混杂的环评市场难免存在无原则、无底线、无职业道德的从业人员，为了从中牟利不惜弄虚作假、编造失实的环评文件。

3. 环评信息可及度不高

《建设项目环境影响评价政府信息公开指南（试行）》（环办〔2013〕103号）（以下简称"公开指南"）中明确规定了环评信息的公开范围、公开方式、公开期限，对环评报告书（表）项目的审批和验收信息、环评资质管理信息等的公开内容也做了相应的要求，但在具体执行环节面临一些问题。关于公开方式，公开指南中只强制要求在政府网站公开，强调如有条件可采取多种公开方式。对于偏远闭塞的农村来说，过于单一的网上公示方式普及度远远达不到理想效果。关于公开期限，公开指南要求在信息形成或者变更之日起20个工作日内予以公开，但事实上多数环评公开信息较晚，更有甚者在审批或重新审核环评报告书阶段才将相关信息公开。关于公示范围，虽然公开指南规定比较详尽，但对公众而言公开内容过于专业化，也有部分环评信息含糊其词，针对性不强或者公开不全面。至于公开指南中未提及的公示周期也反映出突出的问题：政府网站公开的信息过了公示期便无从查验，公众缺少反馈渠道，最终公众会采取较为激进、极端的方式进行处理。

4. 公众参与有效性偏低

在环评工作的实践过程中，公众参与的执行效果一般，其有效性不尽如人意。尽管我国《环境影响评价公众参与办法》（生态环境部令第4号）已于2019年1月1日起施行，对公众参与过程中的环评信息公开情况、征求意见稿公示情况、其他情况做了详细的说明，也对公众意见处理情况、报批前公开情况做了硬性规定。但就目前来看，公众的反对意见对建设项目环评的影响犹如杯水车薪。编入公众参与结果的环评报告书仍然只是作为环境管理部门的管理依据，公众参与结果很少向公众公布，也很少被告知其意见或建议是否被采纳，针对申诉和救济的司法保障机制不完善等问题均影响到环评整体效力的发挥。

8.3.2 "公众接受"解决方案之环境影响评价政策机制

根据前述章节中垃圾焚烧发电项目中环境影响评价影响公众接受度的研究结论，改进环境影响评价政策机制有助于提高公众接受、减少社会风险。针对现行垃圾焚烧发电项目环境影响评价中存在的问题，可以通过健全现行环评体制、建立专家考核制度、建立环评追责机制、改革现行环评机制、搭建信息共享平台、改善公众参与机制等方面的政策机制提出"公众接受"解决方案。

1. 健全现行环评体制，开展协作化环评

针对公众不信任地方政府、环评机构、建设单位等多方主体的情况，建议引入民间环保组织参与环评，充分代表公众权益，并由设计单位（主体工程、环境工程）、科研单位协同环评机构联合开展专业化环评，提高环评公信力。健全环评体制时应明确各主体职责，例如：由主体工程设计单位负责工程选址与项目分析，有利于全方位考量项目

选址的优劣势，以及对噪声、废水、废气等污染源做专业检测；根据主体工程设计单位提供的污染源检测报告，由环境工程设计单位设计有针对性的防治措施；由环境科研单位弥补环评单位的专业能力缺陷，为协作化环评的开展提供技术支持；由监理单位联合民间环保组织对环评过程进行实时监督，并由民间环保组织负责环评信息向公众的准确传达。环评机构、环境科研单位、环境工程设计单位、主体工程设计单位、监理单位以及民间环保组织等在环评过程中沟通充分、各司其职，可以节约大量的人力、物力、财力，大大提高环评质量和效果，从而提高垃圾焚烧发电项目公众接受度。

2. 建立专家考核制度，切实把好审批关

按照《环境影响评价审查专家库管理办法》建立科学合理的环评评审专家数据库，并定期对其进行维护，以此实施评审专家库的动态管理，真正建立起严格的评审专家选拔、培养、管理、监督、审批行为考核、淘汰等制度，明确审查专家的责任，使之成为责任意识强、作风正派、专业水平高的团队。在审批行为考核中，针对情节的严重程度可以分别对不合格专家给予警告、限期整改、通报批评甚至移交司法机关依法追究相关刑事责任等处罚措施。环评文件的质量对专家审批的效率有着不可忽视的影响，反之，专家审批的公正度对环评文件质量的保障也起着举足轻重的作用，把握好专家审批这一关，对提高垃圾焚烧发电项目公众接受度至关重要。

3. 建立环评追责机制，统一环评文件质量考核标准

到位的环评追责机制，不仅要追究环评机构的责任，整顿有能力和资质、却因畏惧承担责任而拒绝建设单位合理委托的环评机构，淘汰高质量人员储备不足、技术水准不高、评估责任意识不强的环评机构，还要把责任具体到个人，取消一味追求个人利益而编造虚假数据的环评人员的从业资格。

目前，我国尚未建立统一的环评文件质量考核体系。为提高垃圾焚烧发电项目环评文件质量，正确规避社会风险，修订统一的环评文件质量考核办法刻不容缓。上级环保部门可以结合环评追责机制与环评文件质量考核办法建立行之有效的环评机构市场准入及退出机制，环评单位可以结合环评追责机制与环评文件质量考核办法建立从业人员奖惩制度。环评追责机制、环评文件质量考核办法、环评机构市场准入及退出机制和环评从业人员奖惩制度的制定，是提高垃圾焚烧发电项目环评文件质量、有效应对社会风险的关键。

4. 改革现行环评机制，开展环评招标投标

建立与环评招标投标有关的法律法规、方针政策，指导环评招标投标管理机构依法循规开展环评招标投标活动，严格规范环评市场秩序。公开的环评招标投标活动中，由环评招标投标机构作为中间纽带，建设单位不与环评机构产生直接联系。招标投标的环评资料交接、经费拨付、环评评审，均由环评招标投标机构负责，可以合理避免环评单位与建设单位之间的不正当联系。环评招标投标机构可以依据环评机构的业务能力（团

队专业素养、完成的环评文件质量）和资质等级对其中标资格进行合理调控，杜绝资质挂靠、环评转包等现象。

此外，对中标的环评机构来说，开展招标投标环评可以保证其不受环评经费制约，亦无须担忧无法满足建设单位附加的无理要求，真正实现独立于建设单位开展环评工作。对建设单位而言，则不必再以环评费用作为取舍依据，而是通过合理的市场竞争实现低投入、高产出，即有效节约环评费用，得到高质量环评文件，从而提高垃圾焚烧发电项目公众接受度。

5. 完善信息公开指南，搭建信息共享平台

环评信息公开在实际执行过程中凸显的问题，应在公开指南中加以完善，包括对公示周期的说明和未按规定公开环评信息范围、方式、期限等内容的具体惩罚措施，以及对信息共享平台搭建、运营和管理的相关制度。搭建信息共享平台是保障信息共享渠道通畅的不二之选，建设前期可以采取听证会、论证会的形式进行大力宣传；平台的搭建应依靠环评工作涉及的所有组织、单位、部门（民间环保组织、设计单位、监测单位、环境监察单位、建设单位、环评单位、评估单位、监理单位和审批部门）联合完成，以确保共享信息的全面性；在后续平台的运营、管理过程中，应逐步构建完整的环评基础信息数据库，并实时更新环评信息。以上内容均应在公开指南中有所体现，垃圾焚烧发电项目公众接受度才会提高。

6. 建立公众参与环评的反馈、监督、救济等司法保障机制

公众参与环境决策是目前我国环境保护领域立法趋势之一，除了健全公众参与环评的相关制度、规范公众参与程序等措施外，建立公众参与环评的反馈、监督、救助等机制也非常关键。立法保障公众的知情权、表达权、监督权和博弈权，可以充分发挥公众参与环境影响评价的效力，增强环评质量，确保环评结果的可靠性，从而降低公众的风险感知，提升其信任感知与公平感知。

从环评程序的规范性、环评机构的管理力、环评信息的可及度和公众参与的执行效果等方面对现行环评规制的不足之处进行总结，并依次提出有针对性的政策建议：健全现行环评体制、建立专家考核制度、建立环评追责机制、改革现行环评机制、完善信息公开指南及建立公众参与环评的反馈、监督、救济等司法保障机制。

8.4 信息公开与程序正义

针对垃圾焚烧发电项目决策流程特征，构建社会风险应对"信息公开与程序正义"政策机制框架，如图8-5所示。

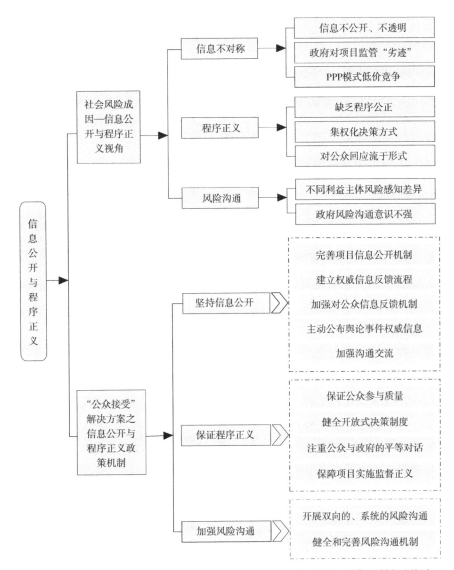

图8-5　垃圾焚烧发电项目社会风险应对"信息公开与程序正义"政策机制框架

8.4.1　社会风险成因—信息公开与程序正义视角

1.信息不对称

随着居民环保意识的觉醒，当地居民对垃圾焚烧发电项目信息的关注程度越来越高。然而垃圾焚烧发电项目的主要利益主体中，相比地方政府和项目建设运营单位，当地居民最不具备获取项目信息的条件。在信息不对称的条件下，关于垃圾焚烧发电项目的负面消息极大地影响了当地居民的判断，信息不公开、不透明急剧放大了公众反对的广度与强度。

从地方政府的角度，对垃圾焚烧发电项目的监管主要包括项目环境影响评价、立项决策、环境损害评估和项目实施过程中排放达标监管。然而在项目选址阶段，往往存在论证不充分、过程不公开、信息不透明的现象。在环境影响评价阶段，因公示不到位使得公众信息接触度低的情况时有发生，公众不能及时有效地掌握项目信息，甚至部分项目中存在公示信息造假的可能。项目运营阶段的理想状态是实际排放强度不超过排放标准，然而由于信息不透明、不公开，使得公众无法得知排放监测数据。垃圾焚烧发电项目中公众作为信息弱势的一方，信息不对称极易引起公众恐慌。同时，政府关于项目监管的"劣迹"直接恶化了居民对拟建项目环境监管成效的评价，从而产生公众反对的社会风险。

现在垃圾焚烧发电项目大多采用 PPP 模式，社会资本方的加入增加了信息不对称的可能性。信息不对称不仅有可能导致政府与社会资本合作双方存在利益冲突的潜在风险，而且有可能加剧公众对项目的不满。PPP 模式中社会资本的选择一度陷入低价竞争的窘境，低价中标的垃圾焚烧发电项目在特许经营期内，能否在减少支出、降低成本过程中守住环保底线，成为项目周边居民是否接受垃圾焚烧发电项目的又一不确定因素。

2. 程序正义

公众意见在垃圾焚烧发电项目的规划选址决策中没有得到充分表达，使决策缺乏民主性，导致民众觉得邻避型基础设施全过程缺乏程序公正。事实上，民众对垃圾焚烧发电项目的反对不仅来源于项目本身环境的负外部性，同时来源于决策和实施过程非正义的不满情绪，甚至程序非正义性比项目本身的负外部性对公众接受的影响更大。

集权化决策方式使得垃圾焚烧发电项目建设具有较强的政治属性，封闭式决策过程容易引起当地居民对其决策合法性和合理性的质疑，从而导致公众反对。受传统官本位思想的影响，公众通常没有与政府平等对话的权力，即使是在公众参与过程中，需求表达和意见申诉也避免不了上下级沟通的迹象。在垃圾焚烧发电项目决策过程中，地方政府急于达成一致意见，只要不发生严重后果就不会重视，对公众的回应也大多是形式化的流程处理，并不会从根本上解决问题。虽然能够快速达成一致意见，但由于公众意见并未得到完全的主张，极易引起公众的不满。再加上被动的公众参与容易使公众产生"被同意""决策形式主义"等错觉，更容易积累反对情绪。

传统的决策程序剥夺了公众对垃圾焚烧发电项目的知情权和参与权，使得公众对项目决策和实施的监督权无法保障。从垃圾焚烧发电项目选址、建设、补偿方案的设计、落实等各个环节，非透明的决策过程致使公众无法理解政府决策，认为政策一味地追求"意见达到一致"和"项目快速落地"。无法知情、参与、平等对话和意见表达不畅容易引起民众不满和公众反对。

3. 风险沟通

在垃圾焚烧发电项目立项决策中，一方面地方政府、建设单位、当地居民的利益诉求相互冲突，另一方面就项目基本进展情况和垃圾焚烧发电技术污染程度等信息掌握程度不同而言，不同主体风险感知存在差异。利益诉求的冲突和风险感知的差异一旦得不到有效协调，就极有可能形成社会风险。目前垃圾焚烧发电项目公众反对的社会风险来源之一就是政府、项目建设经营企业与公众风险沟通意识不强、沟通方式被动、沟通效率低。

在垃圾焚烧发电项目决策过程中，政府风险沟通意识不强表现在不积极主动与公众沟通相关的环境风险，只有在公众得知该项目在建并表示出抗议时，才开始与公众进行沟通。在处理危机时过于保守，唯恐言多必失，通常采取内紧外松的政策，政府相关平台权威信息公布滞后，给了谣言传播的空间，极易引起社会恐慌。政府作为项目立项的决策主体，受传统决策思维的影响，很难将公众视为风险沟通中平等合作的伙伴，从而使公众参与风险沟通过于被动，即使公众参与项目选址和决策也往往是形式大于实际。垃圾焚烧发电项目中，种种原因导致风险沟通效率低，如公众对政府的信任程度低导致人们很难相信政府的说辞；公众与专家、政府、项目建设运营企业之间对风险感知的差异表明当地居民对垃圾焚烧发电项目的风险感知要高于其他利益相关者；政府补偿机制的不完善不足以满足当地居民对环境权、健康权、生命权的追求等。

因此，不完备的风险沟通机制很难协调和平衡各利益相关者的多维利益诉求，以及弥合不同利益相关者之间的风险感知差异，同样是引起公众反对社会风险的成因。

8.4.2 "公众接受"解决方案之信息公开与程序正义政策机制

政府在城市生活垃圾焚烧发电项目立项决策和实施过程中信息公开、程序透明和风险沟通过程中扮演着关键角色。为提高项目公众接受度和降低社会风险，地方政府应调整封闭式的决策理念，坚持信息公开，畅通风险沟通渠道，增强决策的开放性。

1. 坚持信息公开

公开透明的信息是政府、建设单位与公众相互信任、达成共识的基础和前提。因此，地方政府尤其是决策责任单位要坚持信息公开，完善垃圾焚烧发电项目信息公开机制，建立专业、统一、权威的信息发布和信息反馈流程，实现信息多渠道、多元化互动。尤其是在决策立项过程中，通过官方网站、公共媒体、宣传品、张贴公告、网络发布公告、召开新闻发布会等渠道，多形式、多时段发布有实质内容的相关信息，公示公告的内容应包括项目进展信息、项目技术信息、可能造成污染的情况、控制污染物排放的措施、公众调查的结果信息等。确保垃圾焚烧发电项目相关信息发布的集中性、准确性、权威性，使公众对拟建项目有全面的了解和认识，确保公众的知情权、参与权、监督权，从而为公众有效参与奠定基础。

在做好信息公开的同时，还要加强对公众信息的反馈机制。从收集公众信息的角度，应设置专职人员负责受理、接待并处理村民来信、来电、来访、电子邮件等，以此作为民意的决策渠道和信息来源。同时，要及时监测网络媒体对本项目议论的焦点和热点问题，主动公布网络舆论事件的权威信息，避免不良谣言的出现。此外，为了高效地开展信息公开和信息反馈工作，加强地方政府、建设单位和公众之间的沟通交流，可以充分运用信息化手段，建立项目信息定期推送和实时信息反馈机制，使公众不仅可以充分了解项目信息，而且可以实时表达关注和诉求，从而减少公众因意见和诉求无法主张而产生焦虑和恐慌。同时，可以积极借助大数据平台，使公众可以及时便捷地从知识数据库中获取相关专业知识，从而减少因专业知识欠缺造成的误解。加强政府、建设单位与公众之间的日常沟通，对公众提出的好的建议应及时采纳，对提出的疑虑与问题进行及时解答，对合理的诉求应及时回应落实。

2. 保证程序正义

保证程序正义是进行垃圾焚烧发电项目科学规划和选址、提高公众接受度和解决邻避冲突的有效方式。垃圾焚烧发电项目作为公共福祉项目，在保证社会公众利益最大化的前提下，维护社会公平和保证程序正义是保证当地居民利益的有效途径之一。

保证程序正义首先要保证公众参与质量，如本书 8.1 中所述，提高公众参与主体意识和能力、改进公众参与程度、拓宽多样化公众参与途径、加强公众参与制度化建设等政策机制可以使得当地居民主张自己的意见，切实参与项目决策，促进风险沟通和相互信任，有效的公众参与能体现政府决策程序的公正性，提升公众对邻避项目选址决策的信任度和认可度，避免社会冲突。

其次，要健全开放式决策制度，推进垃圾焚烧发电决策民主化和科学化。开放式决策要改变封闭式决策中政府占主导地位的现状，制定相应政策引导公众参与决策。决策流程上要摒弃原有对自上而下决策过程的依赖性，积极探索自下而上的决策过程和决策模式，增加邻避设施建设决策的透明性。开放式决策需要在政治和法律层面上对邻避设施建设全过程的规范和约束，更加注重公众的参与权和知情权，从而保障公众的合法权利。

再次，要注重公众与政府的平等对话。能够与政府平等对话可以使民众在情感上得到安抚，在精神上消除恐慌和抵触，满足公众与政府平等对话的权利能使兴建垃圾焚烧发电项目的决定更具合法性和合理性，更有利于一致意见的达成。即使不能达成一致意见，平等对话、倾听意见、互相理解能使公众有机会论述己方立场和理由，能够有效地避免当地居民从反对抵制向暴力冲突演进。

最后，保障项目实施过程中监督正义。在项目实施过程中，各地政府应全面监督项目实施全过程，要求建设和运营单位落实主体责任，对项目中可能涉及污染的处理工艺、运维情况、污染物排放等实时监测，打造成功的垃圾焚烧发电项目。项目的成功实施有利于获取当地居民的信任，同时也可以为后续项目提供参考和依据，促进邻避型基础设施项目的良性循环。

3. 加强风险沟通

风险沟通是个体、群体以及机构之间交换信息和看法的相互作用过程，根据国际风险管理理事会提出的以风险沟通为核心的风险治理框架（图8-6），在城市生活垃圾焚烧发电项目中，风险管理者应将风险沟通看作风险治理活动的核心，强调公众在风险决策中的有效参与，针对不同的风险问题采取不同的合作策略。

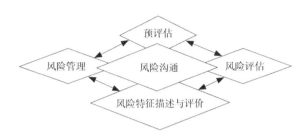

图8-6　以风险沟通为核心的风险治理框架

在风险治理框架的四个步骤中，特别强调风险沟通不是风险管理者单向的风险宣传，而是利益相关者之间的交流与互动过程，主张利益相关者之间就风险决策项目展开充分的协商和辩论。在城市生活垃圾焚烧发电项目立项决策过程中，基本上都设有风险沟通环节。一方面因为现有风险沟通多数以地方政府教育、劝说、通知等单向线性的信息传递作为沟通的主要手段，公众只能被动地获取信息，容易对信息的真实性产生怀疑。另一方面因为垃圾焚烧发电项目专业性强，公众欠缺解读专业信息的能力，大多通过专家的解释和答疑深入、全面地了解项目信息，然而由于多数专家是政府或建设单位聘请，非但没有化解利益相关者对社会稳定风险的恐惧和对抗，反而增加了公众的疑虑。

因此，在垃圾焚烧发电项目的风险沟通中，地方政府要在信息公开的基础上，开展双向的、系统性的风险沟通，搭建与公众的沟通对话平台，畅通风险沟通渠道，采取公示、问卷调查、实地走访、座谈会、听证会、专家咨询等多种方式，就拟建项目听取各方意见，不仅要积极回应公众提出的利益诉求，还要充分吸纳其提出的合理建议。以期能够改变公众的风险认知，重建对专家提供的科学评估和政府公共决策的信任，从而实现共赢。

同时，地方政府还要注重健全和完善风险沟通机制，将公众的意见表达、沟通协商与利益博弈纳入制度化渠道中，健全重大决策信息公开制度，规范和引导媒介的风险传播，充分发挥大众媒体的积极作用，健全公众参与的保障体系，提高信息公开的质量，科学设计调查问卷，以便能够对公众的风险感知和利益诉求全面掌握并有效回应，从而找到各利益相关者的利益平衡点达成政策共识。

8.5　竞争

在邻避型基础设施项目选址决策中，部分项目倡导采取竞争选址方式进行选址。竞争选址起源于1990年美国布朗宁摩天工业固体废弃物填埋场项目，开工前当地政府发文宣布通过社区合作自愿修建项目，并给予社区居民一定的经济报酬。最终约州鹰县社区通过当地居民的意愿调查，以多数票数取得垃圾填埋场的选址权。项目运营后，该垃圾填埋场每年为社区带来 100 万～ 200 万美元的经济收益。我国 2007 年厦门市 PX 项目受到当地市民的激烈抗议而被迫迁址，在全国反对 PX 项目的极其不利的背景下，厦门市迁出的 PX 项目通过竞争选址成功落户漳州市漳浦县古雷半岛。项目落地过程相对平稳顺利，成为"十一五"期间唯一一个建成投产的 PX 项目。可见，竞争选址无疑可以缓解邻避冲突，提高垃圾焚烧发电项目选址决策效率。然而现行竞争选址尚处于探索阶段，依然存在引发社会风险的可能。本章构建社会风险应对"竞争"政策机制框架（图 8-7），以期为垃圾焚烧发电项目公众接受区域竞争提供借鉴和参考。

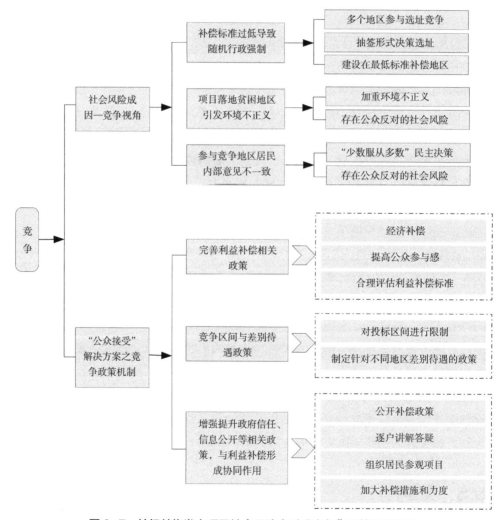

图 8-7　垃圾焚烧发电项目社会风险应对"竞争"政策机制框架

8.5.1　社会风险成因—竞争视角

1. 补偿标准过低导致随机行政强制

在邻避型基础设施项目竞争选址中，通常先由专门机构筛选出符合技术规范的备选地址，同时设计出相应的补偿标准，并向社会公众公开信息。然后被筛选出来的地区通过公民投票的形式决定本地区是否参与竞争选址。如果补偿标准合理，可能参与竞争选址的地区不止一个，最终通过抽签形式决策最终选址；如果通过公民投票没有地区愿意参与竞争，或者通过提高补偿标准重新竞争选址，或者通过抽签形式在备选地址中决策选址；如果其他地区可以接受的补偿标准要低于实现决定的补偿标准，则该项目将建设在可以接受最低补偿标准的地区。在此过程中，为了鼓励群众参与的积极性，同时保障整个过程的顺利进行，部分政府和建设单位会设置专项资金，供公众进行项目考察。尽管这种竞争选址的方式可以让公众更好地参与邻避型基础设施项目决策过程，但如果政府从最开始就设定较低的不能为各地区所接受的补偿标准，最终通过抽签进行选址决策的方式，实际上演变为一种行政强制，并且是在备选地址中的随机行政强制。这种随机行政强制比传统决策方式更容易引起当地居民的不满，从而引发社会恐慌和社会风险。

2. 项目落地贫困地区引发环境不正义

竞争选址可以防止政府肆意运用公权将自己意志强制执行，在邻避型基础设施项目选址决策中体现自由价值。在竞争选址过程中，为避免补偿标准过低导致随机行政强制情况的发生，部分政府采取"反向荷式招标"的方式，不断增加经济补偿和利益倾向的筹码，根据自由经济理论，当政府方承诺的利益补偿达到一定标准时，会有社区选择中标。这一运行模式可以使相当多的民众在利益驱使下，将其对邻避设施的消极态度转变为积极态度，最终使社区主动申请成为邻避设施建设地。而这种情况下的中标地区很可能是最贫困的地区，贫困地区因为迫于经济发展的压力，出于加快当地经济发展或增加当地居民既得利益的角度申请建设该类项目。尽管这是当地公众在足够的理性判断和鉴别利益之后的最终选择，垃圾焚烧发电项目落地贫困地区的结果往往会加重环境不正义。虽然短期内当地居民会因获得的利益而忽略环境关注，但长久来看依然存在公众反对的社会风险。

3. 参与竞争地区居民内部意见不一致

在竞争选址中，备选地区的当地居民之间难以达成一致意见。因为涉及民众集体利益，实践中通常采用"少数服从多数"的民主决策，备选社区中如果半数或半数以上的居民同意，那么该社区就可以参与竞争，成为垃圾焚烧发电项目的备选地。这种情况恰好是少数居民的反对程度会对是否存在社会风险隐患起到决定性作用。因为历次邻避设施的公众反对事件均起源于小部分居民的反对活动，而后通过谣言传播煽动更多的当地居民的反对情绪，从而演化成大规模群体性事件。如果被代表的少数居民中存在强烈反对意见的居民，尽管项目选址中已经在"少数服从多数"的竞争选址民主决策中产生，但在项目建设和运营期依然存在公众反对的社会风险。

8.5.2 "公众接受"解决方案之竞争政策机制

1. 完善利益补偿相关政策

根据第 7 章的研究结论，经济补偿作为解决邻避冲突最重要和最有效的方式之一，对公众接受度有着显著的影响，不仅直接影响当地居民的利益感知，而且影响风险感知和信任感知。因此，政府在制定政策时必须将经济补偿纳入其中。在制定解决邻避问题的政策中，将经济补偿作为基础，辅以信息公开、公众参与等措施，让当地居民在利益感知的基础上，获得更多的信息和参与感，以达到最佳效果。同时，合理评估利益补偿的标准，避免在竞争选址中因补偿标准过低导致随机行政强制。

2. 竞争区间与差别待遇政策

在竞争选址程序中，一方面需要对投标区间进行限制。设置邻避型基础设施可能造成的环境负影响作为补偿标准的下限，项目将要创造的经济利益为补偿标准的上限。以期通过经济补偿实现利益在不同利益主体之间的平衡转化。另一方面需要制定针对不同地区差别待遇的政策。如果一个邻避型基础设施项目建设在某地区比其他地区将造成更小的环境污染，则该地区居民在竞争选址过程中享有更低的投标下限优势。同样，如果一个邻避设施建设在某地区比其他地区将产出更高的经济利益，则该地区居民在竞争选址机制中享有更高的投标上限优势。

3. 增强提升政府信任、信息公开等相关政策，与利益补偿形成协同作用

在竞争选址中，除了完善利益补偿相关政策外，建议政府扩大垃圾焚烧发电项目的公众参与度，提高信息的公开程度。例如公开补偿政策，并根据居民的反馈意见进行适当修改；村干部逐户讲解，答疑解惑的同时了解当地居民的切实需求；组织居民参观正在运营的垃圾焚烧发电项目，增进对垃圾焚烧发电项目安全性认知的同时，加大补偿措施和力度。通过多元化政策的协同作用，一方面减少"少数服从多数"的民主决策中被代表的少数公众的反对情绪，避免引发极端社会冲突事件；另一方面降低邻避项目落地贫困地区对当地居民造成的心理不平衡感，从而降低社会风险。

8.6　本章小结

本章在前述章节实证研究的基础上，分析公众参与、经济补偿、环境影响评价、信息公开和程序正义、竞争等不同视角下垃圾焚烧发电项目社会风险的成因，并从不同视角进行"公众接受"解决方案的政策机制设计。从公众参与视角、公众参与主体、公众参与程度、公众参与形式、公众参与相关法律制度等不健全是引发社会风险的主要成

因，建议从提高公众参与主体意识和能力、改进公众参与程度、拓宽多样化公众参与途径、加强公众参与制度化建设等方面进行政策机制设计。从经济补偿视角，针对生态破坏、公众心理、公众信任与经济补偿等方面的社会风险成因，建议从确定合理经济补偿标准、探索多元化补偿模式、增强企业社会责任感、提升公众政府信任、完善房屋转换补偿方式等方面进行政策机制设计，以提高补偿的认可度。从环境影响评价视角，存在环评程序规范性不足、环评机构管理力欠缺、环评信息可及度不高、公众参与有效性偏低等社会风险成因，需要从健全现行环评体制、建立专家考核制度、建立环评追责机制、改革现行环评机制、完善信息公开指南、建立公众参与环评司法保障机制等方面完善政策机制。从信息公开和程序正义视角，主要分析了信息不对称、欠缺程序正义、风险沟通效率不高等社会风险成因和相应对策。从竞争视角，主要存在补偿标准过低导致随机行政强制、项目落地贫困地区引发环境不正义、参与竞争地区居民内部意见不一致等社会风险成因，建议完善利益补偿、竞争区间与差别待遇等相关政策，并增强提升政府信任、信息公开等相关政策，与利益补偿形成协同作用。

第9章
结论与展望

为实现"十四五"期间"主要污染物排放总量持续减少，生态环境持续改善"的生态文明建设新进步，实现"生态环境根本好转，美丽中国建设目标基本实现"的远景目标，城市生活垃圾的无害化处理和资源化利用日益得到广泛关注。然而，目前有关垃圾焚烧发电项目公众接受的相关研究依然存在不足，难以指导我国相关行业实践。本书在全面识别与系统评估了我国垃圾焚烧发电项目关键风险因素的基础上，通过理论基础梳理和典型案例分析了社会风险发生机理，并深入研究了公众参与、经济补偿、环境影响评价、利益感知等因素对公众接受的影响机理，最终根据实证研究结论提出垃圾焚烧发电项目社会风险应对政策机制和建议。

9.1　主要研究结论

1. 识别了我国垃圾焚烧发电项目关键风险因素

在阐述目前我国垃圾焚烧发电行业的发展历程、分布情况、政策分析、运营模式和未来发展情况的基础上，采用文献分析法、多案例分析法、德尔菲法进行风险分析，识别出我国垃圾焚烧发电项目的 18 个风险因素。采用专家问卷调查法对识别出的风险因素进行评估，根据风险重要性确定影响我国垃圾焚烧发电项目实施绩效的关键风险因素。研究发现公众反对风险的重要性排在第一位，随后依次为政府决策风险、法律及监管体系不完善、环境污染风险、缺乏配套设施以及政府信用风险。

2. 研究梳理了我国垃圾焚烧发电项目社会风险发生机理

以九峰项目作为典型案例，分析其选址决策过程中的先进做法与经验教训，并在此基础上探索垃圾焚烧发电项目社会风险的发生机理。研究发现传统的基于技术的自上而下的封闭式决策方法是公众反对意见的根源，甚至是群体性事件的根源；九峰项目在重新决策过程中采取公开、透明和公众参与的民主决策方式是项目重新决策取得成功的关键。研究结论提供了理论和实践之间的明确联系，并为垃圾焚烧发电项目实践操作和理论研究提供了可靠依据。

3. 研究发现了公众参与对公众接受度的影响机理

为探索垃圾焚烧发电项目中公众参与如何影响公众接受度，通过文献分析提出了公众参与、风险感知、公众信任和垃圾焚烧发电项目公众接受度之间的关系假设，并通过针对九峰项目和枫林垃圾焚烧发电项目附近居民的问卷调查收集数据，通过结构方程模型验证假设并分析不同群体差异。研究发现公众参与对公众信任存在正向影响关系；公众信任对公众接受度存在正向影响关系，对风险感知存在负向影响关系；风险感知对公众接受度存在正向影响关系。此外还发现，在受访者的态度方面，公众接受度、信任度和风险感知相关的变量得分分别为中性的、偏积极的和偏消极的；在 35 岁以上、受教育水平较低、居住在垃圾焚烧发电项目 3km 以内的居民接受程度较低；项目进展阶段和区域特征也会影响公众对项目选址和运营的接受程度。

4. 研究发现了环境影响评价与对公众接受度的影响机理

通过构建环境影响评价、风险感知、信任感知、公平感知与公众接受度之间的机理模型，研究了环境影响评价是否以及如何影响公众接受度，发现：环境影响评价的测量指标（环评程序规范性、公众参与结果有效性、环评信息可获取性、环评机构权威性、信息共享及时性、公众参与多样性）对环境影响评价均存在显著影响；环境影响评价对信任感知和公平感知表现为显著的正向影响作用，对风险感知表现为显著的负向影响作用，信任感知和公平感知对风险感知均表现为显著的负向影响；风险感知对公众接受度表现为显著的负向影响，而信任感知对提高垃圾焚烧发电项目的公众接受度具有明显的促进作用；受访者的性别和住所（工作场所）与 WTE 设施的距离对其接受度并无显著影响，年龄和受教育程度对其接受度的影响均为显著，年轻人、高学历者较年长者和低学历者接受程度更高。

5. 研究发现了经济补偿、利益感知对公众接受度的影响机理

为探索经济补偿在解决邻避效应时的作用及路径，并找出不同的经济补偿方式对公众接受度的差异之处，在博弈论理论分析和文献综述的基础上提出假设，并通过结构方程模型分析验证了研究假设。发现经济补偿通过对利益感知、信任感知和风险感知的影响，最终作用于公众接受度，且影响路径并不唯一，公众接受度是各因素之间相互作用的结果；信任感知对公众接受度直接影响效果最大，总体影响效果方面信任感知和利益感知的影响相近。此外，通过对南京市和上海市两地选取的垃圾焚烧项目进行对比研究，发现不同的补偿方式对垃圾焚烧发电项目的公众接受度影响程度不同，其中房屋置换处于关键地位，其对公众接受度的影响最大，给予邻避居民房屋置换的项目公众接受度有显著提升。

6. 设计提出了垃圾焚烧发电项目社会风险应对政策机制

在分析公众参与、经济补偿、环境影响评价、信息公开和程序正义、竞争等不同视

角下垃圾焚烧发电项目社会风险成因的基础上，从不同视角进行"公众接受"解决方案的政策机制设计。从公众参与视角，公众参与主体、公众参与程度、公众参与形式、公众参与相关法律制度等不健全是引发社会风险的主要成因，建议从提高公众参与主体意识和能力、改进公众参与程度、拓宽多样化公众参与途径、加强公众参与制度化建设等方面进行政策机制设计。从经济补偿视角，针对生态破坏、公众心理、公众信任与经济补偿等方面的社会风险成因，建议从确定合理经济补偿标准、探索多元化补偿模式、增强企业社会责任感、提升公众政府信任、完善房屋转换补偿方式等方面进行政策机制设计，以提高补偿的认可度。从环境影响评价视角，存在环评程序规范性不足、环评机构管理力欠缺、环评信息可及度不高、公众参与有效性偏低等社会风险成因，需要从健全现行环评体制、建立专家考核制度、建立环评追责机制、改革现行环评机制、完善信息公开指南、建立公众参与环评司法保障机制等方面完善政策机制。从信息公开和程序正义视角，主要分析了信息不对称、欠缺程序正义、风险沟通效率不高等社会风险成因和相应对策。从竞争视角，主要存在补偿标准过低导致随机行政强制、项目落地贫困地区引发环境不正义、参与竞争地区居民内部意见不一致等社会风险成因，建议完善利益补偿、竞争区间与差别待遇等相关政策，并增强提升政府信任、信息公开等相关政策，与利益补偿形成协同作用。

9.2　研究展望

（1）不同类型或不同地域的邻避型基础设施项目公众反对社会风险发生机理和影响机理存在一定的差异性，本书仅以浙江省、上海市的垃圾焚烧发电项目为例进行案例分析和实证研究，研究成果的普适性有待进一步确认。未来研究中可以选取不同类型或不同地域的邻避型基础设施项目作为研究对象，进一步验证本书的研究结论。

（2）因受限于垃圾焚烧发电项目在我国的发展现状，本书提出的垃圾焚烧发电项目社会风险应对和"公众接受"解决方案政策机制并未得到实践证明，未来在具备条件时可以将其与实践应用恰当地结合，以期真正提高垃圾焚烧发电项目治理绩效。

文献分析所用参考文献

[1] 任琦鹏，杨青. PPP 用于不同地域养老院的风险评价模型 [J]. 工程管理学报，2012 (4)：45-49.

[2] 赵昱，刘行，徐佳欣，等. 基于层次分析法——灰色聚类的 PFI 模式下公租房建设的风险评价方法 [J]. 工程管理学报，2013 (1)：69-72.

[3] 张水波，郭富仙. 基于风险视角的国际 PPP 项目投标决策模型研究 [J]. 工程管理学报，2013 (5)：59-63.

[4] 任志涛，武继科，谷金雨. 基于系统动力学的 PPP 项目失败风险因素动态反馈分析 [J]. 工程管理学报，2016，30 (4)：51-56.

[5] 王晓姝，范家瑛. 交通基础设施 PPP 项目中的关键性风险识别与度量 [J]. 工程管理学报，2016，30 (4)：57-62.

[6] 李丽，丰景春，钟云等. 全生命周期视角下的 PPP 项目风险识别 [J]. 工程管理学报，2016，29 (1)：54-59.

[7] 冯雪东，郑生钦. 养老地产 PPP 项目投资风险评价研究 [J]. 工程管理学报，2016，30 (3)：148-152.

[8] 王弈乔，刘宁，邹昊等. 基于 SEM 的 PPP 项目关键风险实证研究 [J]. 建筑经济，2016，37 (1)：41-45.

[9] 乌云娜，胡新亮，张思维. 基于 ISM—HHM 方法的 PPP 项目风险识别 [J]. 土木工程与管理学报，2013，30 (1)：67-71.

[10] 柯永建，王守清，陈炳泉. 基础设施 PPP 项目的风险分担 [J]. 建筑经济，2008 (4)：31-35.

[11] 王盈盈，柯永建，王守清. 中国 PPP 项目中政治风险的变化和趋势 [J]. 建筑经济，2008 (12)：58-61.

[12] 陈晓红，夏琳，苏英．我国 BOT 项目融资中政治风险的识别和管理 [J]．建筑经济，2009（5）：38-41.

[13] 韩悦．我国高速公路 BOT 项目重点风险项分析及防范 [J]．项目管理技术，2013（8）：69-73.

[14] 张玮，张卫东．基于网络层次分析法（ANP）的 PPP 项目风险评价研究 [J]．项目管理技术，2012，10（10）：84-88.

[15] 张亚静，李启明，程立，等．PPP 项目残值风险系统性影响因素识别及分析 [J]．工程管理学报，2014（4）：77-81.

[16] 莫吕群，陈振东，郭霁月，等．基础设施 PPP 项目融资风险分析与案例研究 [J]．工程管理学报，2016，30（5）：71-76.

[17] Chan A P C，Lam P T I，Wen Y，et al. A Cross-Sectional Analysis of Critical Risk Factors for PPP Water Projects in China[J]. Journal of Infrastructure Systems，2014，21（1）：04014031-1-10.

[18] Chan A P C，Yeung J F Y，Yu C C P，et al. Empirical Study of Risk Assessment and Allocation of Public-Private Partnership Projects in China[J]. Journal of Management in Engineering，2010，27（3）：136-148.

[19] Yelin Xu，Yunfang Yang，Albert P. C. Chan，et al. Identification and Allocation of Risks Associated with PPP Water Projects in China[J]. International Journal of Strategic Property Management，2011，15（3）：275-294.

[20] Li J，Zou P. Risk Identification and Assessment in PPP Infrastructure Projects Using Fuzzy Analytical Hierarchy Process and Life-Cycle Methodology[J]. Australasian Journal of Construction Economics & Building，2012，8（1）：34.

[21] Al-Azemi K F，Ran B，Salman A F M. Risk Management Framework for Build，Operate and Transfer（BOT）Projects in Kuwait[J]. Journal of Civil Engineering and Management，2014，20（3）：415-433.

[22] Ameyaw E E，Chan A P C. Risk Ranking and Analysis in PPP Water Supply Infrastructure Projects：An International Survey of Industry Experts[J]. Facilities，2015，33（7/8）：428-453.

[23] Li B，Akintoye A，Edwards P J，et al. The Allocation of Risk in PPP /PFI Construction Projects in the UK[J]. International Journal of Project Management，2005，23（1）：25-35.

[24] Ke Y J，Wang S Q，Chan A P C. Risk Management Practice in China's Public-Private Partnership Projects[J]. Journal of Civil Engineering and Management，2012，18（5）：675-684.

[25] Ke Y，Wang S Q，Chan A P C. Risk Allocation in Public-Private Partnership Infrastructure Projects：Comparative Study[J]. Journal of Infrastructure Systems，2010，16（4）：343-351.

[26] Valipour A，Yahaya N，Noor N M，et al. A new Hybrid Fuzzy Cybernetic Analytic Network Process Model to Identify Shared Risks in PPP Projects[J]. International Journal of Strategic Property Management，2016，20（4）：409-426.

[27] Chou J S，Tserng H P，Lin C，et al. Critical Factors and Risk Allocation for PPP Policy：Comparison Between HSR and General Infrastructure Projects[J]. Transport Policy，2012，22（3）：36-48.

[28] Ghazali F E M，Kabir S. Determination of Risk Identification Process Employed by NHS for a PFI Hospital Project in the UK[J]. Journal of Industrial Engineering & Management，2009，2：558-568.

[29] Xu Y，Yeung J F Y，Chan A P C，et al. Developing a Risk Assessment Model for PPP Projects in China——A Fuzzy Synthetic Evaluation Approach[J]. Automation in Construction，2010，19（7）：929-943.

[30] Ke Y，Wang S Q，Chan A P C. Equitable Risks Allocation of Projects Inside China：Analyses From Delphi Survey Studies[J]. Chinese Management Studies，2011，5（3）：298-310.

[31] Ameyaw E E，Chan A P C. Evaluating Key Risk Factors for PPP Water Projects in Ghana：a Delphi Study[J]. Journal of Facilities Management，2015，13（2）：133-155.

[32] Wang S Q，Tiong R L K，Ting S K，et al. Evaluation and Management of Foreign Exchange and Revenue Risks in China's BOT Projects[J]. Construction Management & Economics，2000，18（2）：197-207.

[33] Zhao Z Y，Zuo J，Zillante G. Factors Influencing the Success of BOT Power Plant Projects in China：A Review[J]. Renewable & Sustainable Energy Reviews，2013，22（8）：446-453.

[34] Zheng S，Tiong R L K. First Public-Private-Partnership Application in Taiwan's Wastewater Treatment Sector：Case Study of the Nanzih BOT Wastewater Treatment Project[J]. Journal of Construction Engineering & Management，2010，136（8）：913-922.

[35] Iyer K C，Sagheer M. Hierarchical Structuring of PPP Risks Using Interpretative Structural Modeling[J]. Journal of Construction Engineering & Management，2010，136（2）：151-159.

[36] Liu D，Tam C M，Wan T W，et al. Identifying Risk Factors of BOT for Water Supply

Projects[J]. Water Management, 2008, 161 (2): 73–81.

[37] Ameyaw E E, Chan A P C. Identifying Public–Private Partnership (PPP) Risks in Managing Water Supply Projects in Ghana[J]. Journal of Facilities Management, 2013, 11 (2): 152–182.

[38] Chang C Y, Ko J W. New Approach to Estimating the Standard Deviations of Lognormal Cost Variables in the Monte Carlo Analysis of Construction Risks[J]. Journal of Construction Engineering & Management, 2016, 143 (1): 06016006, 1–7.

[39] Ke Y, Wang S Q, Chan A P C, et al. Preferred Risk Allocation in China's Public–Private Partnership (PPP) Projects[J]. International Journal of Project Management, 2010, 28 (5): 482–492.

[40] Hwang B G, Zhao X, Gay M J S. Public Private Partnership Projects in Singapore: Factors, Critical Risks and Preferred Risk Allocation From the Perspective of Contractors[J]. International Journal of Project Management, 2013, 31 (3): 424–433.

[41] Rebeiz K S. Public–Private Partnership Risk Factors in Emerging Countries: BOOT Illustrative Case Study[J]. Journal of Management in Engineering, 2011, 28 (4): 421–428.

[42] Mouraviev N, Kakabadse N K. Risk Allocation in a Public–Private Partnership: a Case Study of Construction and Operation of Kindergartens in Kazakhstan[J]. Journal of Risk Research, 2014, 17 (5): 621–640.

[43] Wang Y, Wang S J. Risk Analysis of BOT Finance Mode on Hydropower Projects Based on Analytic Hierarchy Process–Case Study of Xi He Hydropower Station in Anhui Province[J]. Advanced Materials Research, 2012, 468–471: 2559–2564.

[44] Suseno Y H, Wibowo M A, Setiadji B H. Risk Analysis of BOT Scheme on Post-Construction Toll Road[J]. Procedia Engineering, 2015, 125 (5): 117–123.

[45] Girmscheid G. Risk Identification and Risk Allocation Model (RIA Model) –The Critical Success Factor for Public–Private Partnerships[J]. Bauingenieur 2009, 84: 505–512.

[46] Thomas A.V., Kalidindi S.N., Ananthanarayanan K. Risk Perception Analysis of BOT Road Project Participants in India[J]. Construction Management & Economics, 2003, 21 (4): 393–407.

[47] Shrestha A, Chan T K, Aibinu A A, et al. Risks in PPP Water Projects in China: Perspective of Local Governments[J]. Journal of Construction Engineering & Management, 2017, 143 (7): 05017006: 1–12.

[48] Marques R C, Berg S V. Risks, Contracts and Private Sector Participation in Infras-

tructure[J]. Journal of Construction Engineering & Management，2011，137（11）：925–932.

[49] Yingsutthipun J，Minato T. Source Risks of Transportation BOT Projects in Thailand[J]. 60 Doboku Gakkai Ronbunshuu F，1998，6：163–172.

[50] Hemanta Doloi. Understanding Impacts of Time and Cost Related Construction Risks on Operational Performance of PPP Projects[J]. International Journal of Strategic Property Management，2012，16（3）：316–337.

[51] Li J，Zou P X W. Fuzzy AHP–based Risk Assessment Methodology for PPP Projects[J]. Journal of Construction Engineering & Management，2011，137（12）：1205–1209.

[52] Ameyaw E E，Chan A P C. Risk Allocation in Public–Private Partnership Water Supply Projects in Ghana[J]. Construction Management & Economics，2015，33（3）：187–208.

附录 B
垃圾焚烧发电项目关键风险因素识别调查问卷

您好！非常感谢您在百忙之中对本次问卷调查的支持与配合。本调研是基于国家自然科学基金项目"我国垃圾焚烧发电 PPP 项目关键风险分析及系统应对研究"进行的一项关于我国垃圾焚烧发电 PPP 项目风险情况的调查。本次问卷调查旨在识别影响我国垃圾焚烧发电 PPP 项目实施绩效的关键风险因素，为更加规范、合理的垃圾焚烧发电 PPP 项目决策提供理论参考。

本问卷的完成时间约为 10min，填写对象为垃圾焚烧发电行业从业人员、有关政府工作人员及高等院校相关研究人员。您的答案对本课题的研究具有重要的作用，请您根据自身经验与亲身体会选择一个您认为正确的答案，不要漏答。

本问卷中的所有问题将不涉及您的工作机密与个人隐私；同时，您所提供的答案仅供学术研究使用，答案本身并无对错之分。我们在此承诺，对您填写的一切内容，我们都将遵循学术规范要求严格保密，绝不应用于任何商业目的。您的回答将全部采用编码处理，在任何情况下都不可能根据某个答案辨别回答人的身份。再次感谢您的支持与配合。

背景信息

1. 您的年龄段为（　　）岁。

□ 18 ~ 25　　　□ 26 ~ 35　　　□ 36 ~ 44　　　□ 45 ~ 60　　　□ 60 以上

2. 您的性别为（　　）。

□男　　　　　□女

3. 您所在单位的性质（　　）。

□政府部门　　　　　　　　□企业（项目公司）

□高等学校、科研机构　　　□其他

4. 您的职称是（　　）。

□初级　　　　□中级　　　　□高级　　　　□其他

5. 您从事 PPP 垃圾焚烧发电行业相关研究或工作的年限（　　）。

□未从事过　　　□＜2 年　　　□2～5 年　　　□6～10 年　　　□10 年以上

注意： 问卷中列出了 18 个影响垃圾焚烧发电 PPP 项目的风险因素。请您根据自身经验与亲身体会，在每个题项后您认为正确的数字上打"√"。具体分值定义如表 1 所示。

具体分值定义表　　　　　　　　　　　　　　　　　　　　　　表 1

分值	1	2	3	4	5
发生概率	很小可能发生	较小可能发生	可能发生	较大可能发生	很可能发生
影响程度	影响很小	有一定影响	有影响	有较大影响	有重大影响

问卷中列出的 18 个风险因素的详细定义如表 2 所示。

风险因素详细定义　　　　　　　　　　　　　　　　　　　　　表 2

序号	风险因素	风险因素含义
1	公众反对风险	项目选址、建设和运营阶段，因环境安全等问题引发公众的反对或质疑，导致项目暂缓或延期
2	环境污染风险	项目在建设运营过程中对周边环境造成影响
3	政府决策风险	政府在合约签订、项目选址、建设和运营等环节由于经验不足出现决策失误
4	法律及监管体系不完善	由于国家法律、法规以及相关监管体系不完善，使得企业违规操作有机可乘、钻法律漏洞，给环境、居民带来不利影响，阻碍项目运营
5	垃圾供应风险	生活垃圾供应量不足或垃圾质量不达标
6	设备风险	采用陈旧设备、不成熟工艺带来的环境污染或设备损坏
7	收入成本风险	由于垃圾处理量、煤炭价格等因素的变化导致项目收益或成本发生变化，利益受损
8	缺乏配套设施	在项目运营中，由于缺乏垃圾运输车、垃圾压缩设备等配套设施，给项目带来不利影响
9	政策风险	由于煤价、电价等政策的变更和不完善给项目带来影响
10	支付风险	政府未按时、足额支付给企业垃圾处理补贴和上网电费，从而影响项目运营
11	技术落后	采用落后工艺或者不成熟的技术或设备，导致项目运营绩效无法满足预期的要求
12	安全风险	在建设和运营过程中，由于发生安全事故等带来巨大损失，阻碍项目进展
13	政府信用风险	政府干预项目、单方面更改合同约定或者不履行合同义务
14	设计缺陷	由于设计不符合要求带来环境污染、安全事故等问题，影响项目运营
15	合同变更风险	由于投资方发生变化或者订立新合同等给项目造成损失，阻碍项目进展
16	技术未经验证	由于技术未经验证导致不符合实际标准或者不适用于当地给项目带来损失
17	运营能力不足	由于企业缺乏相关经验导致项目损失，阻碍运营
18	政府行为风险	政府官员存在贪污腐败行为和官僚主义

测量条款

序号	题项		分值				
			1	2	3	4	5
1	公众反对风险	发生概率					
		影响程度					
2	环境污染风险	发生概率					
		影响程度					
3	政府决策风险	发生概率					
		影响程度					
4	法律及监管体系不完善	发生概率					
		影响程度					
5	垃圾供应风险	发生概率					
		影响程度					
6	设备风险	发生概率					
		影响程度					
7	收入成本风险	发生概率					
		影响程度					
8	缺乏配套设施	发生概率					
		影响程度					
9	政策风险	发生概率					
		影响程度					
10	支付风险	发生概率					
		影响程度					
11	技术落后	发生概率					
		影响程度					
12	安全风险	发生概率					
		影响程度					
13	政府信用风险	发生概率					
		影响程度					

续表

序号	题项		分值				
			1	2	3	4	5
14	设计缺陷	发生概率					
		影响程度					
15	合同变更风险	发生概率					
		影响程度					
16	技术未经验证风险	发生概率					
		影响程度					
17	运营能力不足风险	发生概率					
		影响程度					
18	政府行为风险	发生概率					
		影响程度					

附录 C

垃圾焚烧发电项目公众参与和公众接受度调查问卷

您好！非常感谢您在百忙之中对本次问卷调查的支持与配合。本问卷的完成时间约为 5min，填写对象为拟建（已建）垃圾焚烧发电项目所在地周边居民。您的答案对本课题的研究具有重要作用，请您根据自身经验与亲身体会选择一个您认为正确的答案，不要漏答。

本问卷中的所有问题将不涉及您的工作机密与个人隐私；同时，您所提供的答案仅供学术研究使用，答案本身并无对错之分。我们在此承诺，对您填写的一切内容，我们都将遵循学术规范要求严格保密，绝不应用于任何商业目的。您的回答将全部采用编码处理，在任何情况下都不可能根据某个答案辨别回答人的身份。

再次感谢您的支持与配合。

背景信息

1. 您的年龄段为（　　）岁。

A. 18～25　　　　　B. 26～35　　　　　C. 36～44

D. 45～60　　　　　E. 60 以上

2. 您的性别为（　　）。

A. 男　　　　　　　B. 女

3. 您的受教育程度为（　　）。

A. 大学本科　　　　B. 初中及以下　　　C. 高中或者中专

D. 大专　　　　　　E. 研究生及以上

4. 您的住所或者工作场所与拟建（已建）垃圾焚烧发电项目的距离为（　　）。

A. 500m 以内　　　B. 1km 以内　　　　C. 2km 以内

D. 3km 以内　　　　E. 3km 以上

注意： 在后续问卷中：

数字 1 代表"极不同意"；

数字 2 代表"不同意"；

数字 3 代表"既不同意也不反对"；

数字 4 代表"同意"；

数字 5 代表"极其同意"。

请您根据自身经验与亲身体会，在每个题项后您认为正确的数字上打"√"。

编号	题项	同意的数字				
在垃圾焚烧发电厂立项决策、建设与运营过程中，您觉得：						
S1	政府及时、准确、充分地公开了项目相关信息	1	2	3	4	5
S2	政府在决策过程中通过多种措施推动实质性公众参与	1	2	3	4	5
S3	有团体或者组织代表本地居民利益与政府沟通协调、参与决策	1	2	3	4	5
S4	本地居民意愿能够在很大程度上影响政府的决策	1	2	3	4	5
在您所在地区建设或运营的垃圾焚烧发电 PPP 项目，您觉得：						
S5	该设施会威胁本地居民的身体健康	1	2	3	4	5
S6	该设施会导致本地区环境恶化	1	2	3	4	5
S7	该设施会导致本地区房产、农产品等经济价值下降	1	2	3	4	5
S8	该设施会导致本地区居民社会声誉受到影响	1	2	3	4	5
S9	该设施会给本地居民心理暗示并最终形成心理压力	1	2	3	4	5
S10	该设施会对本地传统产业或者文化造成伤害	1	2	3	4	5
在垃圾焚烧发电厂立项决策、建设与运营过程中，您觉得：						
S11	政府的选址决策过程是公正、公平的	1	2	3	4	5
S12	所采用的垃圾焚烧发电设备与技术是环保且安全的	1	2	3	4	5
S13	环境影响评价数据是完善的，结果是可信的	1	2	3	4	5
S14	决策过程中聘请的专家是诚实且公正的	1	2	3	4	5
S15	运营（建设）企业在运营（建设）过程中会遵守建设、环保、安全等相关法律法规与标准	1	2	3	4	5
S16	政府有意愿、有能力履行好监管职能	1	2	3	4	5
对于垃圾焚烧发电 PPP 项目，您觉得：						
F1	在本地建设垃圾焚烧发电厂是必要且可行的	1	2	3	4	5
F2	会支持在本地区附近建设垃圾焚烧发电厂	1	2	3	4	5
F3	会说服亲戚朋友支持在本地区建设垃圾焚烧发电厂	1	2	3	4	5

附录 D
垃圾焚烧发电项目环境影响评价与公众接受度调查问卷

您好！非常感谢您在百忙之中对本次问卷调查的支持与配合。本次问卷调查旨在探索与验证经济补偿、利益感知与公众对垃圾焚烧发电项目的接受程度之间的影响关系与相应机制，从而为更加规范、合理的垃圾焚烧发电项目决策提供理论参考。

本问卷的完成时间约为 5 min，填写对象为拟建（已建）垃圾焚烧发电项目所在地周边居民。您的回答对本次问卷调查至关重要，请您谨慎选择每一个答案，再次感谢您的支持与配合。

背景信息

1. 您的年龄段为（　　）岁。

□ 18 ~ 25　　　□ 26 ~ 35　　　□ 36 ~ 44　　　□ 45 ~ 60　　　□ 60 以上

2. 您的性别为（　　）。

□男　　　　　　□女

3. 您的受教育程度为（　　）。

□初中及以下　　　□高中或中专　　　□大专

□大学本科　　　　□研究生及以上

4. 您的住所或工作场所与拟建（已建）垃圾焚烧发电项目的距离为（　　）。

□ 500m 以内　　　□ 1km 以内　　　□ 2km 以内

□ 3km 以内　　　　□ 3km 以上

注意：后续问卷中：数字 1 代表"极不同意"，数字 2 代表"不同意"，数字 3 代表"既不同意也不反对"，数字 4 代表"同意"，数字 5 代表"极其同意"。请您根据自身经验与亲身体会，在每个题项后您认为正确的数字上打"√"。

测量条款

编号	题项	同意的数字				
在垃圾焚烧发电 PPP 项目立项决策、建设与运营过程中，您觉得：						
S1	环评体制是健全的，实施程序是规范的	1	2	3	4	5
S2	环评机构是权威可靠的	1	2	3	4	5
S3	环评信息公开是多渠道的，可获取程度高	1	2	3	4	5
S4	环评信息共享是及时的	1	2	3	4	5
S5	公众参与环评的程度高，形式多样	1	2	3	4	5
S6	公众参与结果能有效影响环评决策					
在垃圾焚烧发电 PPP 项目立项决策、建设与运营过程中，您觉得：						
S7	其他人也不会接受该设施建在本地区	1	2	3	4	5
S8	我不想承担由他人产生的垃圾造成的负担	1	2	3	4	5
S9	我认为在本地区附近建设该设施是不公平的	1	2	3	4	5
S10	我认为接受该设施在附近选址建设是愚蠢的	1	2	3	4	5
S11	我不会拒绝该设施在本地区建设，毕竟它必须选择一处建设	1	2	3	4	5
S12	如果邻居能找到好的论据说服我，我会接受该设施在附近建设	1	2	3	4	5
S13	在本地区附近建设该设施与我认为的平等观念不符	1	2	3	4	5
S14	我认为该设施应该建在其他地方	1	2	3	4	5
在您所在地区建设或运营垃圾焚烧发电 PPP 项目，您觉得：						
S15	该设施会威胁本地居民的身体健康	1	2	3	4	5
S16	该设施会导致本地区环境恶化	1	2	3	4	5
S17	该设施会导致本地区房产、农产品等经济价值下降	1	2	3	4	5
S18	该设施会导致本地区居民社会声誉受到影响	1	2	3	4	5
S19	该设施会给本地居民心理暗示并最终形成心理压力	1	2	3	4	5
S20	该设施会对本地传统产业或者文化造成伤害	1	2	3	4	5
在垃圾焚烧发电 PPP 项目立项决策、建设与运营过程中，您觉得：						
S21	政府的选址决策过程是公正、公平的	1	2	3	4	5
S22	所采用的垃圾焚烧发电设备与技术是环保且安全的	1	2	3	4	5
S23	环境影响评价数据是完善的，结果是可信的	1	2	3	4	5

续表

编号	题项	同意的数字				
S24	决策过程中聘请的专家是诚实、公正的	1	2	3	4	5
S25	运营（建设）企业在运营（建设）过程中会遵守建设、环保、安全等相关法律法规与标准	1	2	3	4	5
S26	政府有意愿、有能力履行好监管职能	1	2	3	4	5

对于垃圾焚烧发电 PPP 项目，您觉得：

编号	题项	同意的数字				
F1	在本地建设垃圾焚烧发电项目是必要且可行的	1	2	3	4	5
F2	会支持在本地区附近建设垃圾焚烧发电项目	1	2	3	4	5
F3	会说服亲戚朋友支持在本地区附近建设垃圾焚烧发电项目	1	2	3	4	5

垃圾焚烧发电项目经济补偿、利益感知与公众接受度调查问卷

您好！非常感谢您在百忙之中对本次问卷调查的支持与配合。本次问卷调查旨在探索与验证经济补偿、利益感知与公众对垃圾焚烧发电项目的接受程度之间的影响关系与相应机制，从而为更加规范、合理的垃圾焚烧发电项目决策提供理论参考。

本问卷的完成时间约为 5min，填写对象为拟建（已建）垃圾焚烧发电项目所在地周边居民。您的回答对本次问卷调查至关重要，请您谨慎选择每一个答案，再次感谢您的支持与配合。

背景信息

1. 您的年龄段为（　　）岁。

□ 18 ~ 25　　　□ 26 ~ 35　　　□ 36 ~ 44　　　□ 45 ~ 60　　　□ 60 以上

2. 您的性别为（　　）。

□男　　　　　　　□女

3. 您的受教育程度为（　　）。

□初中及以下　　　□高中或中专　　　□大专

□大学本科　　　　□研究生及以上

4. 您的住所或工作场所与拟建（已建）垃圾焚烧发电项目的距离为（　　）。

□ 500m 以内　　　□ 1km 以内　　　□ 2km 以内

□ 3km 以内　　　　□ 3km 以上

注意：后续问卷中：数字 1 代表"极不同意"，数字 2 代表"不同意"，数字 3 代表"既不同意也不反对"，数字 4 代表"同意"，数字 5 代表"极其同意"。请您根据自身经验与亲身体会，在每个题项后您认为正确的数字上打"√"。

测量条款

编号	题项	同意的数字				
在垃圾焚烧发电 PPP 项目立项决策、建设与运营过程中，您受到过以下哪种补偿方式：						
S1	以家庭为单位一次性或连续性每月补偿现金	1	2	3	4	5
S2	政府补助房屋的置换与搬迁	1	2	3	4	5
S3	对项目附近教育、医疗条件或生态环境的改善	1	2	3	4	5
S4	当地税费减免以及养老、社保力度的增加	1	2	3	4	5
S5	承诺扶持当地的产业发展，提供更多就业机会	1	2	3	4	5
在垃圾焚烧发电 PPP 项目立项决策、建设与运营过程中，您觉得：						
S6	该设施会对本地区形象造成危害	1	2	3	4	5
S7	该设施会导致本地区房产价值下降	1	2	3	4	5
S8	该设施能给当地居民提供更多的工作机会	1	2	3	4	5
S9	该设施建成后不利于附近文娱医疗设施的建设	1	2	3	4	5
S10	该设施会对居民收入造成影响	1	2	3	4	5
在您所在地区建设或运营垃圾焚烧发电 PPP 项目，您觉得：						
S11	该设施会威胁本地居民的身体健康	1	2	3	4	5
S12	该设施会导致本地区环境恶化	1	2	3	4	5
S13	该设施会导致本地区房产、农产品等经济价值下降	1	2	3	4	5
S14	该设施会导致本地区居民社会声誉受到影响	1	2	3	4	5
S15	该设施会给本地居民心理暗示并最终形成心理压力	1	2	3	4	5
S16	该设施会对本地传统产业或者文化造成伤害	1	2	3	4	5
在垃圾焚烧发电 PPP 项目立项决策、建设与运营过程中，您觉得：						
S17	政府的选址决策过程是公正、公平的	1	2	3	4	5
S18	所采用的垃圾焚烧发电设备与技术是环保且安全的	1	2	3	4	5
S19	环境影响评价数据是完善的，结果是可信的	1	2	3	4	5
S20	决策过程中聘请的专家是诚实、公正的	1	2	3	4	5
S21	运营（建设）企业在运营（建设）过程中会遵守建设、环保、安全等相关法律法规与标准	1	2	3	4	5
S22	政府有意愿、有能力履行好监管职能	1	2	3	4	5
对于垃圾焚烧发电 PPP 项目，您觉得：						
F1	在本地建设垃圾焚烧发电项目是必要且可行的	1	2	3	4	5
F2	会支持在本地区附近建设垃圾焚烧发电项目	1	2	3	4	5
F3	会说服亲戚朋友支持在本地区附近建设垃圾焚烧发电项目	1	2	3	4	5

参考文献

[1] 毕恒达. 物的意义—— 一个交互论的观点 [J]. 台湾大学建筑与城乡研究学报，1993（7）：97-110.

[2] 蔡定剑. 公众参与：欧洲的制度和经验 [M]. 北京：法律出版社，2009.

[3] 曾赛星，陈宏权，金治州，苏权科. 重大工程创新生态系统演化及创新力提升 [J]. 管理世界，2019，35（4）：28-38.

[4] 陈安杰. 一种民主理论的兴起——西方协商民主理论的观点分野、理论认知与实践探索 [J]. 聊城大学学报（社会科学版），2017（2）：116-123.

[5] 陈佛保，郝前进. 环境市政设施的邻避效应研究——基于上海垃圾中转站的实证分析 [J]. 城市规划，2013，37（8）：72-77.

[6] 陈军. 分层抽样与整群抽样的结合使用 [J]. 统计与决策，2006（15）：127.

[7] 陈玉梅，郭双元，高和平. 当代三大归因理论对教育的启示 [J]. 国际中华应用心理学杂志，2005，2（2）：126-127.

[8] 成洁. 环境心理学的形成与发展——评《环境心理学》[J]. 环境工程，2020，38（8）：259.

[9] 邓旭. 垃圾焚烧发电项目的社会影响评价研究——以 G 市垃圾焚烧发电项目为例 [J]. 四川环境，2017，36（2）：86-90.

[10] 丁进锋，诸大建，田园宏. 邻避风险认知与邻避态度关系的实证研究 [J]. 城市发展研究，2018，25（5）：117-124.

[11] 董留群. 基于故障树分析法的建筑施工安全管理研究 [J]. 工程管理学报，2017，31（2）：131-135.

[12] 杜娟，朱旭峰. 核能公众接受性：研究图景，理论框架与展望 [J]. 中国科学院院刊，2019，034（6）：677-692.

[13] 范柏乃，张鸣. 地方政府信用影响因素及影响机理研究——基于 116 个县级行政区域的调查 [J]. 公共管理学报，2012，9（2）：1-10.

[14] 范常忠，张淑娟. 佛山市生活垃圾的灰色预测与构成特征研究 [J]. 环境科学研究，1997，10（4）：61-64.

[15] 方红庆. 认知工具论：从工具到表现 [J]. 自然辩证法通信，2018，40（11）：57-65.

[16] 冯知新. 西方代议制民主的架构及其缺失 [J]. 齐齐哈尔大学学报（哲学社会科学版），2014（6）：26-27.

[17] 顾莹. 环境领域邻避冲突治理研究 [D]. 上海：华东政法大学，2014.

[18] 何艳玲."中国式"邻避冲突：基于事件的分析 [J]. 开放时代，2009（12）：102-114.

[19] 何艳玲."邻避冲突"及其解决：基于一次城市集体抗争的分析 [J]. 公共管理研究，2006：93-103.

[20] 何羿，赵智杰. 环境影响评价在规避邻避效应中的作用与问题 [J]. 北京大学学报（自然科学版），2013，49（6）：1056-1064.

[21] 侯光辉，王元地."邻避风险链"：邻避危机演化的一个风险解释框架 [J]. 公共行政评论，2015，8（1）：4-28.

[22] 胡象明，王锋. 中国式邻避事件及其防治原则 [J]. 新视野，2013（5）：55-59.

[23] 胡象明. 敏感性工程社会稳定风险事件——过程模型和参与者行动逻辑 [J]. 国家行政学院学报，2016（2）：58-62.

[24] 胡小雨. 建设项目环评对 X 市社会稳定影响的调查及建设 [J]. 环境保护与循环经济，2015，35（1）：70-72.

[25] 黄荷，侯可斌，邱大庆，李楠，赵志杰. 环境影响评价公众参与的居民认知度研究——以北京市为例 [J]. 北京大学学报（自然科学版），2017，53（3）：462-468.

[26] 黄杰，朱正威，赵巍. 风险感知，应对策略与冲突升级—— 一个群体性事件发生机理的解释框架及运用 [J]. 复旦学报（社会科学版），2015，57（1）：134-143.

[27] 朱紫民. 垃圾处理环境补偿机制研究 [D]. 广州：中山大学，2010.

[28] 黄锡生，何江. 核电站环评制度的困境与出路 [J]. 郑州大学学报（哲学社会科学版），2016，49（1）：20-25.

[29] 黄燕如. 污染性设施设置政策之研究——以环境经济学与环境法律学之观点 [D]. 台北：国立中兴大学，1988.

[30] 贾生华，陈宏辉，田传浩. 基于利益相关者理论的企业绩效评价—— 一个分析框架和应用研究 [J]. 科研管理，2003（4）：94-101.

[31] 姜建成. 社会冲突的发生机理、深层原因及治理对策 [J]. 毛泽东邓小平理论研究，2012（2）：44-48.

[32] 康伟，杜蕾. 邻避冲突中的利益相关者演化博弈分析——以污染类邻避设施为例 [J]. 运筹与管理，2018，27（3）：82-92.

[33] 李德营. 邻避冲突与中国的环境矛盾——基于对环境矛盾产生根源及城乡差异的分析 [J]. 南京农业大学学报（社会科学版），2015，15（1）：89-98.

[34] 李国平，李潇，萧代基. 生态补偿的理论标准与测算方法探讨 [J]. 经济学家，2013（2）：42-49.

[35] 李金昌. 略论分层抽样的可能性及必要性 [J]. 浙江统计，1994（6）：20-21.

[36] 李丽红，朱百峰，刘亚臣，张舒.PPP 模式整体框架下风险分担机制研究 [J]. 建筑经济，2014，35（9）：11-14.

[37] 李婷. 基于案例的 PPP 项目政府信用风险研究 [J]. 内蒙古科技与经济，2016（16）：15-19.

[38] 李晓晖. 城市邻避性公共设施建设的困境与对策探讨 [J]. 规划师，2009，25（12）：80-83.

[39] 李永展，何纪芳. 台北地方生活圈都市服务设施之邻避效果 [J]. 都市与计划，1996（1）：95-116.

[40] 李永展. 邻避设施冲突管理之研究 [J]. 台湾大学建筑与城乡研究学报，1998（9）：33-44.

[41] 李长江. 历史文化名镇保护与旅游开发——以上海市朱家角镇游艇码头区规划设计为例 [J]. 小城镇建设，2003（9）：24-26.

[42] 刘冰，苏宏宇. 邻避项目解决方案探索：西方国家危险设施选址的经验及启示 [J]. 中国应急管理，2013（8）：49-53.

[43] 刘冰. 邻避设施选址的公众态度及其影响因素研究 [J]. 南京社会科学，2015，338（12）：62-69.

[44] 刘冰. 风险、信任与程序公正：邻避态度的影响因素及路径分析 [J]. 西南民族大学学报（人文社科版），2016，37（9）：99-105.

[45] 刘德海. 环境污染群体性突发事件的协同演化机制——基于信息传播和权利博弈的视角 [J]. 公共管理学报，2013，10（4）：102-113，142.

[46] 刘登. 我国建筑垃圾资源化管理现状及对策研究 [J]. 中小企业管理与科技（上旬刊），2009（5）：121-122.

[47] 刘锦添. 污染性设施设置程序之研究报告 [D]. 台北："行政院"经建会，1989.

[48] 刘晶晶. 空间正义视角下的邻避设施选址困境与出路 [J]. 领导科学，2013（2）：20-24.

[49] 刘强. 垃圾焚烧产业中邻避效应的形成机理与治理政策 [D]. 杭州：浙江财经大学，2017.

[50] 刘婷，赵桐，王守清. 基于案例的我国 PPP 项目再谈判情况研究 [J]. 建筑经济，2016，37（9）：31-34.

[51] 娄胜华，姜姗姗. "邻避运动"在澳门的兴起及其治理——以美沙酮服务站选址争议为个案 [J]. 中国行政管理，2012（4）：114-117.

[52] 罗成琳，李向阳. 突发性群体事件及其演化机理分析 [J]. 中国软科学，2009（6）：163-171，177.

[53] 吕晓峰. 环境心理学：内涵、理论范式与范畴述评 [J]. 福建师范大学学报（哲学社会科学版），2011（3）：141-148.

[54] 马奔，李婷. 协商式民意调查：邻避设施选址决策中的公民参与协商方式 [J]. 新视野，2015（4）：17-21.

[55] 孟卫东，佟林杰. "邻避冲突"引发群体性事件的演化机理与应对策略研究 [J]. 吉林师范大学学报（人文社会科学版），2013，41（4）：68-70.

[56] 缪小春. 新兴的心理学分支——环境心理学 [J]. 应用心理学，1989（4）：1-9.

[57] 那丹红，张少波，孙雨辰. PPP 项目融资模式下贷款银行的关键风险分析 [J]. 项目管理技术，2015，13（5）：37-41.

[58] 彭运石，王珊珊. 环境心理学方法论研究 [J]. 心理学探新，2009，29（3）：11-14.

[59] 强婧，贾传钊，宋京川子. 提高输变电项目环境影响评价质量的方法探讨 [J]. 科技创新与应用，2017（6）：186-187.

[60] 丘昌泰. 从"邻避情结"到"迎臂效应"——台湾环保抗争的问题与出路 .[J] 政治科学论丛，2002（17）：33-56.

[61] 任志涛，武继科，谷金雨. 基于系统动力学的 PPP 项目失败风险因素动态反馈分析 [J]. 工程管理学报，2016，30（4）：51-56.

[62] 时蓉华. 现代社会心理学 [M]. 上海：华东师范大学出版社，2000.

[63] 宋子健，董纪昌，李秀婷，董志. 基于委托代理理论的 PPP 项目风险成本研究 [J]. 管理评论，2020，32（9）：45-54，67.

[64] 孙文婧. 如何应对中国式邻避运动——专访复旦大学城市环境管理研究中心主任戴星翼教授 [J]. 上海国资，2013（6）：101-103.

[65] 谭鸿仁，王俊隆. 邻避与风险社会新店安坑掩埋场设置的个案分析 [J]. 地理研究，2005（5）：109.

[66] 谭爽，胡象明. 我国邻避项目社会风险防控现状与对策 [J]. 中国应急管理，2013（7）：54-58.

[67] 汤汇浩. 邻避效应：公益性项目的补偿机制与公民参与 [J]. 中国行政管理，2011（7）：111-114.

[68] 汤京平，陈金哲. 新公共管理与邻避政治：以嘉义县市跨域合作为例 [J]. 政治科学论议，2005（23）：101-132.

[69] 王佃利，王庆歌. 风险社会邻避困境的化解：以共识会议实现公民有效参与 [J]. 理论探讨，2015（5）：138-143.

[70] 王惠，于家富. 横加公司诉美国政府案对我国应对环境邻避冲突的法律启示 [J]. 环境保护，2017，45（6）：72-75.

[71] 王凯民，檀榕基. 环境安全感、政府信任与风险治理——从"邻避效应"的角度分析 [J]. 行政与法，2014（2）：10-15.

[72] 王蕾. 浅谈环境影响评价在规避邻避效应中的作用与问题 [J]. 低碳世界，2016（29）：34-35.

[73] 王沛雯. 邻避型群体事件频发：成因分析与应对策略 [J]. 中共济南市委党校学报，2015（4）：74-78.

[74] 王秋菲，石丹，常春光. 多案例的 PPP 项目风险分析与防范 [J]. 沈阳建筑大学学报（社会科学版），2016，18（5）：494-500.

[75] 王亭. 垃圾焚烧厂选址公众接受度的影响因素实证研究 [D]. 广州：暨南大学，2012.

[76] 王威. 风险传播中公众社会情绪的平衡 [J]. 当代传播，2018（5）：68-69，112.

[77] 王秀芬，马志宏，穆志民，韩秀利. 基于 BP 神经网络的多因素城市生活垃圾产量预测模型研究 [J]. 安徽农业科学，2010，38（10）：5475-5477.

[78] 王亦楠. 我国大城市生活垃圾焚烧发电现状及发展研究 [J]. 宏观经济研究，2010（11）：12-23.

[79] 王弈乔，刘宁，邹昊，刘亚臣. 基于 SEM 的 PPP 项目关键风险实证研究 [J]. 建筑经济，2016，37（1）：41-45.

[80] 王峥. 环境影响评价中信息公开问题探析 [J]. 内蒙古农业大学学报（社会科学版），2010，12（3）：55-56.

[81] 王铮，王佃利. 重大邻避型项目合法性危机与冲突逻辑：基于扎根理论的 PX 案例研究 [J]. 山东行政学院学报，2019（4）：64-72.

[82] 乌云娜，胡新亮，张思维. 基于 ISM-HHM 方法的 PPP 项目风险识别 [J]. 土木工程与管理学报，2013，30（1）：67-71.

[83] 吴明隆. 结构方程模型：Amos 实务进阶 [M]. 重庆：重庆大学出版社，2013.

[84] 吴云清，翟国方，李莎莎. 邻避型基础设施国内外研究进展 [J]. 人文地理，2012（6）：7-12.

[85] 吴云清，翟国方，詹亮亮. 城市邻避空间及其演变轨迹——以南京市殡葬邻避空间为例 [J]. 人文地理，2017，32（1）：68-72.

[86] 夏塑杰，袁竞峰，邱作舟. PPP 项目社会风险涌现的影响因素分析 [J]. 科技管理研究，2018，38（8）：216-223.

[87] 夏志强，罗书川. 分歧与演化：邻避冲突的博弈分析 [J]. 新视野，2015（5）：67-73.

[88] 萧代基. 污染性设施之设置与居民信心之建立 [J]. 台湾经济预测与政策，1996，27（1）：39-52.

[89] 谢琳琳，褚海涛，韩婷，等. 基于社会行动理论的重大工程社会责任行为选择 [J]. 土木工程与管理学报，2018，35（6）：57-64.

[90] 熊光清. 当前中国社会风险形成的原因及其基本对策 [J]. 教学与研究，2006（7）：17-22.

[91] 徐磊青，杨公侠. 环境心理学 [M]. 上海：同济大学出版社，2002.

[92] 徐礼来，闫祯，崔胜辉. 城市生活垃圾产量影响因素的路径分析——以厦门市为例 [J]. 环境科学学报，2013，33（4）：1180-1185.

[93] 徐伟明，解丽霞. 西方协商民主理论的现实困境与中国化超越路径 [J]. 理论月刊，2020（4）：61-67.

[94] 徐寅峰，刘德海. 群体性突发事件产生根源的主观博弈分析 [J]. 预测，2004，23（6）：43-45.

[95] 鄢德奎. 中国邻避冲突规制失灵与治理策略研究——基于 531 起邻避冲突个案的实证分析 [J]. 中国软科学，2019（9）：72-81.

[96] 杨大帅，潘大晴. 现有生活垃圾处理设施升级改造的主要方式 [J]. 城市管理与科技，2014，16（6）：66-67.

[97] 杨美临，杨茜，韩方虎. 影响环评质效的因素分析和对策 [J]. 环境影响评价，2017，39（2）：34-36.

[98] 杨雪锋，何兴斓，徐周芳. 环境邻避效应感知风险的建构逻辑与影响因素 [J]. 甘肃行政学

院学报，2018（2）：18-25.

[99] 杨雪锋，孙震．环境设施邻避效应发生机理——基于杭州余杭事件的分析 [J].区域经济评论，
2016（5）：143-150.

[100] 叶民强，林峰．区域人口、资源与环境公平性问题的博弈分析 [J].上海财经大学学报，
2001，3（5）：10-15.

[101] 尹淑坤．PPP 模式在中小城市生活垃圾处理服务中的运用研究 [D].成都：四川大学，2004.

[102] 余群舟．基于风险分担的垃圾焚烧 BOT 项目特许期政府决策 [D].武汉：华中科技大学，
2012：1-168.

[103] 俞国良，王青兰，杨治良．环境心理学 [M].北京：人民教育出版社，2000.

[104] 郁金国．浅析环境影响评价在规避邻避效应中的作用与问题 [J].低碳世界，2017（7）：20-21.

[105] 张爱荣，陈俊芳，匡仪，王晓明，吴小菊，杨舒雯，郑蕊，李纾．环境和生态意识催生的
社会许可问题：缘起与应对 [J].心理科学进展，2018，26（10）：1711-1723.

[106] 张海龙，李祥平，齐剑英，陈永亨，方建德．华南某市生活垃圾组成特征分析 [J].环境科学，
2015，36（1）：325-332.

[107] 张岚．环境项目利益相关者及其博弈研究——以孝昌垃圾治理项目建设为例 [D].南京：河
海大学，2008.

[108] 张乐，童星．公众的"核邻避情结"及其影响因素分析 [J].社会科学研究，2014（1）：105-111.

[109] 张丽．公共参与视角下的邻避设施选址决策研究 [D].南京：南京大学，2016.

[110] 张鹏．制度失灵——济南秸秆焚烧中的农民和政府博弈 [J].管理观察，2009（22）：76-78.

[111] 张体委．资源、权力与政策网络结构：权力视角下的理论阐释 [J].公共管理与政策评论，
2019，8（1）：78-88.

[112] 张维迎．博弈论与信息经济学 [M].上海：上海三联书店，2004.

[113] 张向和，彭绪亚，彭莉．基于人性公平视角的垃圾处理场邻避现象及其机制设计研究 [J].
求实，2011（1）：173-174.

[114] 张向和，彭绪亚．基于邻避效应的垃圾处理场选址博弈研究 [J].统计与决策，2010（20）：
45-49.

[115] 张向和．垃圾处理场的邻避效应及其社会冲突解决机制的研究 [D].重庆：重庆大学，2010.

[116] 张学民，林崇德，申继亮，郭德俊．动机定向、成就归因、自我效能感与学业成就之间的
关系研究综述 [J].教育科学研究，2007（3）：48-51，55.

[117] 张学珉．环境心理学与当代环境保护 [J].环境保护，1994（10）：39-40.

[118] 张亚静，李启明，程立，袁竞峰．PPP 项目残值风险系统性影响因素识别及分析 [J].工程管
理学报，2014，28（4）：77-81.

[119] 张智勇．PPP 模式下高速公路项目投融资风险管理研究 [D].北京：中国科学院大学，2016：
1-82.

[120] 赵树迪，周易，蔡银寅．邻避冲突视角下环境群体性事件的发生过程及处理研究 [J].中国
人口·资源与环境，2017，27（6）：171-176.

[121] 郑卫，贾厚玉. 邻避设施规划选址方法研究回顾与展望 [J]. 城市问题，2019（1）：84-91.

[122] 钟卫红，王翠红. 关于公众参与环境影响评价的立法思考——中国内地与香港地区的比较研究 [J]. 江西理工大学学报，2013，34（6）：20-24.

[123] 周翠红，路迈西，吴文伟，等. 北京市城市生活垃圾产量预测 [J]. 中国矿业大学学报，2003，32（2）：169-172.

[124] 周丽旋，彭晓春，关恩浩，等. 垃圾焚烧设施公众"邻避"态度调查与支付意愿测算 [J]. 环境科学与管理，2012，37（10）：37-42.

[125] 周鲜华，路林翰，祁铭晨. 辽宁省公共租赁住房 PFI 融资制约因素及对策研究 [J]. 沈阳建筑大学学报（社会科学版），2015，17（5）：494-498.

[126] 朱德米，陈昌荣. 我国邻避型集体行动产生的社会心理因素分析 [J]. 福建行政学院学报，2017（6）：1-10，46.

[127] 朱德米，平辉艳. 环境风险转变社会风险的演化机制及其应对 [J]. 南京社会科学，2013（7）：57-63.

[128] 朱德米，虞铭明. 社会心理、演化博弈与城市环境群体性事件——以昆明 PX 事件为例 [J]. 同济大学学报（社会科学版），2015，26（2）：57-64.

[129] 朱红昆，崔胜利. 从环评体制、机制及管理的角度探讨提高环评质量的方法 [J]. 环保科技，2011，17（3）：13-15.

[130] 朱阳光，杨洁，程媛媛，邹丽萍，乔萌萌. 基于博弈视角的邻避效应利益冲突分析 [J]. 现代城市研究，2018（4）：90-99.

[131] 朱阳光，杨洁，邹丽萍，乔萌萌，田雨，徐洪泽. 邻避效应研究述评与展望 [J]. 现代城市研究，2015（10）：100-107.

[132] Zhou H，Meng A H，Long Y Q，Zhang Y G. ChemInform Abstract：An Overview of Characteristics of Municipal Solid Waste Fuel in China：Physical，Chemical Composition and Heating Value[J]. Cheminform，2015，46（30）：107-122.

[133] Achillas C，Vlachokostas C，Moussiopoulos N，Banias G，Kafetzopoulos G，Karagiannidis A. Social Acceptance For the Development of a Waste-to-energy Plant in an Urban Area[J]. Resources Conservation and Recycling，2011，55（9）：857-863.

[134] Al-Azemi，K F，Bhamra R，Salman A F M. Risk Management Framework for Build，Operate and Transfer（bot）Projects in Kuwait[J]. Journal of Civil Engineering and Management，2014，20（3）：415-433.

[135] Aldrich D P. Controversial Project Siting：State Policy Instruments and Flexibility[J]. Comparative Politics，2005，38（1）：103-123.

[136] Alhakami，A S，Slovic P. A Psychological Study of the Inverse Relationship Between Perceived Risk and Perceived Benefit[J]. Risk Analysis，2010，14（6）：1085-1096.

[137] Ameyaw E E，Chan A P C. Risk Ranking and Analysis in PPP Water Supply Infrastructure

Projects：An International Survey of Industry Experts[J]. Facilities，2015，33（7/8）：428-453.

[138] Augustine A O. The Applicability of Nimby and Nimto Syndromes，Willingness and Ability to Pay for Improved Solid Waste Management Among Nairobi Households[J]. Journal of Solid Waste Technology and Management，2015，41（2）：121-135.

[139] Aung T S . Evaluation of the Environmental Impact Assessment System and Implementation in Myanmar：Its Significance in Oil and gas Industry[J]. Environmental Impact Assessment Review，2017，66：24-32.

[140] Ayodele T，Ogunjuyigbe A，Alao M. Life Cycle Assessment of Waste-to-Energy（WTE）Technologies for Electricity Generation Using Municipal Solid Waste in Nigeria[J]. Applied Energy，2017，201：200-218.

[141] Bacot H，Bowen T and Fitzgerald M R. Managing the Solid Waste Crisis [J]. Policy Studies Journal，1994（2）：229-244.

[142] Bacow L S，Milkey J R. Overcoming Local Opposition to Hazardous Waste Facilities：The Massachusetts Approach. [J].Harv. Environ. Law Rev，1982，62（2）：265-305.

[143] Bagozzi R P，Yi Y. Specification，Evaluation and Interpretation of Structural Equation Models[J]. Journal of the Academy of Marketing Science，2012，40（1）：8-34.

[144] Baker R. Ecological Psychology[M]. Palo Alto：Stanford University Press，1968.

[145] Bandura A. Aggression：a Social Learning Analysis[J]. American Journal of Sociology，1973，26（5）：1101-1109.

[146] Barker A，Wood C. An Evaluation of EIA System Performance in Eight EU Countries[J]. Environmental Impact Assessment Review，1999，19（4）：387-404.

[147] Baumber A，Scerri M，Schweinsberg S. A Social Licence for the Sharing Economy[J]. Technological Forecasting and Social Change，2019，146：12-23.

[148] Baumol W J，Oates W E . The Theory of Environmental Policy[J]. Cambridge Books，1988，27（1）：127-128.

[149] Bearth A，Siegrist M . Are Risk or Benefit Perceptions More Important for Public Acceptance of Innovative Food Technologies：A Meta-Analysis[J]. Trends in Food Science and Technology，2016，49：14-23.

[150] Beecher N，Harrison E，Goldstein N，McDaniel M，Field P，Susskind L. Risk Perception，Risk Communication and Stakeholder Involvement for Biosolids Management and Research[J]. Journal of Environmental Quality，2005，34（1）：122-128.

[151] Bell P A，Greene T C，Fisher J D. Environmental Psychology（5th）[M]. Fort Worth，TX：Harcourt Brace College，2000.

[152] Besley J C . Public Engagement and the Impact of Fairness Perceptions on Decision Favorability and Acceptance[J]. Science Communication，2010，32（2）：256-280.

[153] Bice S，Moffat K. Social Licence to Operate and Impact Assessment[J]. Impact Assessment and Project Appraisal，2014，32（4）：257-262.

[154] Bing L，Akintoye A，Edwards P J，Hardcastle C. The Allocation of Risk in PPP/PFI Construction Projects in the UK[J]. International Journal of Project Management，2005，23（1）：25-35.

[155] Boomsma，J J，Loon A J V. Structure and Diversity of Ant Communities in Successive Coastal Dune Valleys[J]. Journal of Animal Ecology，1982，51（3）：957-974.

[156] Börzel T A. Organizing Babylon—On Different Conceptions of Policy Networks[J]. Public Administration，1998，76（2）：253-273.

[157] Botetzagias I，Malesios C，Kolokotroni A，Moysiadis Y. The Role of NIMBY in Opposing the Siting of Wind Farms：Evidence from Greece[J]. Journal of Environmental Planning and Management，2015，58（2）：229-251.

[158] Boutilier R，Thomson I. Modelling and Measuring the Social License to Operate：Fruits of a Dialogue Between Theory and Practice[J]. Social Licence to Operate，2011：1-10.

[159] Brecher R W，Flynn T . Principles of Risk Communication-18：Building Trust and Credibility with the Public[J]. Handbook of Toxicologic Pathology（Second Edition），2002：447-457.

[160] Bruhn-Tysk S，Eklund M. Environmental Impact Assessment—a Tool for Sustainable Development? A Case Study of Biofuelled Energy Plants in Sweden[J]. Environmental Impact Assessment Review，2002，22（2）：129-144.

[161] Burningham K，O'Brien M. Global Environmental Values and Local Contexts of Action[J]. Sociology，1994，28（4）：913-932.

[162] Carbonara N，Costantino N，Pellegrino R. Concession Period for PPPs：A Win–Win Model for a Fair Risk Sharing[J]. International Journal of Project Management，2014，32（7）：1223-1232.

[163] Cashmore M，Gwilliam R，Morgan R K，Cobb D，Bond A J. The Interminable Issue of Effectiveness：Substantive Purposes，Outcomes and Research Challenges in the Advancement of Environmental Impact Assessment Theory[J]. Project Appraisal，2004，22（4）：295-310.

[164] Cesar S. Earning a Social License to Operate in Mining：A Case Study from Peru[J]. Resour. Policy，2019，64：101482.

[165] Cha Y. Risk Perception in Korea：a Comparison with Japan and the United States[J]. Journal of Risk Research，2000，3（4）：321-332.

[166] Chan A P C，Lam P T I，Wen Y，Ameyaw E E，Wang S，Ke Y.A Cross-Sectional Analysis of Critical Risk Factors for PPP Water Projects in China[J]. Journal of Infrastructure Systems，2014，21（1）：04014031.1-04014031.10.

[167] Chang N B，Davila E. Municipal Solid Waste Characterizations and Management Strategies for the Lower Rio Grande Valley，Texas[J].Waste Management，2008，28（5）：776-794.

[168] Chiu C P，Lai S K. An Experimental Comparison of Negotiation Strategies for Siting NIMBY

Facilities[J]. Environment and Planning B：Planning and Design，2009，36（6）：956-967.

[169] Cho J H，Chan K，Adali S. A Survey on Trust Modeling[J]. ACM Comput. Surv.，2015，48（2）：1-40.

[170] Choi J S. The Roles of Affect and Cultural Heuristics in Benefit and Risk Perception for Collaborative Resolution of NIMBY Conflict：Crematory Facility Siting in Korea[J]. International Review of Public Administration，2009，13：33-43.

[171] Choi J，Chung J，Lee D J. Risk Perception Analysis：Participation in China's Water PPP Market[J]. International Journal of Project Management，2010，28（6）：580-592.

[172] Chung J B，Kim H K. Competition，Economic Benefits，Trust，and Risk Perception in Siting a Potentially Hazardous Facility[J]. Landscape and Urban Planning，2009，91（1）：8-16.

[173] Clarkson M E. A stakeholder Framework for Analyzing and Evaluating Corporate Social Performance[J].The Academy of Management Review，1995（1）：92-117.

[174] Cooney J. Reflections on the 20th Anniversary of the Term 'Social Licence'[J]. Journal of Energy and Natural Resources Law，2017，35（2）：197-200.

[175] Cremer D D. To Pay or to Apologize? On the Psychology of Dealing With Unfair Offers in a Dictator Game[J]. Journal of Economic Psychology，2010，31（6）：843-848.

[176] Davies A R. Civil Society Activism and Waste Management in Ireland：The Carranstown Anti-Incineration Campaign[J]. Land Use Policy，2008，25（2）：161-172.

[177] Davies A R.Environmental Justice as Subtext or Omission：Examining Discourses of Anti-Incineration Campaigning in Ireland[J]. Geoforum，2006，37（5）：708-724.

[178] Dawson J I，Darst R G. Meeting the Challenge of Permanent Nuclear Waste Disposal in an Expanding Europe：Transparency，Trust and Democracy[J]. Environmental Politics，2006，15（4）：610-627.

[179] Devine-Wright P. Rethinking NIMBYism：The role of Place Attachment and Place Identity in Explaining Place-Protective Action[J]. Journal of Community and Applied Social Psychology，2010，19（6）：426-441.

[180] Devine-Wright P. Beyond NIMBYism：Towards an Integrated Framework for Understanding Public Perceptions of Wind Energy[J]. Wind Energy，2005，8（2）：125-139.

[181] Eckerd A. Citizen Language and Administrative Response Participation in Environmental Impact Assessment[J]. Administration Society，2014，49：348-373.

[182] Edelstein，Michael R . Sustainable Innovation and the Siting Dilemma：Thoughts on the Stigmatization of Projects and Proponents，Good and Bad[J]. Journal of Risk Research，2004，7（2）：233-250.

[183] Eisenhardt K M. Building Theories from Case Study Research[J].Academy of Management Review，1989，14（4）：532-550.

[184]   Eiser J R, Miles S, Frewer L J. Trust, Perceived Risk, and Attitudes Toward Food Technologies[J]. Journal of Applied Social Psychology, 2010, 32 (11): 2423-2433.

[185]   Eiser J R, Miles S, Frewer L J. Trust, Perceived Risk, and Attitudes Toward Food Technologies.[J]. Journal of Applied Social Psychology, 2010, 32 (11): 2423-2433.

[186]   Engdahl E, Lidskog R. Risk, Communication and Trust: Towards an Emotional Understanding of Trust[J]. Public Understanding of Science, 2014, 23 (6): 703-717.

[187]   Etzioni, Amitai.The Limits of Transparency[J]. Public Administration Review: PAR, 2014, 74 (6): 687-688.

[188]   Fang D, Li M, Fong P, Shen L. Risks in Chinese Constructionmarket—Contractors' Perspective[J]. Journal of Construction Engineering and Management, 2004, 130 (6): 853-861.

[189]   Fehr E, Kremhelmer S, Schmidt K M. Fairness and the Optimal Allocation of Ownership Rights[J]. Economic Journal, 2010, 118 (531): 1262-1284.

[190]   Ferry L, Eckersley P. Accountability and Transparency: A Nuanced Response to Etzioni[J]. Public Administration review, 2015, 75 (1): 11-12.

[191]   Finucane M L, Alhakami A, Slovic P, Johnson S M. The Affect Heuristic in Judgments of Risks and Benefits[J]. Journal of Behavioral Decision Making, 2000, 13 (1): 1-17.

[192]   Flynn J, Slovic P, Mertz C K. Gender, Race, and Perception of Environmental Health Risks[J]. Risk Analysis, 2010, 14 (6), 1101-1108.

[193]   Franks D M, Cohen T. Social Licence in Design: Constructive Technology Sssessment Within a Mineral Research and Development Institution[J]. Technological Forecasting and Social Change, 2012, 79 (7): 1229-1240.

[194]   Freeman, Edward R. Strategic Management: The Stakeholder Approach[J]. 1986, 7 (3) 302-305.

[195]   Frey B, Oberholzer-Gee F, Eichenberger R. The Old Lady Visits Your Backyard: A Tale of Morals and Markets[J]. Journal of Political Economy, 1996, 104 (6): 1297-1313.

[196]   Zhang D, Huang G, Xu Y, Gong Q. Waste-to-Energy in China: Key Challenges and Opportunities[J]. Energies, 2015, 8 (12): 14182-14196.

[197]   Fung A. Putting the Public Back into Governance: The Challenges of Citizen Participation and Its Future[J]. Public Administration Review: PAR, 2015, 75 (4): 513-522.

[198]   Garnett K, Cooper T, Longhurst P, Jude S, Tyrrel S. A Conceptual Framework for Negotiating Public Involvement in Municipal Waste Management Decision-Making in the UK[J]. Waste Management, 2017, 66: 210-221.

[199]   Garnett K, Cooper T. Effective Dialogue: Enhanced Public Engagement as a Legitimising Tool for Municipal Waste Management Decision-Making[J]. Waste Management, 2014, 34 (12): 2709-2726.

[200] Garrone P, Groppi A. Siting Locally-Unwanted Facilities: What Can Be Learnt from the Location of Italian Power Plants[J]. Energy Policy, 2012, 45: 176-186.

[201] Giusti L. A Review of Waste Management Practices and Their Impact on Human Health[J]. Waste Management, 2009, 29 (8): 2227-2239.

[202] Greenberg M . Energy Sources, Public Policy, and Public Preferences: Analysis of US National and Site-Specific Data[J]. Energy Policy, 2009, 37 (8): 3242-3249.

[203] Greenberg M R, Schneider D F . Gender Differences in Risk Perception: Effects Differ in Stressed vs. Non-Stressed Environments[J]. Risk Analysis An Official Publication of the Society for Risk Analysis, 2010, 15 (4): 503-511.

[204] Grimsey D, Lewis M. Evaluating the Risks of Public Private Partnerships for Infrastructure Projects[J]. International Journal of Project Management, 2002, 20 (2): 107-118.

[205] Groothuis P A, Miller G. Locating Hazardous Waste Facilities: The Influence of Nimby Beliefs[J]. American Journal of Economics and Sociology, 1994, 53 (3): 335-346.

[206] Gross C. Community Perspectives of Wind Energy in Australia: The Application of a Justice and Community Fairness Framework to Increase Social Acceptance[J]. Energy Policy, 2007, 35 (5): 2727-2736.

[207] Gustafson P E. Gender Differences in Risk Perception: Theoretical and Methodological Perspectives[J]. Risk Analysis, 1998, 18 (6): 805-811.

[208] Haesevoets T, Folmer C R, Cremer D D, Hiel E V. Money isn't all that Matters: The Use of Financial Compensation and Apologies to Preserve Relationships in the Aftermath of Distributive Harm[J]. Journal of Economic Psychology, 2013, 35 (1): 95-107.

[209] Hall N L, Lacey J, Carr-Cornish S, Dowd A M. Social Licence to Operate: Understanding How a Concept Has Been Translated Into Practice in Energy Industries[J]. Journal of Cleaner Production, 2015, 86: 301-310.

[210] Hansen J, Holm L, Frewer L, Robinson P, Sande P. Beyond the Knowledge Deficit: Recent Research Into Lay and Expert Attitudes to Food Risks[J]. Appetite, 2003, 41 (2): 111-121.

[211] Harris C R, Jenkins M . Gender Differences in Risk Assessment: Why Do Women Take Fewer Risks Than Men?[J]. Judgment and Decision Making, 2006, 1 (1): 48-63.

[212] Hartley N, Wood C . Public Participation in Environmental Impact Assessment—Implementing the Aarhus Convention[J]. Environmental Impact Assessment Review, 2005, 25 (4): 319-340.

[213] Hasan M A, Nahiduzzaman K M, Aldosary A S . Public Participation in EIA: A Comparative Study of the Projects Run by Government and Non-Governmental Organizations[J]. Environmental Impact Assessment Review, 2018, 72: 12-24.

[214] He G, Mol A P J, Zhang L, Lu J L. Public Participation and Trust in Nuclear Power Development in China[J]. Renewable and Sustainable Energy Reviews, 2013, 23: 1-11.

[215] Healey M P, Vuori T, Hodgkinson G P . When Teams Agree While Disagreeing: Reflexion and Reflection in Shared Cognition[J]. Academy of Management Review, 2015, 40（3）: 399-422.

[216] Heider F.The Psychology of Interpersonal Relations[M]. Eastford, CT: Martino Publishing, 1958.

[217] Huang L, Ban J, Sun K, Han Y, Yuan Z., Bi J. The Influence of Public Perception on Risk Acceptance of the Chemical Industry and the Assistance for Risk Communication[J]. Safety Science, 2013, 51（1）: 232-240.

[218] Huang L, He R, Yang Q, Chen J, Zhou Y, et al. The Changing Risk Perception Towards Nuclear Power in China after the Fukushima Nuclear Accident in Japan[J]. Energy Policy, 2018, 120: 294-301.

[219] Huang L, Bi J, Zhang B, Li F. Perception of People for the Risk of Tianwan Nuclear Power Plant ［J］. Frontiers of Environmental Science and Engineering in China, 2010, 4（1）: 73-81.

[220] Huang Y, Ning Y, Zhang T, Fe Y. Public Acceptance of Waste Incineration Power Plants in China: Comparative Case Studies[J]. Habitat International, 2015, 47: 11-19.

[221] Huijts N M A, Molin E J E, Steg L . Psychological Factors Influencing Sustainable Energy Technology Acceptance: A Review-Based Comprehensive Framework[J]. Renewable and Sustainable Energy Reviews, 2012, 16（1）: 525-531.

[222] Hwang B G, Zhao X, Gay M J S. Public Private Partnership Projectsin Singapore: Factors, Critical Risks and Preferred Risk Allocation from the Perspective Ofcontractors[J]. International Journal of Project Management, 2013, 31（3）: 424-433.

[223] Imtihani N, Mariko Y. Media Coverage of Fukushima Nuclear Power Station Accident 2011 （A Case Study of NHK and BBC WORLD TV Stations）[J]. Procedia Environmental Sciences, 2013, 17: 938-946.

[224] Iyer K C, Sagheer M. Hierarchical Structuring of PPP Risks Using Interpretative Structural Modeling[J]. Journal of Construction Engineering and Management, 2010, 136（2）: 151-159.

[225] Jamie B, Yvonne H, Yvonne R, Virginia M. Attitudes Toward Waste to Energy Facilities and Impacts on Diversion in Ontario, Canada[J]. Waste Management, 2016, 50: 75-85.

[226] Johnson T . Environmentalism and NIMBYism in China: Promoting a Rules-based Approach to Public Participation[J]. Environmental Politics, 2010, 19（3）: 430-448.

[227] Johnson T. The Politics of Waste Incineration in Beijing: The Limits of a Top-Down Approach? [J]. Journal of Environmental Policy and Planning, 2013, 15（1）: 109-128.

[228] Jones C R, Eiser J R. Understanding "local" Opposition to Wind Development in the UK: How Big is a Backyard?[J]. Energy Policy, 2010, 38（6）: 3106-3117.

[229] Joyce S, Thomson I. Earning a Social Licence to Operate: Social Acceptability and Resource

Development in Latin America[J]. Cim Bulletin, 2000, 93 (1037): 49-53.

[230] Junseop, Shim, Ji-Hyung, Park. Public Participation and Trust in Government: The Case of the Korean Financial Regulatory Agency[J]. Public Performance and Management Review, 2016, 40 (1): 1-22.

[231] Katsuya T. Public Response to the Tokai Nuclear Accident[J]. Risk Analysis: An International Journal, 2001, 21 (6): 1039-1046.

[232] Ke Y, Wang S Q, Chan A P C, Cheung E. Understanding the Risks in China's PPP Projects: Ranking of Their Probability and Consequence[J]. Engineering Construction and Architectural Management, 2011, 18 (5): 481-496.

[233] Ke Y, Wang S Q, Chan A P C, Lam P T I. Preferred Risk Allocation in China's Public–Private Partnership (PPP) Projects[J]. International Journal of Project Management, 2010, 28 (5): 482-492.

[234] Keller L R, Sarin R K. Equity in Social Risk: Some Empirical Observations[J]. Risk Analysis, 1988, 8 (1): 135-146.

[235] Kelley H H. Attribution Theory in Social Psychology[M]. Lincoln: University of Nebraska Press, 1967.

[236] Kelly R, Fleming A, Pecl G T. Citizen Science and Social Licence: Improving Perceptions and Connecting Marine User Groups[J]. Ocean and Coastal Management, 2019, 178: 104855.1-9.

[237] Kim Y, Kim M, Kim W. Effect of the Fukushima Nuclear Disaster on Global Public Acceptance of Nuclear Energy[J]. Energy Policy, 2013, 61: 822-828.

[238] Kline R B. Principles and Practice of Structure Equation Modelling[M]. New York: Guilford Publication, 2011.

[239] Kuhn R G, Ballard K R. Canadian Innovations in Siting Hazardous Waste Management Facilities[J]. Environmental Management, 1998, 22 (4): 533-545.

[240] Kunreuther H, Fitzgerald K, Aarts T D. Siting Noxious Facilities: A Test of the Facility Siting Credo[J]. Risk Analysis, 2010, 13 (3): 301-318.

[241] Kunreuther H, Fitzgerald K, Aarts T D. Siting Noxious Facilities: A Test of the Facility Siting Credo[J]. Risk Analysis, 2010, 13 (3): 301-318.

[242] Lacey J, Carr-Cornish S, Zhang A, Eglinton K, Moffat K. The art and Science of Community Relations: Procedural Fairness at Newmont's Waihi Gold Operations, New Zealand[J]. Resources Policy, 2017, 52: 245-254.

[243] Lacey J, Lamont J. Using Social Contract to Inform Social Licence to Operate: an Application in the Australian Coal Seam Gas Industry[J]. Journal of Cleaner Production, 2014, 84: 831-839.

[244] Lam K, Lee W, Fung T, Woo L.Challenges of Managing NIMBYISM in Hong Kong[J].

International Conference on Siting of Locally Unwanted Facilities，2007，1：169-182.

[245] Lang G，Xu Y. Anti-Incinerator Campaigns and the Evolution of Protest Politics in China[J]. Environmental Politics，2013，22（5）：832-848.

[246] Larsen S V，Hansen A M，Nielsen H N . The Role of EIA and Weak Assessments of Social Impacts in Conflicts Over Implementation of Renewable Energy Policies[J]. Energy Policy，2018，115：43-53.

[247] Lewick R，Bunker B. Developing and Maintaining Trust in Work Relationships[J]. Sage Publications，1996，114-139.

[248] Li J，Zou P. Risk Identification and Assessment in PPP Infrastructure Projects Using Fuzzy Analytical Hierarchy Process and Life-Cycle Methodology[J]. Australasian Journal of Construction Economics and Building，2012，8（1）：34-48.

[249] Li S. The Legal Environment and Risks for Foreign Investment in China[M]. Berlin：Springer，2007.

[250] Li W，Liu J，Li D. Getting Their Voices Heard：Three Cases of Public Participation in Environmental Protection in China[J]. Journal of Environment Management，2012，98：65-72.

[251] Li Y，Zhao X，Li Y，Li X. Waste Incineration Industry and Development Policies in China[J]. Waste Management，2015，46：234-241.

[252] Lidskog R，Sundqvist G . On the Right Track? Technology，Geology and Society in Swedish Nuclear Waste Management[J]. Journal of Risk Research，2004，7（2）：251-268.

[253] Lima M. Predictors of Attitudes Towards the Construction of a Waste Incinerator：Two Case Studies[J]. Journal of Applied Social Psychology，2006，36（2）：441-466.

[254] Lin H，Zeng S，Ma H，Zeng R，Tam D. An Indicator System for Evaluating Megaproject Social Responsibility[J]. International Journal of Project Management，2017，35（7）：1415-1426.

[255] Liu C，Zhang Z，Kidd S. Establishing an Objective System for the Assessment of Public Acceptance of Nuclear Power in China[J]. Nuclear Engineering and Design，2008，238（10）：2834-2838.

[256] Liu T，Wu Y，Tian X，Gong Y. Urban Household Solid Waste Generation and Collection in Beijing，China[J]. Resources Conservation and Recycling，2015，104：31-37.

[257] Liu Y，Sun C，Xia B，Cui C，Coffey V. Impact of Community Engagement on Public Acceptance Towards Waste-to-Energy Incineration Projects：Empirical Evidence From China[J]. Waste Management，2018：431-442.

[258] Liu Y，Xia B，Cui C，Skitmore M. Community Response to Construction Noise in Three Central Cities of Zhejiang Province，China[J]. Environmental Pollution，2017，230：1009-1017.

[259] Liu Y，Ge Y ，Xia B，Cui C，Jiang X，Skitmore M. Enhancing Public Acceptance Towards Waste-to-Energy Incineration Projects：Lessons Learned From a Case Study in China[J].

Sustainable Cities and Society, 2019, 48: 101582.

[260] Loomis J J, Dziedzic M. Evaluating EIA Systems Effectiveness: A State of the Art[J]. Environmental Impact Assessment Review, 2018, 68: 29-37.

[261] Lu X, Xie X, Xiong J. Social Trust and Risk Perception of Genetically Modified Food in Urban Areas of China: the Role of Salient Value Similarity[J]. Journal of Risk Research, 2015, 18 (2): 199-214.

[262] Yano T, Sato T, Björkman M, RylanderR.Comparison of Community Response to Road Traffic Noise in Japan and Sweden – Part Ⅱ: Path Analysis[J]. Journal of Sound and Vibration, 2002, 250 (1): 169-174.

[263] Mah D N, Hills P, Tao J. Risk Perception, Trust and Public Engagement in Nuclear Decision-Making in Hong Kong[J]. Energy Policy, 2014, 73 (5): 368-390.

[264] Yin R K. Case Study Research: Design and Method[M]. Thousand Oaks: SAGE Publication Inc, 2013.

[265] Marsh D, Rhodes R A W. Policy Networks in British Government[M]. Oxford: Clarendon Press, 1992.

[266] Mccomas K A, Lu H, Keranen K M, Furtney M A, Song H. Public Perceptions and Acceptance of Induced Earthquakes Related to Energy Development[J]. Energy Policy, 2016, 99: 27-32.

[267] Menikpura S, Sang-Arun J, Bengtsson M. Assessment of Environmental and Economic Performance of Waste-to-Energy Facilities in Thai Cities[J]. Renewable Energy, 2016, 86: 576-584.

[268] Mercado-Saez M T, Marco-Crespo E, Alvarez-Villa A . Exploring News Frames, Sources and Editorial Lines on Newspaper Coverage of Nuclear Energy in Spain[J]. Environmental Communication A Journal of Nature and Culture, 2018, 13 (3-4): 1-14.

[269] Michael A. The Acronym NIMBY It's Use in the Scientific Literature About Facility Siting[J]. ETH-NSSI Semesterarbeit, 2006, 50 (6) .

[270] Misra V, Pandey S D. Hazardous Waste, Impact on Health and Environment for Development of Better Waste Management Strategies in Future in India[J]. Environment International, 2005, 31 (3): 417-431.

[271] Mitchell R K, Agle B, Wood D J. Toward a Theory of Stakeholder Identification and Salience: Defining the Principle of Who and What Really Counts[J]. Academy of Management Review, 1997, 22 (4): 853-886.

[272] Mizrahi S, Vigoda-Gadot E, Cohen N. Trust, Participation, and Performance in Public Administration: An Empirical Examination of Health Services in Israel[J]. Public Performance and Management Review, 2009, 33 (1): 7-33.

[273] Moffat K, Zhang A . The Paths to Social Licence to Operate: An Integrative Model Explaining Community Acceptance of Mining[J]. Resources Policy, 2014, 39 (1): 61-70.

[274] Moffat K, Lacey J, Zhang A, Leipold S. The Social Licence to Operate: a Critical Review[J]. Forestry, 2016, 89: 477-488.

[275] Molnar L J, Ryan L H, Pradhan A K, Eby D W, Louis R M S, Zakrajsek J S. Understanding Trust and Acceptance of Automated Vehicles: An Exploratory Simulator Study of Transfer of Control Between Automated and Manual Driving[J]. Transportation Research, 2018, 58: 319-328.

[276] Morgan R K. Environmental Impact Assessment: the State of the Art[J]. Impact Assessment and Project Appraisal, 2012, 30 (1): 5-14.

[277] Moy P, Krishnan N, Ulloa P, Cohen S, Brandt-Rauf P W. Options for Management of Municipal Solid Waste in New York City: A Preliminary Comparison of Health Risks and Policy Implications[J]. Journal of Environmental Management, 2008, 87 (1): 73-79.

[278] Nelsen J L. Social License to Operate[J]. International Journal of Mining Reclamation and Environment, 2006, 20 (3): 161-162.

[279] O'Faircheallaigh C . Public Participation and Environmental Impact Assessment: Purposes, Implications, and Lessons for Public Policy Making[J]. Environmental Impact Assessment Review, 2010, 30 (1): 19-27.

[280] O'Hare M . Not On My Block You Don't: Facility Siting and the Strategic Importance of Compensation[J]. Public Policy, 1977, 25 (4): 407-458.

[281] Okimoto T G, Tyler T R. Is Compensation Enough? Relational Concerns in Responding to Unintended Inequity.[J]. Group Processes and Intergroup Relations, 2007, 10 (3): 399-420.

[282] Ortolano L, Jenkins B, Abracosa R P. Speculations on When and Why Eia is Effective[J]. Environmental Impact Assessment Review, 1987, 7 (4): 285-292.

[283] Owen J R, Kemp D. Social Licence and Mining: A Critical Perspective[J]. Resources Policy, 2013, 38 (1): 29-35.

[284] Owusu G, Oteng-Ababio M, Afutu-Kotey R L. Conflicts and Governance of Landfills in a Developing Country, City Accra[J]. Landscape and Urban Planning, 2012, 104 (1): 105-113.

[285] Parsons R, Lacey J, , Moffat K. Maintaining Legitimacy of a Contested Practice: How the Minerals Industry Understands Its 'Social Licence to Operate' [J]. Resources Policy, 2014, 41: 83-90.

[286] Perhac R M.Comparative Risk Assessment: Where Does the Public Fit In?[J]. Science Technology and Human Values, 1998, 23 (2): 221-241.

[287] Pillutla M, Murnighan J K. Unfairness, Anger, and Spite: Emotional Rejections of Ultimatum Offers[J]. Organizational Behavior and Human Decision Processes, 2016, 68 (3): 208-224.

[288] Pölönen I, Hokkanen P, Jalava K. The Effectiveness of the Finnish EIA System — What works,

What Doesn't, and What Could be Improved?[J]. Environmental Impact Assessment Review, 2011, 31 (2): 120-128.

[289] Poortinga W, Pidgeon N F . Exploring the Dimensionality of Trust in Risk Regulation[J]. Risk Analysis An Official Publication of the Society for Risk Analysis, 2003, 23 (5): 961-972.

[290] Poppe F J. The Environmentalist and the LULU. (cover story) [J]. Environment, 1985, 27 (2): 6-11.

[291] Prior J, Partridge E, Plant R. 'We Get the Most Information from the Sources We Trust Least': Residents' Perceptions of Risk Communication on Industrial Contamination[J]. Australasian Journal of Environmental Management, 2014, 21 (4): 346-358.

[292] Rahardyan B, Matsuto T, Kakuta Y, Tanaka N. Resident's Concerns and Attitudes Towards Solid Waste Management Facilities[J]. Waste Management, 2004, 24 (5): 437-451.

[293] Ren H, Gray B. Repairing Relationship Conflict: How Violation Types and Culture Influence the Effectiveness of Restoration Rituals[J]. The Academy of Management Review, 2009, 34 (1): 105-126.

[294] Ren X, Che Y, Yang K, Tao Y. Risk Perception and Public Acceptance Toward a Highly Protested Waste-to-Energy Facility[J]. Waste Management, 2016, 48: 528-539.

[295] Renn O, Schweizer P J. Inclusive Risk Governance: Concepts and Application to Environmental Policy Making[J]. Environmental Policy and Governance, 2009, 19 (3): 174-185.

[296] Ricci P F, Rice D, Ziagos J, Cox L Λ. Precaution, Uncertainty and Causation in Environmental Decisions[J]. Environment International, 2003, 29 (1): 1-19.

[297] Richert C, Rogers A, Burton M. Measuring the Extent of a Social License to Operate: The Influence of Marine Biodiversity Offsets in the Oil and Gas Sector in Western Australia[J]. Resources Policy, 2015, 43: 121-129.

[298] Rootes C, Leonard L. Environmental Movements and Campaigns Against Waste Infrastructure in the United States[J]. Environmental Politics, 2009, 18 (6): 835-850.

[299] Ross V L, Fielding K S, Louis W R. Social Trust, Risk Perceptions and Public Acceptance of Recycled Water: Testing a Social-Psychological Model[J]. Journal of Environmental Management, 2014, 137: 61-68.

[300] Rowe G, Frewer L J.Public Participation Methods: a Framework for Evaluation[J]. Science Technology and Human Values, 2000, 25 (1): 3-29.

[301] Saha R, Mohai P. Historical Context and Hazardous Waste Facility Siting: Understanding Temporal Patterns in Michigan[J]. Social Problems, 2005, 52 (4): 618-648.

[302] Schively C. Understanding the NIMBY and LULU Phenomena: Reassessing Our Knowledge Base and Informing Future Research[J]. Journal of Planning Literature, 2007, 21 (3): 255-266.

[303] Siegrist M, Keller C, Kastenholz H, Frey S, Wiek A. Laypeople's and Experts' Perception of

Nanotechnology Hazards[J]. Risk analysis, 2007, 27 (1): 59-69.

[304] Siegrist M, Cvetkovich G, Roth C. Salient Value Similarity, Social Trust, and Risk/Benefit Perception[J]. Risk Analysis, 2000, 20 (3): 353-362.

[305] Siegrist M, Cvetkovich G. Perception of Hazards: The Role of Social Trust and Knowledge[J]. Risk Analysis An International Journal. 2000, 20 (5): 713-720.

[306] Siegrist M, Visschers V H. Acceptance of Nuclear Power: the Fukushima Effect[J]. Energy Policy, 2013, (59): 112-119.

[307] Siegrist M, Cvetkovich G. Perception of Hazards: The Role of Social Trust and Knowledge[J]. Risk Analysis, 2000, 20 (5): 713-720.

[308] Siegrist M. The Influence of Trust and Perceptions of Risks and Benefits on the Acceptance of Gene Technology[J]. Risk Analysis, 2010, 20 (2): 195-204.

[309] Sinner J, Newton M, Barclay J, Baineset J, Farrelly T, et al. Measuring Social Licence: What and Who Determines Public Acceptability of Aquaculture in New Zealand?[J]. Aquaculture, 2020, 521 (5): 734973.

[310] Sjöberg L. Precautionary Attitudes and the Acceptance of a Local Nuclear Waste Repository[J]. Safety Science, 2009, 47 (4): 542-546.

[311] Slovic P, Flynn J H, Layman M. Perceived Risk, Trust, and the Politics of Nuclear Waste[J]. Science, 1991, 254 (5038): 1603-1607.

[312] Slovic P, Malmfors T, Mertz C K, Neil N, Purchase L F H. Evaluating Chemical Risks: Results of a Survey of the British Toxicology Society[J]. Human and Experimental Toxicology, 1997, 16 (6): 289-304.

[313] Smart D E, Stojanovic T A, Warren C R. Is EIA Part of the Wind Power Planning Problem?[J]. Environmental Impact Assessment Review, 2014, 49: 13-23.

[314] Smith L G. Impact Assessment and Sustainable Resource Management[J]. Society & Natural Resources, 1994, 7 (5): 508-510.

[315] Snary, Christopher. Risk Communication and the Waste-to-energy Incinerator Environmental Impact Assessment Process: A UK Case Study of Public Involvement[J]. Journal of Environmental Planning and Management, 2002, 45 (2): 267-283.

[316] Solomon F, Katz E, Lovel R. Social Dimensions of Mining: Research, Policy and Practice Challenges for the Minerals Industry in Australia[J]. Resources Policy, 2008, 33 (3): 142-149.

[317] Song J, Song D, Zhang X, Sun Y. Risk Identification for PPP Waste-to-Energy Incineration Projects in China[J]. Energy Policy, 2013, 61 (9): 953-962.

[318] Song J, Sun Y, Jin L. PESTEL Analysis of the Development of the Waste-to-Energy Incineration Industry in China[J].Renewable and Sustainable Energy Reviews, 2017, 80: 276-289.

[319] Starr C. Social Benefit Verss Technological Risk[J]. Science, 1969, 165 (3899): 1232-1238.

[320]　Stebbing M，Aroni R，Priestly B Abramson M. Affective Evaluation，Trust，Perceived Risk and Acceptability of New Technology —— the Case of Nanotechnology in Australia[J]. Australasian Epidemiologist，2006，13（3）：95.

[321]　Stokols D. Environmental Psychology[J]. Annual Review of Psychology，1978，29（1）：253-295.

[322]　Stoutenborough J W，Sturgess S G，Vedlitz A . Knowledge，Risk，and Policy Support：Public Perceptions of Nuclear Power[J]. Energy Policy，2013，62：176-184.

[323]　Sun C，Zhu X . Evaluating the Public Perceptions of Nuclear Power in China：Evidence from a Contingent Valuation Survey[J]. Energy Policy，2014，69：397-405.

[324]　Sun L，Yung E，Chan E，Zhu D. Issues of NIMBY Conflict Management from the Perspective of Stakeholders：A Case Study in Shanghai[J]. Habitat International，2016，53：133-141.

[325]　Sung H Y，Hepworth M，Ragsdell G . Investigating Essential Elements of Community Engagement in Public Libraries：An Exploratory Qualitative Study[J]. Journal of Librarianship and Information Science，2012，45（3）：206-218.

[326]　Swangjang K. Comparative Review of EIA in the Association of Southeast Asian Nations[J]. Environmental Impact Assessment Review，2018，72：33-42.

[327]　Tan J H W，Zizzo D J. Groups，Cooperation and Conflict in Games[J]. The Journal of Socio-Economics，2008，37（1）：1-17.

[328]　Tang CP，Chiu C. Y. Professionalism and Democracy：The Operation and Adaptation of Environmental Impact Assessment in Taiwan[J]. Journal of Public Administration Research and Theory，2010，35：1-28.

[329]　Tsujikawa N，Tsuchida S，Shiotani T . Changes in the Factors Influencing Public Acceptance of Nuclear Power Generation in Japan Since the 2011 Fukushima Daiichi Nuclear Disaster[J]. Risk Analysis An Official Publication of the Society for Risk Analysis，2016，36（1）：98-113.

[330]　Upreti B R，der Horst D V. National Renewable Energy Policy and Local Opposition in the UK：the Failed Development of a Biomass Electricity Plant[J]. Biomass and Bioenergy，2004，26（1）：61-69.

[331]　Visschers V H M，Keller C，Siegrist M. Climate Change Benefits and Energy Supply Benefits as Determinants of Acceptance of Nuclear Power Stations：Investigating an Explanatory Model[J]. Energy Policy，2011，39（6）：3621-3629.

[332]　Wan Z，Chen J，Craig B. Lessons Learned from Huizhou，China's Unsuccessful Waste-to-Energy Incinerator Project：Assessment and Policy Rrecommendations[J]. Utilities Policy，2015，33：63-68.

[333]　Wang S. Managing Forests for the Greater Good：The Role of the Social License to Operate[J]. Forest Policy and Economics，2019，107：101920.

[334] Wang Y, Yan Y, Chen G, Zuo J, Yan B, Yin P. Effectiveness of Waste-to-Energy Approaches in China: From the Perspective of Greenhouse Gas Emission Reduction[J]. Journal of Cleaner Production, 2017, 163 (1): 99-105.

[335] Wapner S, Cirillo L, Baker A H. Some Aspects of the Development of Space Perception[J]. ETS Research Bulletin Series, 1970 (2): 67.

[336] Warkentin M, Gefen D, Pavlou P A, Rose G M. Encouraging Citizen Adoption of e-Government by Building Trust[J]. Electronic Markets, 2002, 12 (3): 157-162.

[337] Weiner B, Heckhausen H, Meyer W U. Causal Ascriptions and Achievement Behavior: a Conceptual Analysis of Effort and Reanalysis of Locus of Control[J]. Journal of Personality and Social Psychology, 1972, 21 (2): 239.

[338] Weiner B. A Theory of Motivation for Some Classroom Experiences[J]. Journal of Educational Psychology, 1979, 71 (1): 3-25.

[339] Williams J, Martin P. Defending the Social Licence of Farming[M]. Melbourne: CSIRO Publishing, 2011.

[340] Wilson E. What is the Social Licence to Operate? Local Perceptions of Oil and Gas Projects in Russia's Komi Republic and Sakhalin Island[J]. The Extractive Industries and Society, 2016, 3: 73-81.

[341] Wolf B. Brunswik's Original Lens Model[D]. Landau: University of Landau, 2005.

[342] Wolsink M, Devilee J. The Motives for Accepting or Rejecting Waste Infrastructure Facilities. Shifting the Focus from the Planners' Perspective to Fairness and Community Commitment[J]. Journal of Environmental Planning and Management, 2009, 52 (2): 217-236.

[343] Wolsink M. Contested Environmental Policy Infrastructure: Socio-Political Acceptance of Renewable Energy, Water, and Waste Facilities[J]. Environmental Impact Assessment Review, 2010, 30 (5): 302-311.

[344] Wolsink M. Invalid Theory Impedes Our Understanding: A Critique on the Persistence of the Language of NIMBY[J]. Transactions of the Institute of British Geographers, 2006, 31 (1): 85-91.

[345] Wolsink M. Wind Power Implementation: The Nature of Public Attitudes: Equity and Fairness Instead of 'Backyard Motives'[J]. Renewable and Sustainable Energy Reviews, 2007, 11 (6): 1188-1207.

[346] Wolsink M. Contested Environmental Policy Infrastructure: Socio-Political Acceptance of Renewable Energy, Water, and Waste Facilities[J]. Environmental Impact Assessment Review, 2010, 30 (5): 302-311.

[347] Xu, Y, Yang Y, Chan A P C, Yeung J F Y, Cheng H. Identification and Allocation of Risks Associated with PPP Water Projects in China[J]. International Journal of Strategic Property

Management，2011，15（3）：275-294.

[348] Wolsink M. Social Acceptance Revisited：Gaps，Questionable Trends，and an Auspicious Pers-
Pective[J]. Energy Research and Social Science，2018，46：287-295.

[349] Wolsink，M. Social Acceptance，Lost Objects，and Obsession with the 'Public'—The Pressing
Need for Enhanced Conceptual and Methodological Tigor[J]. Energy Research and Social
Science，2019，48：269-276.

[350] Wolsink，M. Wind Power and the NIMBY-myth：Institutional Capacity and the Limited
Significance of Public Support[J]. Renewable Energy，2000，21（1）：49-64.

[351] Wong N W M. Advocacy Coalitions and Policy Change in China：A Case Study of Anti-
incinerator Protest in Guangzhou[J]. VOLUNTAS：International Journal of Voluntary and
Nonprofit Organizations，2016，27（5）：2037-2054.

[352] Wright S，Bice S . Beyond Social Capital：A Strategic Action Fields Approach to Social Licence
to Operate[J]. Resources Policy，2017，52：284-295.

[353] Wu Y. Public Acceptance of Constructing Coastal/inland Nuclear Power Plants in Post-Fukushima
China[J]. Energy Policy，2017，101：484-491.

[354] Xiong B，Skitmore M，Xia B. A Critical Review of Structural Equation Modeling Applications
in Construction Research[J]. Automation in Construction，2015，49：59-70.

[355] Xu Y，Chan A，Xia B，QianQ，LiuY，Peng Y. Critical Risk Factors Affecting the
Implementation of PPP Waste-to-Energy Projects in China[J]. Applied Energy，2015，158：
403-411.

本研究发表的相关学术论文

[1] Xu Y，Chan A.P.C，Xia B，Qian Q.K，Liu Y，Peng Y，Critical Risk Factors Affecting the implementation of PPP Waste-To-Energy Projects in China，Appl. Energ. 2015，158：403-411.

[2] Liu Y，Sun C，Xia B，Liu S，Skitmore M. Identification of Risk Factors Affecting PPP Waste-to-Energy Incineration Projects in China：A Multiple Case Study. Adv. Civ. Eng. 2018，08：4983523.

[3] Liu Y，Sun C，Xia B，Cui C，Coffey V. Impact of Community Engagement on Public Acceptance Towards Waste-to-Energy Incineration Projects：Empirical Evidence from China. Waste Manage. 2018，76：431-442.

[4] Cui C，Liu Y，Hope A，Wang J. Review of Studies on the Public–Private Partnerships (PPP) for Infrastructure Projects. Int. J. Proj. Manag.2018，36：773-794.

[5] Liu Y，Ge Y，Xia B，Cui C，Skitmore M. Enhancing Public Acceptance Towards Waste-to-Energy Incineration Projects：Lessons Learned from a Case Study in China. Sustain. Cities Soc. 2019，48：101582.

[6] Cui C，Sun C，Liu Y，Jiang X，Chen Q. Determining Critical Risk Factors Affecting Public-Private Partnership Waste-to-Energy Incineration Projects in China. Energy Sci. Eng. 2019，00：1-13.

[7] Cui C，Liu Y，Xia B，Jiang X，Skitmore M. Overview of Public-Private Partnerships in the Waste-to-Energy Incineration Industry in China：Status，Opportunities，and Challenges. Energy Strateg. Rev. 2020，32：100584.

[8] Liu Y，Cui C，Zhang C，Xia B，Chen Q，Skitmore M. Effects of Economic Compensation on Public Acceptance of Waste-to-Energy Incineration Projects：an Attribution Theory Perspective. J. Environ. Plan. Manag. 2020，1834366.

[9] Ge Y，Cui C，Zhang C，Ke Y and Liu Y. Testing a Social-Psychological Model of Public Acceptance Towards Highway Infrastructure Projects：A Case Study from China. Eng. Constr. Archit. Ma. 2020，0183.

[10] Liu Y，Min Xu，Ge Y，Xia B，Cui C，Skitmore M. Influences of Environmental Impact Assessment on Public Acceptance of Waste-to-Energy Incineration Projects. J. Clean. Prod. 2021，304：127062.